本书系国家社科基金项目"李达、艾思奇马克思主义哲学中国化之比较研究"（编号 13BZX011）研究成果。
本书由"陕西省重点中国特色社会主义理论体系研究中心"资助

李达、艾思奇
马克思主义哲学中国化
比较研究

冯飞龙　著

人民出版社

目　录

导　　论

　　学史知兴替、学人明得失。近代中国灾难深重、饱受屈辱,深受帝国主义侵略与欺凌,阶级矛盾与民族矛盾问题突出,中国人民如何才能摆脱国际帝国主义的侵略和国内封建主义、反动军阀的残暴统治？中国的出路在哪里？中国需要什么样的"主义"及如何运用这一"主义"来指导革命斗争？以上问题的存在迫切需要从理论上给予回应和解答。十月革命一声炮响给我们送来了马克思主义,一批具有共产主义觉悟的知识分子开始在中国研究、宣传,并致力于探讨运用马克思主义。作为老一辈杰出的马克思主义哲学家、理论家与宣传家的李达和艾思奇,便是这一运动中两位典型性代表人物。他们二人潜心著述、笃志嗜学、身体力行、开拓创新,以学者和战士的身份投入了毕生精力致力于研究宣传马克思列宁主义、毛泽东思想,为马克思主义哲学中国化作出了卓有成效的贡献。研究李达、艾思奇马克思主义哲学中国化,就是要研究二人忠于共产主义信念、实事求是的做人做学问的品格和敢为人先的理论创新精神,而其中一个重要的支点是要研究二人的学术成果与理论贡献,这是比较研究的基础和前提,也是从思想深处回应人民对先进理论指导的期盼,更彰显二人之思想对于新时代推进马克思主义哲学中国化的时代价值。

一、研究缘起及意义

　　党的十八大以来,中国人民在以习近平同志为核心的党中央的领导下,面对艰巨繁重的国内改革发展稳定任务及错综复杂的国际环境,锐意进取、开拓创新,取得了举世瞩目的成就,解决和办成了许多长期想解决、想办成,而没有解决、没有办成的难题和大事,为我国赢得了和平崛起的巨大战略空间,前所未有地接近了中华民族伟大复兴的战略目标。另一方面,与经济社会飞速发展不相适应的是我国文化事业和文化产业发展相对滞后,文化对经济社会发展的整合功能、导向功能、传承功能、维持秩序功能尚显不足,致使部分社会民众在国家意识、民族意识、集体主义意识等方面出现了理想信念淡漠、信仰淡化、利益至上,民族虚无主义、个人主义、享乐主义等,严重地影响甚至动摇着实现中华民族伟大复兴的中国梦,迫切需要从意识形态和思想文化上加强对民众的马克思主义理论武装。而要从思想深处、从意识的本源来回应和解决目前社会存在的一系列问题,就需要从哲学视域出发,持续推进马克思主义中国化、大众化,建构并运用中国化的马克思主义哲学新形态来武装人民、指导建设。这是本书研究的缘由之一。

随着中国综合国力的不断增强,中国的国际地位、经济实力和社会影响力得到显著提升,北京共识、中国方案、中国道路、中国智慧等逐渐为世界各国所关注、热议。但也引起一些西方敌对势力的嫉妒、疑虑与恐慌,他们大搞文化霸权主义,大肆推销所谓的"普世价值观",刻意影响、消减中国人民的价值观念、思维方式、审美情趣,进而诋毁中国的发展道路、挑战中国核心利益、挤压中国战略空间、干扰中国前进步伐,以达到西化和分化中国的目的。面对西方咄咄逼人的态势和对华政策的逞强使绊,这就要求中国的马克思主义理论工作者立足于新时代的发展实际,依据世界形势发展变化,与时俱进地推进马克思主义哲学中国化,着力总结和凝练中国化的马克思主义哲学新形态,强化对人民群众的政治领导和思想引领,凝聚人心、汇聚力量,促使中华文化积极"走出去",讲好中国故事,贡献中国力量,展示中国新形象和提升国家文化软实力。这是本书研究的缘由之二。

中国共产党历来重视马克思主义理论武装,历来重视马克思主义中国化,从毛泽东到邓小平到江泽民再到胡锦涛,一以贯之。党的十八大以来,习近平总书记进一步提出"发展 21 世纪中国的马克思主义……锲而不舍推进马克思主义中国化、时代化、大众化"①的论断,进一步强调指出了马克思主义中国化是我们党领导人民取得革命、建设和改革开放的巨大成就的基本经验,也是党保持先进性的根本举措。马克思主义中国化,首先是马克思主义哲学的中国化,这是因为哲学解决的是立场、观点和方法的问题。马克思主义哲学中国化是从世界观和方法论的视域来培育中国民众的政治信仰、政治方向、政治立场、政治态度、政治观念,我们"必须不断接受马克思主义哲学智慧的滋养,更加自觉地坚持和运用辩证唯物主义世界观和方法论,更好地在实际工作中把握现象和本质、形式和内容、原因和结果、偶然和必然、可能和现实、内因和外因、共性和个性的关系,增强辩证思维、战略思维能力,把各项工作做得更好。"②习近平总书记的重要论述进一步表明,马克思主义哲学中国化是当代中国永恒的时代课题,是中国特色社会主义理论体系的理论基石。新时代,必须深入研究和总结马克思主义哲学中国化进程中两位代表性人物——李达和艾思奇推进马克思主义哲学中国化的成功经验,构建当代中国马克思主义哲学中国化新形态,进而实现中华民族伟大复兴的中国梦。这是本书研究的缘由之三。

二、国内外研究现状

(一) 国内学术界对李达、艾思奇及马克思主义哲学中国化的研究

国内学术界对李达、艾思奇的研究可谓是成果丰硕,研究的热点主要集中在二人的生平、传记、哲学思想或理论贡献。为了客观、准确地把握学界对李达、

---

① 《习近平谈治国理政》第二卷,外文出版社 2017 年版,第 65 页。
② 《习近平关于全面建成小康社会论述摘编》,中央文献出版社 2016 年版,第 194—195 页。

艾思奇及二人推进马克思主义哲学中国化研究状况,借助学界传统通用的中国知网进行统计与分析。截至 2020 年 3 月 9 日,在中国知网数据库中按"主题"搜索"李达",文献共有 1135 篇,期刊共有 1044 篇,博硕士论文共有 53 篇;按"主题"搜索"艾思奇",文献共有 717 篇,期刊共有 543 篇,博硕士论文共有 60 篇;按"主题"搜索"李达、艾思奇",文献共有 4 篇,期刊共有 4 篇,博硕士论文 0 篇。详见下图:

检索结果(条)

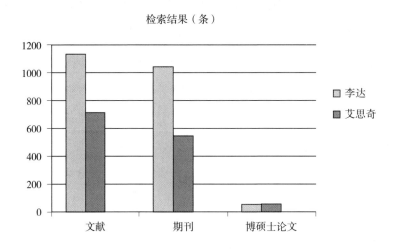

由此可见,学界关于李达、艾思奇个人的研究成果比较多。其中,有关李达的研究文献 1135 篇,有关艾思奇的研究文献 717 篇。但在李达、艾思奇二人比较研究方面只有 4 篇文献。目前学界尚没有有关李达、艾思奇比较研究的硕博士论文,也没有李达、艾思奇马克思主义哲学中国化之比较研究的硕博士论文,显现出有关二人比较研究的薄弱,乃至于空白。这正是本书研究的主要缘起。综合分析、研判有关李达、艾思奇方面的研究文章,国内学者的研究成果主要集中在以下几个方面:

1. 在李达、艾思奇研究的文献研究方面,成果较为显著。其中,有关李达研究的文献主要有:1978 年人民出版社出版的《唯物辩证法大纲》。1980—1988 年,人民出版社出版的《李达文集》(第 1—4 卷)。2007 年,武汉大学出版社出版的《现代社会学》《社会学大纲》《辩证唯物主义大纲》《经济学大纲》等。2016 年,人民出版社出版的《李达全集》(第 1—20 卷)。宋镜明搜集李达著译 58 种,[①]丁晓强、李立志排列出李达著译 240 种。[②] 其中,《李达文集》《李达全集》两部巨著,系统梳理、介绍和收录了李达一生的著述,尤其是由汪信砚教授主持整理、研究完成的 20 卷本《李达全集》,总计 900 余万字,全方位地展示了李达在马克思主义哲学、经济学、法学、史学、社会学等诸多领域的卓越成就,为新时期研究李达及其思想,为研究马克思主义中国化,构建中国特色哲学社会科学话语体系提供了权威而又翔实的文本资料。有关艾思奇研究的文献主要有:1981—1983 年人民出版社出版的《艾思奇文集》(第 1—2 卷)。其中,《艾思奇文集》(第 1 卷)由周扬作序,分延安和上海两个时期,收录了艾思奇解放前所写的部分文章,共 50 篇,50.5 万字。《艾思奇文集》(第 2 卷)主要收录了艾思奇解放后撰写的 36 篇文章,1 个附录和 1 个编后记。《艾思奇文集》(第 1—2 卷)收录文章涉及唯物论、辩证法、认识论、伦理学、中外哲学史、形式逻辑、辩证逻辑等,也收录了通俗的、宣传性的著作和文章,为深化马克思主义哲学在中国的传播提供了重要资料。2006 年由人民出版社出版的《艾思奇全书》(第 1—8 卷),共 530 万字,基本上汇集了艾思奇一生的研究成果,既有著作、译文、文章、专论、短评、杂文,又有文艺作品、讲义、辅导报告、讲学提纲和文稿;既有先前公开发表过的著述,也包括有近 200 万字未发表过的作品。以上两部研究文献,翔实地记录了艾思奇马克思主义哲学中国化、大众化的成就,为新时期马克思主义哲学中国化研究提供参考资料。

　　2. 在李达、艾思奇研究的传记研究方面,成果较为显著。其中,有关李达研究的传记主要有:宋镜明著,湖北人民出版社出版的《李达传记》(1986 年)和河北人民出版社出版的《李达》(1997 年);王炯华等著,人民出版社出版的

---

① 宋镜明:《李达主要著译书目》,《图书情报知识》1985 年第 4 期。
② 丁晓强、李立志:《李达学术思想评传》,北京图书馆出版社 1999 年版,第 260—271 页。

《李达评传》（2004年）；吕芳文、余应彬主编，岳麓书社出版的《一代哲人李达》（2000年）；武汉大学出版社编撰出版的《为真理而斗争的李达同志》（1985年）；2013年，赖中霖主编，永州市党史人物故事丛书之一《李达的故事》。以上有关传记主要记述李达的个人生平及理论贡献，阐述了李达追求真理、传播马列、创建共产党、著书立说、教书育人、桃李满天下的巨大成就。有关艾思奇研究的传记主要有：1985年，云南人民出版社出版发行了陆万美著的《回忆艾思奇同志在〈云南民众日报〉片段》。2000年，贵州人民出版社出版发行了谢本书著的《战士学者——艾思奇》。2001年，云南教育出版社出版发行了杨苏著的《艾思奇传》。2006年，人民出版社出版了卢国英著的《智慧之路——一代哲人艾思奇》。此外，忻剑飞、方松华在《探索与争鸣》杂志上发表了论文《中国现代哲学家传略——艾思奇》（1986年第3期）。以上有关艾思奇的传记，主要记载、论述了艾思奇从腾冲和顺到侨乡的少年、从东京到上海的决绝、短暂的教师生涯及"白马非马"之辩，传递新哲学火炬、奔赴革命圣地延安、三进清华园、任北京大学新教授、与冯友兰的哲学之辩，到悄然逝去的大漠雷声等，阐释了艾思奇在坎坷不平的一生中首次推动哲学走出神秘殿堂，融入社会民众生活，促使马克思主义哲学为中国广大青年所接受并成为他们的革命指南。

3. 在李达、艾思奇中国化学术思想及道路研究方面，成果较为显著。其中，有关李达中国化学术思想及道路研究，著作主要有：王炯华著，华中理工大学出版社出版的《李达与马克思主义在中国的传播》（1988年）；丁晓强、李立志著，北京图书馆出版的《李达学术思想评传》（1999年）；苏志宏著，西南交通大学出版社出版的《李达思想研究》（2004年）；罗海滢著，暨南大学出版社出版的《李达唯物史观思想研究》（2008年）；丁兆梅著，人民出版社出版的《李达社会主义思想研究》（2014年）；汪信砚著，人民出版社出版的《李达论著和思想研究》（2016年）；等等。这方面的论文主要有：关于李达哲学思想研究。学者汪信砚、高其文、朱晓璇、顾博、周太山、丁晓强、范迎春、黄修卓、李维武等①从多个角度论述了李达的哲学思想、哲学探索、教育哲学思想、唯物史观、真理观、实践唯物论、社会主义观、唯物辩证法、《社会学大纲》等，突出了李达对马克思主义哲学的解读与阐释。关于李达学术传统研究。学者汪信砚、宋镜明、刘捷、许全兴、陈答才、方立江、唐春元、洪认清等②论述了李达的学术传统、整理了李达年表、从史实的视角辨正了《李达年表》，梳理了30年来学界对李达的研究并给予评述，同时，对李达历史理论与历史思想等问题做了较为系统的研究，一定程度上使我们明晰了李达的学术传统。关于李达马克思主义哲学中国化思想研究。学者雍涛、皮家胜、赵德志、范迎春、李清聚、彭继红、刘友红、任向阳、李斯③等论述了李达对马克思主义中国化何以可能、怎样可能，马克思主义哲学中国化实现路径，马克思主义教育思想中国化，《社会学大纲》的地位，马克思主义哲学中国化传统

----

① 汪信砚:《李达哲学探索的独特理论个性》，《哲学研究》2011年第12期;汪信砚、高其文:《李达教育哲学思想论析——以李达的求学、从教及校政管理实践为视角》，《上海师范大学学报(哲学社会科学版)》2020年第3期;朱晓璇、汪信砚:《李达法哲学思想探析》，《法学评论》2019年第5期;顾博:《毛泽东与李达的哲学互动——兼论政治领袖与专家学者互动的当代价值》，《思想政治教育研究》2019年第2期;周太山:《论李达的马克思主义哲学大众化思想》，《湖北社会科学》2014年第2期;丁晓强:《李达与马克思主义哲学中国化》，《中共历史与理论研究》2017年第2期;范迎春:《李达的"实践唯物论"思想探析》，《湖北社会科学》2010年第8期;黄修卓:《李达唯物史观研究论析》，《武汉大学学报》2010年第3期;李维武:《李达对唯物史观的多向度开展》，《武汉大学学报》2011年第1期。

② 汪信砚:《李达开创的学术传统及其意义》，《哲学研究》2010年第11期;宋镜明、刘捷:《李达年表》，《汉江论坛》1982年第3期;唐春元:《〈李达年表〉史实辨正》，《江汉论坛》1984年第4期;洪认清:《李达的历史理论和历史思想》，《船山学刊》2001年第2期;陈答才、方立江:《近三十年代李达研究述评》，《中共党史研究》2010年第8期;许全兴:《纪念李达，加强马克思主义基础理论的研究》，《理论视野》2010年第7期。

③ 雍涛:《李达与马克思主义哲学中国化——纪念李达诞辰115周年》，《武汉大学学报》2006年第1期;皮家胜:《马克思主义中国化何以可能——兼论李达传播和研究马克思主义哲学的特点》，《武汉大学学报》2005年第10期;赵德志:《李达的〈社会学大纲〉在中国马克思主义哲学发展史上的地位》，《社会科学辑刊》1987年第4期;范迎春、李清聚:《李达的马克思主义哲学中国化道路探析》，《西北工业大学学报》2008年第4期;彭继红:《论李达开创的马克思主义哲学中国化传统》，《武汉大学学报》2007年第2期;刘友红:《"李达与马克思主义哲学中国化"专题研讨综述》，《武汉大学学报》2004年第9期;任向阳、李斯:《论建国后李达与马克思主义教育思想中国化》，《求索》2012年第10期。

等,阐释了李达马克思主义哲学中国化的独特贡献。关于李达理论贡献及历史地位研究。胡乔木、陶德麟、袁锦翔、朱传棨、赵士发、葛彬超、杨胜群、常进军、李维华、尹士杰、曹瑛、李维武、茜萍、郭泰①等对马克思主义理论家李达的理论贡献、主要译著、著作、教育思想、经济思想及其中国式现代化探索等做出了客观的评价,多次召开学术研讨会,明确指出哲人李达是一代先驱,是杰出的马克思主义理论家,经济学和社会学名教授,其功绩永载史册。此外,学者们还论述了李达的妇女观思想、党建思想。如李志的《李达的女性理论——规范意义及中国女性解放的视角》,任向阳的《论李达与马克思主义妇女思想中国化》,罗进的《李达的妇女思想》,宋镜明的《李达对中共创建的思想理论贡献》,柏春林的《李达作为党的领导人在理论上的表现》,刘学礼的《"李达与中国共产党的创建和马克思主义在中国的传播"学术研讨会要述》等②,提出要重构社会结构来解放女性,为女性解放的合法性进行辩护;提出李达是思想建党的主将、是马克思主义的"播火者",是理论旗手等论断。

---

① 胡乔木:《深切地悼念伟大的马克思主义理论家李达同志》,《武汉大学学报》2000 年第 6 期;陶德麟:《杰出的马克思主义理论家李达》,《武汉大学学报》2000 年第 6 期;袁锦翔:《无产阶级译界前辈李达》,《中国翻译》1985 年第 6 期;朱传棨:《论李达三部著作的历史地位》,《武汉大学学报》2006 年第 6 期;赵士发、葛彬超:《李达对中国式现代化问题的创造性探索及其重要意义》,《武汉大学学报》2012 年第 6 期;杨胜群:《一代先驱、哲人李达——纪念李达诞辰 120 周年》,《党的文献》2011 年第 2 期;常进军、李维华:《李达对中国社会主义道路的理论探索——纪念李达诞辰 120 周年》,《理论导刊》2010 年第 9 期;尹士杰:《略论李达的经济思想》,《武汉大学学报》2012 年第 5 期;曹瑛:《杰出的马克思主义理论家李达同志》,《人民日报》1981 年 4 月 28 日;李维武:《李达与马克思主义中国化——纪念李达同志诞辰 120 周年》,《中国社会科学报》2010 年 9 月 30 日;茜萍:《经济学和社会学名教授李达》,《世界日报》1995 年 1 月 28 日;[荷兰]郭泰:《唯物史观解说》,李达译,中华书局 1921 年版。

② 李志:《李达的女性理论——规范意义及中国女性解放的视角》,《武汉大学学报》2012 年第 6 期;任向阳:《论李达与马克思主义妇女思想中国化》,《甘肃社会科学》2012 年第 6 期;罗进:《李达的妇女思想》,《长沙大学学报》2007 年第 4 期;宋镜明:《李达对中共创建的思想理论贡献》,《求索》2000 年第 5 期;柏春林:《李达作为党的领导人在理论上的表现》,《湖南科技学院学报》2011 年第 2 期;刘学礼:《"李达与中国共产党的创建和马克思主义在中国的传播"学术研讨会要述》,《中共党史研究》2011 年第 1 期。

以上论著主要阐述了李达的学术生涯、学术著述及学术思想、渊源、交友、地位、晚年反思、不赶潮流等。同时论述了李达是中国共产党的创始人和早期领导人之一、是传播马克思主义的先驱、是成绩斐然的理论译著者、是哲学和经济学名教授、是领衔新哲学、建设新湖大和武汉大学当家人。李达曾任武汉大学校长，创办了《武汉大学学报》，并以此为平台积极开展马克思主义哲学研究，使得《武汉大学学报》成为研究马克思主义哲学的主要阵地，直至今日也是如此。胡乔木、陶德麟、皮家胜、彭继红、朱传棨、赵士发、葛彬超、尹士杰等纷纷在《武汉大学学报》发表了关于李达的研究。内容主要涉及对李达同志的悼念和理论贡献的评价，如李达经济思想、唯物论史观、教育思想、办学实践、马克思主义中国化何以可能、马克思主义哲学中国化传统、中国式现代化等问题。此外，《武汉大学学报》还刊发了大量有关李达研究的会议综述文章，充分体现了武汉大学对李达研究情有独钟，且研究功底之深厚，也表明了作为武汉大学原校长的李达为马克思主义哲学中国化作出的巨大贡献。当然，就总体而言，现有有关李达学术思想及学术道路的研究，近30年来专著较少。同时，研究多集中于宏观视域，侧重于对其思想的总体研究，而对于李达推进马克思主义哲学中国化的研究很少。

有关艾思奇中国化学术思想及道路研究的学术专著，主要有王立民、崔唯航、李今山、马汉儒、王红梅等①论述了艾思奇学术思想和学术道路。其中，马汉儒研究员比较全面地研究了各个时期艾思奇的哲学思想，尤为系统地阐述了艾思奇哲学思想发展的三个关键时期——上海时期、延安时期和新中国时

---

① 王立民、崔唯航：《艾思奇哲学思想研究》，中国社会科学出版社 2016 年版；李今山、常青：《大众哲学》，红旗出版社 2002 年版；李今山：《缅怀与探索：纪念艾思奇文选》，中共中央党校出版社 2010 年版；李金山：《大众哲学家——纪念艾思奇诞辰百年论集》，中共党史出版社 2011 年版；王红梅：《艾思奇与马克思主义大众化》，中国社会科学出版社 2017 年版；马汉儒：《哲学大众化第一人——艾思奇哲学思想研究》，云南人民出版社 2002 年版；《大众哲学家——纪念艾思奇诞辰一百周年论文集》，云南科技出版社 2010 年版；艾思奇同志纪念文集编辑组：《人民的哲学家——艾思奇纪念文集》，云南人民出版社 1997 年版；《一个哲学家的道路——回忆艾思奇同志》，云南人民出版社 1981 年版。

期,紧紧抓住哲学与时代的关系指明艾思奇的哲学贡献与时代不可分割,揭示了艾思奇是学者、战士、理论家、教育家和革命家,论证了艾思奇对马克思主义哲学中国化大众化的独特贡献。王红梅博士在她的论著里系统梳理并阐释了艾思奇推进马克思主义大众化的条件,上海时期的探索、延安时期的深化、北京时期的发展,进而论证了艾思奇推进马克思主义大众化的原则、特点、演进形态及当代启示,强调指出作为中国马克思主义大众化第一人的艾思奇,其大众化经验对于推进新时代马克思主义哲学中国化大众化发展功勋巨大、意义深远。

　　有关艾思奇中国化学术思想及道路研究的论文主要有:关于艾思奇哲学思想的研究。任敏、赵凤岐、谢雨佟、李朝清、郑淑芳、郁水苗、黎永泰、李以国、马兴煜等①,从对一般与个别辩证法的深刻阐发、对马克思主义哲学中国化最新理论成果的贡献、艾思奇哲学的基本方向、哲学活动、哲学创新及其在中国现代哲学史中的地位等视角系统地论述了艾思奇哲学思想及其重要贡献。关于《大众哲学》的研究。晁小荣、冯飞龙、谢俊、陆浴晓、谢本书、李红专、郝立新、毕国明、胡正鹏、刘化军、郭佩惠②等从多视角开展了对《大众哲学》的研究,总结了《大众哲学》的历史意义、学术价值及其对推进马克思主义中国化大众化的历史经验和启示。同时,学界多次召开纪念《大众哲学》发表讨论

---

①　任敏:《"艾思奇同志哲学思想研讨会"记略》,《哲学动态》1996 年第 6 期;《对一般与个别辩证法的深刻阐发——艾思奇对唯物辩证法的研究》,《现代哲学》1986 年第 4 期;谢雨佟:《"艾思奇哲学思想与马克思主义中国化最新理论成果研讨会"综述》,《云南社会科学》2008 年第 4 期;李朝清:《艾思奇哲学的基本方向及当代启示》,《中共云南省委党校学报》2009 年第 1 期;郑淑芳、郁水苗:《从艾思奇生活历程探索其大众化民族化哲学思想的形成》,《西南民族学院学报》1987 年第 4 期;黎永泰:《抗战时期艾思奇哲学活动的时代特征》,《四川大学学报》1991 年第 2 期;李以国:《论艾思奇实现哲学创新的缘由》,《云南师范大学学报》2006 年第 6 期;马兴煜:《论艾思奇在中国现代哲学史中的地位和作用》,《广西社会科学》1986 年第 2 期。

②　晁小荣、冯飞龙:《〈大众哲学〉在推进马克思主义大众化中的历史经验及当代启示》,《思想理论教育导刊》2014 年第 9 期;谢俊、陆浴晓:《艾思奇〈大众哲学〉历史意义和学术价值》,《湖北社会科学》2007 年第 7 期;毕国明:《艾思奇的〈大众哲学〉与马克思主义哲学中国化》,《学术探索》2003 年第 1 期。

会,围绕研讨内容在《哲学研究》《红旗文稿》《高校理论战线》《哲学动态》等刊物发表了多篇论文,①对《大众哲学》的历史地位给予极高的评价,突显了《大众哲学》在开创马克思主义哲学大众化上的巨大贡献。关于马克思主义哲学中国化贡献研究,学界的著述比较多,李捷、王伟光、余炳武、卢国英、李景源、王先俊、龚先庆、杨奎、冯波、郭晶婧、陈章亮等从多角度论述了艾思奇对推进马克思主义中国化大众化的突出贡献,发表了众多相关论文②,提出许多富有见解的论断和观点。如时代呼唤艾思奇精神;走出会议、走出文件、走出书斋,把传播、阐释和创新马克思主义当成行动自觉;要创新马克思主义哲学中国化理论成果;建构马克思主义哲学中国化新形态;创新是马克思主义哲学中国化的不竭动力;培育造就一批善于运用通俗语言解疑释惑的理论宣传名家;等等。关于理论贡献和历史地位的研究。叶佐英通过整理《艾思奇主

---

① 中共云南省委宣传部理论处:《"纪念艾思奇〈大众哲学〉发表 70 周年暨科学发展观理论讨论会"综述》,《云南社会科学》2006 年第 5 期;谢本书:《〈大众哲学〉奠定了艾思奇的历史地位——纪念艾思奇诞辰 90 周年》,《云南民族学院学报》2000 年第 3 期;李红专、郝立新:《"纪念艾思奇〈大众哲学〉发表 70 周年暨科学发展规理论讨论会"综述》,《哲学研究》2006 年第 10 期;刘化军、郭佩惠:《纪念艾思奇〈大众哲学〉发表 70 周年暨科学发展观理论讨论会综述》,《高校理论战线》2006 年第 9 期;任阿娟、张仲华:《马克思主义哲学与中国社会变革——纪念艾思奇〈大众哲学〉发表 70 周年》,《昆明理工大学学报(社会科学版)》2006 年第 3 期;李红专:《"纪念艾思奇〈大众哲学〉发表 70 周年暨科学发展观理论讨论会"综述》,《哲学动态》2006 年第 10 期;胡正鹏:《弘扬〈大众哲学〉精神,牢固树立科学发展观——纪念艾思奇〈大众哲学〉发表 70 周年》,《云南民族大学学报》2006 年第 5 期。

② 李捷:《艾思奇:毕生推动马克思主义中国化和大众化的典范》,《新湘评论》2008 年第 7 期;王伟光:《艾思奇与马克思主义哲学中国化》,《学术探索》2009 年第 3 期;雍涛:《试论艾思奇对马克思主义哲学中国化的主要贡献》,《毛泽东思想研究》2008 年第 4 期;余炳武:《推进马克思主义大众化——纪念艾思奇同志诞辰 100 周年》,《红旗文稿》2010 年第 19 期;卢国英:《从艾思奇著作中体会马克思主义中国化的基本经验》,《学术探索》2008 年第 3 期;李景源:《学习艾思奇,推进马克思主义哲学中国化》,《哲学动态》2010 年第 8 期;王先俊:《"新启蒙运动"期间艾思奇对"马克思主义中国化"的阐释》,《学术界》2010 年第 5 期;龚先庆:《艾思奇与马克思主义哲学中国化》,《武汉大学学报(人文科学版)》2006 年第 3 期;杨奎:《坚持马克思主义哲学的大众化、通俗化路向——"艾思奇与马克思主义哲学中国化研讨会"述要》,《思想理论教育导刊》2008 年第 4 期;冯波、郭晶婧:《解放后艾思奇对马克思主义哲学中国化大众化的贡献及其启示》,《思想政治教育研究》2012 年第 3 期;陈章亮:《走在马克思主义哲学中国化路上的艾思奇及其启示》,《学术探索》2008 年第 3 期。

要著译年谱》突出艾思奇在翻译马克思主义著作、传播马克思主义理论上的贡献。① 银福禄、谢本书、温济泽、侯树栋、哀训忠等论证艾思奇的哲学贡献,指出艾思奇是马克思主义哲学家,是"学者、战士、真诚的人",是哲学大众化的拓荒者,是哲学大众化的第一人。② 此外,郭建宁、韩树英、秦廷国、赵仲英、阳作华、余炳武、曹爱琴等参加了一系列纪念艾思奇诞辰会,依据会议研讨撰写文章纪念艾思奇。他们从马克思主义的大众化、通俗化、现实化与中国化,马克思主义哲学中国化的理论之境与实践创新,哲学联系实际,哲学与群众结合,哲学要走向大众,走向实践,艾思奇的理论创新精神等视角阐释了艾思奇的理论贡献和历史地位。③ 关于哲学上的论争与论战研究。田福宁指出,艾思奇从"一般"与"特殊"的密切关系出发,批判了叶青以"中国特殊论""外铄论"为借口,进而否定马克思主义中国化的错误,旗帜鲜明地阐释了马克思主义中国化的必要性,提出在中国创造马克思主义事业,赋予马克思主义鲜明的中国特色、民族特色和时代特色。④ 梁涛指出,艾思奇与杨献珍围绕中国过渡时期"单一经济基础论与综合经济基础论""思维与存在的同一性""一分为二与合二为一"等三个问题开展了论战,对传播马克思主

① 叶佐英:《艾思奇主要著译年谱》,《学术研究》1983 年第 1 期;叶佐英:《艾思奇主要著译年谱(续)》,《学术研究》1983 年第 6 期。

② 银福禄:《著名的马克思主义哲学家——艾思奇》,《理论研究》2010 年第 5 期;谢本书:《学者、战士、真诚的人》——纪念艾思奇逝世 30 周年》,《云南学术探索》1996 年第 3 期;温济泽:《艾思奇在哲学上的杰出贡献》,《理论月刊》1986 年第 3 期;侯树栋、哀训忠:《哲学大众化的拓荒者艾思奇》,《国内哲学动态》1986 年第 5 期;马汉儒:《"哲学大众化第一人"——〈艾思奇哲学思想研究〉评介》,《求是》2003 年第 4 期。

③ 郭建宁:《马克思主义的大众化、通俗化、现实化与中国化——纪念艾思奇诞辰 100 周年》,《湘潭大学学报(哲学社会科学版)》2008 年第 4 期;秦廷国:《马克思主义哲学中国化的理论之镜与实践创新——"艾思奇与马克思主义哲学中国化"学术研讨会侧记》,《哲学动态》2008 年第 2 期;赵仲英:《哲学联系实际,哲学与群众结合——纪念艾思奇同志逝世 30 周年》,《云南社会科学》1996 年第 1 期;韩树英:《哲学要走向大众,走向实践——纪念艾思奇同志逝世 30 周年》,《求是杂志》1996 年第 6 期;阳作华:《从"大文化"视角探究艾思奇的理论创新精神——为纪念艾思奇诞辰百周年而作》,《湖北社会科学》2010 年第 4 期。

④ 田福宁:《抗战时期艾思奇与叶青在马克思主义中国化问题上的论争、影响及启示》,《湖北社会科学》2010 年第 10 期。

义起到积极作用,当然杨献珍受到政界的排斥并最终免职应引以为鉴。① 刘静芳指出,艾思奇与张岱年就马克思主义哲学中国化的分歧,主要在于是否需要创造新哲学。艾思奇认为张岱年只看到了中国所需哲学的特殊性,忽略了哲学的一般性,提出要创造新哲学,这是"哲学者会客室内的谈玄",完全没有必要,用不着另起炉灶。② 以上的论争与论战,是马克思主义哲学中国化过程中不可避免的问题,也反映了推进马克思主义哲学中国化的艰难性和复杂性。

4.在李达、艾思奇对毛泽东哲学思想影响研究方面,成果较为显著。其中,有关李达与毛泽东交往及对毛泽东哲学思想影响研究,主要有:唐春元在《毛泽东与李达——肝胆相照四十年》一书中指出,毛泽东与李达家世相同、理想一致,他们二人是政治雄才与理论斗士,携手参与创建中国共产党,聘李达为湖南自修大学校长,托李达劝唐生智参加革命,李达应招北上,香山二人长谈,宣传和阐释了毛泽东哲学思想,盛赞为"理论界的鲁迅"。谢红星在《李达与毛泽东的哲学交往》中,坚持历史与逻辑的统一,理论与实践的统一,论述了李达与毛泽东哲学交往的历史和逻辑起点、唯物史观的学习传播与实践、坚持唯物史观反对"本本主义"在历史发展中透视李达与毛泽东的哲学交往,评价李达对马克思主义哲学中国化的重要贡献。此外,雍涛、侯外庐、胡艺华、彭继红、王炯华、李蓉、武市红等人纷纷撰文阐释了李达与毛泽东的哲学交往及对毛泽东哲学思想、毛泽东矛盾辩证法的阐释、解读、宣传和发展。毛泽东称李达为"理论界的鲁迅""理论界的黑旋风"。二人相交近半个世纪,建立了良好的个人关系和革命情谊。与此同时,吕芳文、李小萍、李焰曾撰文阐释了李达与毛泽东的思想分歧,与毛泽东就"宁可少活十年,不愿落后一天""人有

---

① 梁涛:《艾思奇与杨献珍之间的几次哲学论战》,《重庆科技学院学报》2010 年第 1 期。

② 刘静芳:《艾思奇与张岱年:马克思主义哲学中国化过程中的内部分歧》,《毛泽东邓小平理论研究》2008 年第 12 期。

多大胆,地有多高产"口号之争等。①

有关艾思奇与毛泽东交往及对毛泽东哲学思想影响研究,石仲泉认为,艾思奇在延安时期参与了毛泽东倡议成立的新哲学会、学哲学小组等若干哲学活动,毛泽东研读了艾思奇哲学著述,如《思想方法论》《大众哲学》等,称"得益很多",并给予大量批注。因此,在某些方面毛泽东哲学获益于艾思奇哲学,但总体超越了艾思奇哲学。② 许全兴则不认同石仲泉的看法,他认为,不能以哲学书本知识的多少来衡量哲学水平的高低,"毛的思想方法论源于艾"、"两论""获益"于《思想方法论》、毛是艾思奇哲学的"后来者"等的观点缺乏令人信服的证据和事实依据,不符合历史实际。③ 沙平撰文论述了艾思奇与毛泽东的交往及"哲学情"④。欧阳奇阐释了毛泽东与艾思奇哲学的互动:一是毛泽东阅读和借鉴了艾思奇的哲学著述和叙述方法;二是毛泽东与艾思奇通过参加新哲学会、哲学研究会,深化哲学交往、互相启迪;三是艾思奇对毛泽东哲学思想的吸收和传播。其中,上海时期,艾思奇哲学著述对毛泽东哲学思想产生影响;延安时期,毛泽东哲学思想与艾思奇哲学思想相互影响;北京时期,毛泽东哲学思想影响艾思奇哲学思想。⑤ 显然,目前,国内学者对李

---

① 雍涛:《李达与毛泽东哲学思想的形成与发展》,《武汉大学学报》2000 年第 6 期;侯外庐:《坚持实践是检验真理的唯一标准——读毛泽东同志给李达同志的三封信》,《哲学研究》1979 年第 1 期;胡艺华、彭继红:《建国初李达推进毛泽东哲学思想大众化主要方法初探》,《江汉论坛》2011 年第 2 期;王炯华:《毛泽东的矛盾辩证与李达》,《中共福建省委党校学报》2010 年第 2 期;王炯华:《1958 年的毛泽东与李达》,《社会科学论坛》2010 年第 6 期;李蓉:《试论李达与毛泽东近半个世纪的交往》,《中国延安干部学院学报》2011 年第 3 期;武市红:《李达与毛泽东关系浅论》,《毛泽东思想研究》2011 年第 3 期;吕芳文:《李达与毛泽东一个口号之争》,《湘潮》2005 年第 4 期;李小萍、李焐曾:《五十年代中期后李达与毛泽东的思想分歧》,《华中理工大学学报》1998 年第 3 期;陈力新:《毛泽东同志与李达同志的友谊》,《光明日报》1978 年 12 月 23 日。

② 石仲泉:《延安时期的艾思奇哲学与毛泽东哲学》,《理论视野》2008 年第 6 期。

③ 许全兴:《与〈延安时期的艾思奇哲学与毛泽东哲学〉的商榷》,《理论视野》2008 年第 8 期。

④ 沙平:《艾思奇与毛泽东》,《广东党史》2006 年第 1 期;沙平:《艾思奇与毛泽东的"哲学情"》,《党史博采》2007 年第 7 期;沙平:《毛泽东与艾思奇的"哲学情"》,《四川党史》2002 年第 4 期;沙平:《延安时期的艾思奇与毛泽东》,《炎黄纵横》2010 年第 6 期。

⑤ 欧阳奇:《毛泽东与艾思奇的哲学互动》,《党的文献》2013 年第 1 期。

达、艾思奇哲学思想的研究及二人对毛泽东哲学思想的贡献,还仅仅停留在把二人作为个体与毛泽东的交往、对话,及对毛泽东具体哲学著作的阐释、解读和宣传上,具体表现在研究视域上,多从微观语境入手,就具体问题、具体作品的研究,缺乏从宏观视域考量李达、艾思奇对毛泽东哲学思想的丰富和发展,缺乏从系统性、整体性视域研究李达、艾思奇对马克思主义哲学中国化、大众化的丰富与发展。

（二）国际学术界对李达、艾思奇及马克思主义哲学中国化的研究

1. 在马克思主义哲学中国化研究方面,成果较为显著。 外国学者没有明确界定马克思主义中国化与马克思主义哲学中国化之间的关系,他们通常将后者的研究融于前者的研究之中,没有对二者作精确的划分。国外马克思主义中国化研究主要以哈佛大学费正清中国研究中心为平台,代表人物有费正清、史华慈、施拉姆、布兰特、麦克法夸尔、傅高义、赛奇、柯伟林等。20 世纪 50年代,费正清等推动哈佛大学成立了中国政治经济研究项目机构,1957 年改称为东亚中心,2007 年改称为费正清中国研究中心,成为海外中共学的学术中心。中心成立前后出版了大量的中国学研究成果,如费正清的《美国与中国》,费正清、布兰特和史华慈主编的《中国共产主义文献史》,史华慈的《毛泽东崛起以前的中国共产主义》,赛奇的《毛泽东中国的革命话语》等,在国际学术界产生较大影响。

20 世纪 40 年代末,史华慈做出"马克思主义中国化"定义,即"马克思列宁主义与中国实际和文化两方面的结合,强调马克思主义中国化的传统文化载体"。提出"毛主义""毛战略""毛张力",形成"毛主义三段论"观点。① 哈佛学者认识到把马克思列宁主义的普遍原理和中国实际相结合是马克思主

---

① 路克利:《海外马克思主义中国化研究》,人民出版社 2016 年版,第 49 页。

中国化的关键,是西方文化影响中国的新阶段,是革命者的中国化,特点是具有典型的中国风格,体现了中国人的创造性、自主性和民族自尊心,富有中国传统文化因素,毛泽东在这一过程中起了重大作用。

当然,哈佛学者对马克思主义中国化也提出一些不符合实际的观点,主要言论有:有人认为马克思主义中国化,其主体是毛泽东等中共领导人,人民群众对此并不在意,显然,这种论调实际上是西方社会所推崇的精英政治的论调,不符合当时中国实际。有人提出马克思主义中国化意味着对马克思主义的排斥和对中国传统的提升,是马克思主义的"异端",这一论断实际上否定了马克思主义的真理性和科学性。有人认为马克思主义中国化是中共高层权力斗争的工具和产物,是为了巩固毛泽东个人的地位,这实际上是西方个人主义在历史观上的反映,体现了西方社会忽视人民群众的呼声和中国社会的理性诉求。① 诸如此类观点众多,不一一罗列。

近年来,伴随着马克思主义在中国取得巨大成功,中国综合国力和国际地位显著提高,国外迅速掀起新一轮的马克思主义中国化研究,形成一系列研究成果。对此,国内学者纷纷对海外马克思主义中国化研究成果进行了梳理、研究,形成一些较有影响的成果。② 如广东人民出版社出版的《海外马克思主义中国化理论研究》(成龙著,2009 年),对海外研究的核心问题、基本观点做了较为全面的辨析和概括,对"异端论""唯意志论""非毛化论""经济决定论""实用主义论""后社会主义论""混合论""中国威胁论""新保守主义论""殊途同归论""民族主义论"等进行了剖析和批判。中央文献出版社出版的《国

① 路克利:《海外马克思主义中国化研究》,人民出版社 2016 年版,第 55—65 页。
② 成龙:《海外马克思主义中国化理论研究》,广东人民出版社 2009 年版;文晓明、杨建新:《国外马克思主义中国化研究概述》,中央文献出版社 2010 年版;文晓明、杨建新:《国外马克思主义中国化研究的特点及趋向》,《马克思主义与现实》2008 年第 6 期;成龙:《国外马克思主义中国化研究探析》,《毛泽东邓小平理论研究》2009 年第 11 期;杨静娴:《国外关于马克思主义中国化的研究综述》,《重庆理工大学学报》2011 年第 5 期;梁怡:《国外马克思主义中国化的研究评析》,《中国特色社会主义研究》2012 年第 5 期。

外马克思主义中国化研究概述》(文晓明、杨建新著,2010 年),系统地论述了
国外马克思主义中国化研究热点、趋势、进程、方法、路径及关于马克思主义中
国化理论体系等,具有一定的学术价值。

　　总之,国外马克思主义哲学中国化研究历经 70 多年,形成了系列成果,诸
如国外毛泽东学、邓小平研究、中国特色社会主义研究等。对于国外学者众多
的研究成果,我们要以客观的、审视的态度来看待。一方面,国外学者的研究
成果和研究范式,有利于拓宽国内学者的研究视域,有利于进一步深化国内马
克思主义哲学中国化研究;另一方面,国内对国外马克思主义哲学中国化研究
的阐释,"多于译介而少于分析""论域边界模糊而缺乏精准定位""重要理论
问题聚焦不足而有待深入挖掘"。① 为此,深化对国外马克思主义哲学中国化
研究的研究,批判、借鉴其研究视域、研究范式,对于进一步深化国内马克思主
义哲学中国化研究具有重要意义。

　　2. 在李达、艾思奇马克思主义哲学中国化研究方面,成果较为显著。 其
中,关于艾思奇马克思主义哲学中国化研究,主要有法国学者比埃尔在《中国
哲学 50 年》中介绍了艾思奇及其对马克思主义哲学通俗化的贡献。美国学
者伊格纳修斯·曹在《艾思奇——中国共产主义倡导者》《艾思奇哲学》中对
艾思奇及其哲学思想做了研究,他指出《大众哲学》激起劳苦大众和爱国青年
的反抗诉求。在《艾思奇对中国马克思主义发展的贡献》一文中,美国学者乔
舒亚·福格尔中指出,艾思奇将民众生活与马克思主义哲学紧密联系,表述上
采用大众喜闻乐见的形式和通俗化的语言阐释了深奥的马克思主义哲学,从
而达到武装民众的目的。在《哲学与政治在中国——三十年代关于唯物辩证
法的论战》一文中,德国学者沃纳·麦思纳指出《大众哲学》是政党意识形态
的宣传工具,不是规范的哲学读本。美国学者泰瑞·博登霍恩对此进行了批
判,他认为沃纳·麦思纳的观点没有事实根据,《大众哲学》没有刊发某政党

---

　　① 尚庆飞:《国外马克思主义中国化研究:认知、把握与思考》,《南京政治学院学报》2016
年第 4 期。

的机关刊物上,而是发表在销量很好的大众刊物上,表明其深受大众喜爱,它给贫苦大众输入了自信和战斗的意志,带来了科学理性的价值观和认知。①日本学者竹内实将毛泽东《矛盾论》与艾思奇《研究提纲》做了比较,得出与德国学者沃纳·麦思纳一致的观点,即毛泽东借用了艾思奇哲学结构与哲学内容。对此,尼克·奈特在《中国共产主义运动中的哲学家——艾思奇、毛泽东和中国马克思主义哲学》一文中进行了批驳,他认为过分夸大了艾思奇的影响,主张应该将艾思奇的哲学著述和活动置于更广阔的哲学和政治背景中进行考察。

澳大利亚格里菲斯大学荣休教授尼克·奈特,是一位关注、重视中国问题研究的中国学专家,他对艾思奇有较多的研究。他在《艾思奇论新哲学:辩证唯物论的规律与逻辑》②一文中指出,艾思奇化繁为简地对新哲学的解读,影响了马克思主义哲学在中国的发展,也为毛泽东将中国革命实践与世界的普遍联系紧密联系起来。他在《从新哲学到"毛泽东思想"——以延安新哲学会的视角》③一文中指出,延安新哲学会对毛泽东哲学思想的形成意义深远,它在多个方面促进了毛泽东哲学思想的产生,而艾思奇等新哲学会会员与毛泽东在马克思主义中国化上的互动,有力地推动了马克思主义哲学中国化的进一步发展。他在《中国共产主义运动中的哲学家——艾思奇、毛泽东和中国马克思主义哲学》④一文中指出,艾思奇勤勤恳恳地致力于阐述、传播马克思主义哲学,其所展现的"大众化的"哲学阐释方式,很明显地吸引了毛泽东的注意。在毛泽东的支持下,艾思奇马克思主义"大众化"方式成为中国共产党

---

① 徐素华:《艾思奇研究在国外》,《中国哲学与哲学史》1996 年第 8 期。

② [澳]尼克·奈特:《艾思奇论新哲学:辩证唯物论的规律与逻辑》,陆寓丰译,《江海学刊》2016 年第 6 期。

③ [澳]尼克·奈特:《从新哲学到"毛泽东思想"——以延安新哲学会的视角》,李鹏译,《毛泽东研究》2017 年第 2 期。

④ [澳]尼克·奈特:《中国共产主义运动中的哲学家——艾思奇、毛泽东和中国马克思主义哲学》,王桂花译,《现代哲学》2006 年第 3 期。

意识形态的核心。毛泽东承认艾思奇普及和传播新哲学的贡献,承认其为马克思主义哲学中国化作出了贡献。他在《艾思奇与毛泽东:哲学家在中国共产主义运动中的作用》①一文中指出,毛泽东在研究辩证唯物主义时参考了艾思奇的著作,其关于马克思主义中国化的理解深受艾思奇"采用熟悉的主题和中国的例子"这种解释性方法的影响。

关于李达马克思主义哲学中国化研究,主要有澳大利亚格里菲斯大学荣休教授尼克·奈特对李达做了较为详细的研究。在《李达与中国马克思主义哲学》②一文中尼克·奈特指出,20 世纪 60 年代,李达设想对他早期撰写的《社会学大纲》进行修订,目的是将马克思主义哲学与现时代社会发展结合起来,但他的努力被当时中国国内政治与哲学生活的混乱所打乱,"文化大革命"时期民众对毛泽东狂热的崇拜,一定程度上妨碍了李达不受限制地评价毛泽东对马克思主义哲学中国化的贡献,使得"模棱两可"成为李达哲学生涯中的一个特点。在《中国共产主义运动中的哲学家——艾思奇、毛泽东和中国马克思主义哲学》③一文中,尼克·奈特指出,李达在翻译马克思主义理论方面成果颇丰,其他学者不能与他相提并论。在《李达的〈社会学大纲〉与中国马克思主义哲学》④一文中尼克·奈特指出,李达通过翻译把马克思主义理论原则更广泛地介绍给共产党员及劳苦大众,并使他们不断增强了对马克思主义哲学的兴趣。毛泽东对《社会学大纲》给予高度的评价,使得李达成为 20世纪中国知识分子的领袖之一,李达的作品在中国马克思主义哲学史上获得了尊贵的地位。毛泽东对《社会学大纲》做了大量的注释并做了不少于 10 次

①　[澳]尼克·奈特:《艾思奇与毛泽东:哲学家在中国共产主义运动中的作用》,李静译,《毛泽东思想研究》2016 年第 3 期。

②　[澳]尼克·奈特:《李达与中国马克思主义哲学》,张全友、姜锡润译,《马克思主义哲学研究》2014 年第 10 期。

③　[澳]尼克·奈特:《中国共产主义运动中的哲学家——艾思奇、毛泽东和中国马克思主义哲学》,王桂花译,《现代哲学》2006 年第 3 期。

④　[澳]尼克·奈特:《李达的〈社会学大纲〉与中国马克思主义哲学》,姜锡润译,《马克思主义哲学研究》2006 年第 8 期。

的阅读,充分体现了李达对毛泽东哲学思想的形成、对马克思主义哲学中国化作出了巨大贡献。

显然,国外学者对马克思主义哲学中国化,对李达、艾思奇哲学思想的研究,视角新颖、方法独到、成果丰硕。就现有研究成果而言,国外学者阐释的思想、提出的观点既有科学的、合理性的一面,为新时期进一步推进李达、艾思奇哲学思想研究、进一步推进马克思主义哲学中国化研究提供了全新的视角。与此同时,国外学者也提出一些不切合实际、甚至是荒诞的、错误的观点,对此,我们要立场坚定、态度鲜明地给予严肃的批判,进一步加强马克思主义哲学中国化研究、阐释和宣传,强化国际话语权,引领国际学者马克思主义哲学中国化研究方向。

综上所述,就目前而言,无论是国际还是国内学界,对马克思主义哲学中国化,对李达、艾思奇哲学思想的研究,开启了"筚路蓝缕,以启山林"的探索,为新时期推进马克思主义哲学中国化奠定了坚实的理论基础,提供了全新的研究思路。但无论是国内学界还是国外学界,都缺少对李达、艾思奇和马克思主义哲学中国化进行整体阐释的研究。目前研究,要么仅止于对李达哲学思想或马克思主义哲学中国化研究,要么仅止于对艾思奇哲学思想或马克思主义哲学中国化研究。而对李达、艾思奇马克思主义哲学中国化比较研究,成果相对薄弱。目前可查找到对二人专门比较研究的成果只有1项,即唐城发表于2012年第6期《党史文苑》的《浅析李达、艾思奇对"两论"的研究》。另外,涉及二人比较研究的学术成果出现在中共中央党校博士生缪柏平的博士论文《艾思奇哲学道路研究》,他在论文的最后一章中对艾思奇、李达与毛泽东的哲学道路进行了专门的比较研究。

由上可知,学界在李达与艾思奇马克思主义哲学中国化个体研究方面已做了一些开拓性工作,为本书的研究奠定了坚实的学术基础。然而,就目前而言,国际国内学界尚没有对李达、艾思奇马克思主义哲学中国化进行比较的任何研究成果,突显了该领域研究的缺失。理论研究上的缺失与当代中国社会现实对理论创新的需求间的矛盾,正是开展本书研究的意义所在。为此,本书从中国哲学史与革命史的角度出发,运用比较的方法研究了李达、艾思奇马克思主义哲学中国化的背景条件、理论贡献、与毛泽东的交融碰撞、实现路径及其中国化所坚持的原则、方法、经验和现实启示,一定程度上理清了二人对马克思主义哲学中国化的共性贡献和独特性创新。由于他们二人在各个时期的革命活动与实践不同,因而本书采用的比较研究是以时间逻辑为主线,侧重于李达与艾思奇在马克思主义哲学中国化进程中的理论贡献和学术特点的比较。研究严格遵循了马克思主义辩证唯物主义观点,既注重二人马克思主义哲学中国化的普同性,又努力发掘二人各自独特的学术特点和鲜明的理论风格,于异中求同,从具体到抽象;于同中见异,从抽象上升到具体,尽力做到忠实于历史、忠实于事实,进而突显其对于促进人民群众理论上的武装和思想上的引领的实效性。与此同时,本书既将二人的对比研究放在特定的社会历史背景下,又放在人类社会发展的历史长河之中,进而形成综合性的研究成果,以期对新时代推进马克思主义哲学中国化,进而形成中国化的马克思主义哲学新形态提供必要的借鉴和指导作用。

三、研究思路及目标

本书以马克思主义为指导,从哲学、政治学、社会学、历史学、心理学、教育学等多学科视角入手,系统比较研究了李达、艾思奇马克思主义哲学中国化历程、主要内容、推进思路、理论贡献、学术特点等方面的异同,科学总结和概述出二人研究、宣传和推进马克思主义哲学中国化的经验,进而依据时代特征揭示出马克思主义哲学中国化客观规律,结合新时代中国发展现实需要凝练形成可资借鉴的现实启迪,推进新时代马克思主义哲学中国化的发展。具体而言,本书研究期望达到以下几个目的:一是拓展马克思主义哲学中国化研究视域,为新时代理论工作者推进马克思主义哲学中国化提供现实启示和当代借鉴。二是认真梳理李达注重内在逻辑的理论研究方式和艾思奇注重社会实践的理论宣传方式之间的共性特征与个性经验,用以指导新时代马克思主义哲学中国化理论研究、理论宣传和社会实践。三是系统比较李达、艾思奇一生的理论贡献、学术特点、思想地位、社会影响等,总结二人在中国化马克思主义哲学形态(毛泽东哲学思想)产生方面的巨大成就和丰富经验,为新时代推进与发展马克思主义哲学中国化以及构建中国化的马克思主义哲学新形态提供有益的借鉴。

四、研究方法及创新

1. **文献研究法**。对于李达、艾思奇马克思主义哲学中国化之比较研究,笔者以二人主要著述即《李达文集》(第1—4卷)、《社会进化史》、《社会学大纲》《"实践论"、"矛盾论"解说》、《艾思奇全书》(第1—8册)、《艾思奇文集》(第1—2册)、《大众哲学》等为基础,通过收集、浏览、精读、记录(提纲、摘录、摘要)鉴别、整理和研究文献,形成李达、艾思奇马克思主义哲学中国化的科学认识和认知。研究过程中,为尽可能准确全面理解和精准阐释李达、艾思奇马克思主义哲学中国化,笔者严格文献的鉴别与"考证",重视文献的出处和文献的价值(根据文献的内容级别,将文献划分为一级文献、二级文献和三级文献)。对所有引文都严肃考证,确保在《马克思恩格斯全集》《马克思恩格斯选集》《马克思恩格斯文集》《列宁全集》《列宁选集》《毛泽东文集》《毛泽东选集》《毛泽东哲学批注集》《邓小平文选》等经典著作及其他文献中都能找到研究依据和理论来源,力求对二人的准确理解,精准解读二人马克思主义哲学中国化经验、理论贡献及现实启迪。

2. **比较研究法**。近年来,学界在马克思主义哲学领域内虽然有个别比较研究的相关论著,但是涉及的问题一般都很微观。本书的最大特色就是采用了比较研究法,其中既有纵向的以时间逻辑顺序为主的比较研究,也有横向的对二人学术领域和涉及视域的比较研究。具体而言,一方面,以李达、艾思奇推进马克思主义哲学中国化的社会历史条件为基础,深刻剖析了二人马克思主义哲学中国化的异同,科学而又系统地总结了推进马克思主义哲学中国化的客观规律;另一方面,将李达、艾思奇马克思主义哲学中国化学术风格、理论贡献和实践路径进行全面比较研究,以期为新时代马克思主义哲学中国化以及构建中国化的马克思主义哲学新形态提供有益的借鉴。

3.**历史与逻辑相统一的方法**。本书坚持理论的逻辑进程与客观现实的发展进程相一致,科学理论的逻辑进程与人类社会实践的发展进程相一致,思维科学的理论与人类认识的发展过程相一致原则,以历史发展为基础,以逻辑联系为依据,以李达、艾思奇马克思主义哲学中国化为研究对象,按照历史的时间顺序和空间范围再现李达、艾思奇马克思主义哲学中国化的每一个发展阶段,通过丰富而具体的史料(选择历史文献、确认历史材料、解释从历史文献中获得的信息),总结、阐释和比较(横向比较与纵向比较、求同比较与求异比较、定量比较与定性比较)二人马克思主义哲学中国化的个性特征和共性特点,探寻发展变化规律,科学总结和概述出二人马克思主义哲学中国化之经验,进而形成可资借鉴的现实启迪,切实推进新时代马克思主义哲学中国化。

4.**理论联系实际的方法**。在进行李达与艾思奇马克思主义哲学中国化对比研究过程中,笔者立足于新时代马克思主义哲学中国化面临的新任务新问题,即全球化时代和市场经济的发展使得民众对于马克思主义理论的武装出现了淡漠,以及作为指导民众前进的理论武器——中国化的马克思主义哲学新形态尚未明确而又清晰地展现出来。为此,本书研究以新时代马克思主义哲学中国化为中心,着眼于马克思主义理论的运用、着眼于对新时代社会现实问题的分析和解答,系统凝练、总结了李达、艾思奇推进马克思主义哲学中国化的经验,努力将研究经验转化为可借鉴的可操作的现实方针政策,进而为新时代马克思主义哲学中国化新形态的产生提供必要借鉴。

综上,李达、艾思奇马克思主义哲学中国化所坚持的原则、方法、实现路径、理论贡献及丰富经验,充分体现了他们二人对马克思主义理论、对中国特色革命和社会主义建设道路、对中国特色社会主义制度、对中华优秀传统文化革命文化和社会主义文化的自信,因而,"四个自信"是全党对中国国情的深刻把握,是对中国革命和建设成功经验的科学总结,更是对李达、艾思奇马克思主义哲学中国化经验的继承。以史为镜知兴替、以人为镜明得失。自信精神和创新意识是马克思主义哲学中国化的内在品格。新时代推进马克思主义哲学中国化必须坚持"四个自信",即新时代推进马克思主义哲学中国化,坚持道路自信是根本保证,坚持理论自信是理论基石,坚持制度自信是动力之源,坚持文化自信是精神支撑。总之,坚持"四个自信"是新时代党的理论工作者推进马克思主义哲学中国化的根本依据和价值遵循,具有重要的现实启示。

五、需要明确的两个问题

马克思主义哲学中国化作为马克思主义中国化的重要组成部分,在理论体系框架中处于基础和核心地位。然而,理论界的专家学者们在开展研究时由于每个人的关注点、侧重点及回应和解答社会问题各不相同,至今尚未就马克思主义中国化和马克思主义哲学中国化达成完全一致的认识,具体而言:一是对马克思主义哲学中国化的内涵尚未形成完全一致的认识;二是对马克思主义中国化与马克思主义哲学中国化的关系尚未形成完全一致的结论。为此,本书在开展具体研究、写作之前,有必要对这两个问题作讨论和回答。

1.马克思主义哲学中国化的内涵

李达、艾思奇和毛泽东三人都与马克思主义哲学中国化的提出有着密不可分的联系。1926 年,李达就曾提出:"此书之作,聊欲应用唯物史观作改造社会科学之一尝试而已"①,初步表达了马克思主义哲学与中国实际相结合的思想。早在井冈山革命斗争时期,注重革命实践的毛泽东就提出了反对"本本主义",主张中国革命要因时、因地、因势地把马克思主义普遍原理运用于革命斗争的实践,制定出符合中国民主革命斗争实践的路线方针政策。艾思奇在《哲学的现状和任务》(1938 年 4 月)一文中指出:"现在需要来一个哲学研究的中国化、现实化的运动。"②同年 9 月至 11 月,在党的六届六中全会上,毛泽东明确提出了马克思主义中国化这一概念,他当时使用的术语是"马克思主义的中国化"。1941 年 8 月,艾思奇在《抗战以来的几种重要哲学思想评述》中指出:"根据中国自己的现实材料,在中国自己的地盘上,来发展辩证法和唯物论的世界观,使它能够成为改造中国,争取中华民族独立解放的锐利的方法武器。"③实际上强调了把辩证唯物论应用于中国的实际就是马克思主义哲学中国化,"民族特性"与"中国特色"是最主要体现。

对于马克思主义哲学中国化的内涵,学界的代表性观点有:在《李达与马克思主义哲学中国化》一文中,雍涛指出,把马克思主义哲学与中国具体实际结合起来,分析、研究中国国情,批判继承中国优秀文化传统,用人民大众喜闻乐见的形式、通俗易懂的文字表达马克思主义哲学范畴、原理,使马克思主义哲学现实化、民族化、通俗化,创造出具有中国特色的哲学形态,这就是马克思主义哲学中国化。④ 武汉大学教授汪信砚认为,马克思主义哲学中国化,就是指无论在内容上还是形式上马克思主义哲学必须完全变成中国的东西,结合中国时代特征与时俱进地创造出与社会发展需要相适应、与民众理论诉求相一致的中国的马克思主义哲学。⑤ 此外,国内众多学者王烨、杨森、苏富强、马

① 《李达全集》第 4 卷,人民出版社 2016 年版,第 3 页。
② 《艾思奇全书》第 2 卷,人民出版社 2016 年版,第 491 页。
③ 《艾思奇全书》第 3 卷,人民出版社 2016 年版,第 259 页。
④ 雍涛:《李达与马克思主义哲学中国化—纪念李达诞辰 115 周年》,《武汉大学学报(人文科学版)》2006 年第 1 期。
⑤ 汪信砚:《马克思主义哲学中国化辨误》,《哲学研究》2008 年第 10 期。

俊峰、袁吉富、郭建宁、杨耕、高予远、李瑞清、张建玲、安启念、陈晏清、杨谦等也做了大量的相关论述①,其观点大多与雍涛、汪信砚教授相似。

由此可见,学者们对马克思主义哲学中国化内涵的表述各有千秋,但就其学理性和本质而言,学者们的认识和理念都具有相似性,即都强调指出,马克思主义哲学中国化就是把马克思主义哲学与中国实际、与中国传统文化相结合,强调在现实的革命和建设实践过程中,在内容和形式上都形成具有民族特色和风格的中国化的马克思主义哲学。这是目前关于马克思主义哲学中国化较为中肯、全面的定义和阐释,也是本书研究所遵循的定义之一。

2. 马克思主义中国化与马克思主义哲学中国化的关系

随着马克思主义哲学中国化的深入探讨,近年来,人们对马克思主义哲学中国化的理解也越来越深入。然而,在学界专门研讨并区分马克思主义哲学中国化与马克思主义中国化关系的研究成果并不多。② 很多时候,学界在使用马克思主义中国化与马克思主义哲学中国化时,大多学者都默许了二者之间的相互替代,也就是说,对二者之间的内涵与外延并未给予明确的界定和区分,即他们认为马克思主义哲学中国化就是马克思主义中国化,马克思主义中

---

① 王烨:《对马克思主义哲学中国化的几点思考》,《青海社会科学》2004 年第 5 期;杨森、苏富强:《近年来马克思主义哲学中国化研究述评》,《盐城师范学院学报(社会科学版)》2007 年第 8 期;马俊峰:《马克思主义哲学中国化的几个问题》,《学术研究》2006 年第 3 期;袁吉富:《艾思奇马克思主义哲学中国化观述评》,《中国特色社会主义研究》2008 年第 3 期;郭建宁:《马克思主义哲学中国化探要》,《学习论坛》2005 年第 12 期;杨耕:《当前马克思主义哲学研究中的三个重大议题》,《中国社会科学》2007 年第 5 期;高予远:《马克思主义哲学与儒家哲学的融合——马克思主义哲学中国化的一个重要途径》,《吉首大学学报(社会科学版)》2006 年第 4 期;李瑞清:《论马克思主义哲学的中国化》,《前沿》1999 年第 3 期;张建玲:《当代马克思主义哲学中国化问题研究述评》,《天中学刊》2007 年第 2 期;安启念:《马克思主义哲学中国化:规律和形态》,《中国人民大学学报》2005 年第 3 期;陈晏清、杨谦:《马克思主义哲学中国化的实践版本和理论版本》,《哲学研究》2006 年第 2 期。

② 皮家胜:《马克思主义哲学中国化与马克思主义中国化的区分》,《广州大学学报(社会科学版)》2010 年第 10 期;刘林元:《马克思主义哲学中国化是马克思主义中国化的哲学结晶》,《常熟理工学院学报(社会科学版)》2012 年第 1 期;张明、刘林元:《马克思主义哲学中国化是马克思主义中国化的哲学结晶》,《毛泽东思想研究》2012 年第 1 期;田辉:《马克思主义中国化与马克思主义哲学中国化辨析》,《南京市行政学院学报》2007 年第 4 期。

国化就是具体实践与应用了的马克思主义哲学中国化。显然,这一认识具有局限性,为此,本书研究中很有必要对二者之间的关系进行细致的梳理和科学的界定。

一是二者在内在逻辑上具有一致性。一方面,在整个马克思主义三大组成部分中,作为无产阶级科学的世界观和方法论的马克思主义哲学处于基础和核心地位,是马克思主义全部学说的理论基础,因而,马克思主义中国化的基础和核心是马克思主义哲学中国化,这是根本性的、指导性的。为此,马克思主义哲学中国化,就是指马克思主义哲学在中国的具体化过程,是其成为指导中国人民革命实践并最终获得胜利的过程,也是从世界观和方法论指导马克思主义中国化,确保其科学性与革命性的基础和前提。另一方面,马克思主义中国化是建立在马克思主义哲学基础之上,其成果在革命和建设的实践中得到充分验证并展示了它的真理性,有力地证明了中国化的马克思主义哲学的科学性和正确性。这种在革命和建设实践检验中被证明了的科学正确的理论武器逐渐被中国人民大众认可和接受,反过来进一步推进了马克思主义哲学中国化。由上可知,二者具有理论与实践内在逻辑的一致性,二者相互联系、依存发展,辩证统一,不能非此即彼。

二是二者在体系结构上存在差异性。就马克思主义体系结构来看,马克思主义哲学作为完备、科学的马克思主义三大组成部分之一,是整个马克思主义的核心和基础,体现并贯穿于整个马克思主义中国化理论创新和实践活动之中,因而,马克思主义哲学中国化起着理论指导和方法论的作用。就中国化结构体系来看,马克思主义中国化内涵丰富,既内在的包含着马克思主义哲学中国化,也包括马克思主义政治经济学和科学社会主义的中国化等内容,即马克思主义哲学中国化并不是中国化的唯一内容,为此,二者在体系结构上存在差异性,不能相互替代。具体而言,一是不能以马克思主义中国化替代马克思主义哲学中国化,二者之间存在包含与被包含的关系,"替代"的危险是淡化了马克思主义哲学对马克思主义中国化的指导,可能导致犯方向性的错误。

二是不能用马克思主义哲学中国化替代马克思主义中国化,二者之间存在被包含与包含的关系,这种替代显然不能全面、准确概括马克思主义中国化的全部内涵。

三是二者在内容形式上存在不对等性。从内容上看,马克思主义哲学中国化,就是要把马克思主义哲学从内容上完全变成中国自己的理论,并对生发于中国革命和建设进程中的实践经验进行哲学总结,形成具有民族特色和中国风格的中国化的马克思主义哲学。而马克思主义中国化,就是要把结合于中国实际和中华优秀传统文化的马克思主义完全变成中国的东西,形成具有民族特色和中国风格的中国化的马克思主义理论,进而指导中国具体的革命和建设活动。显然,二者在内容上存在不对等性,呈现出整体与部分关系。从表现形式上看,马克思主义中国化更注重表现形式和受众对象的大众化,在实践层面上为中国革命和建设提供大政方针和具体措施;而马克思主义哲学中国化则侧重于理论表达和方法指导的通俗化,在理论层面上为中国革命和建设提供理论指导和哲学依据。显然,二者由于内容与形式上存在着不对等性,因而不能简单地相互"替代"。

综上所述,就内在逻辑而言,二者具有一致性,即马克思主义中国化与马克思主义哲学中国化二者相互依据、互相促进,共同作用于中国特色社会主义建设的伟大实践。就体系结构和内容形式而言,二者之间存在差异性和不对等性,即马克思主义中国化与马克思主义哲学中国化二者不能相互替代,不可混为一谈。这就要求我们在实现中华民族伟大复兴的征途中,既要坚持在推进马克思主义中国化过程中促进马克思主义哲学中国化,又要坚持在推进马克思主义哲学中国化的进程中指导和深化马克思主义中国化,二者虽然有所不同,但二者之间可以相互促进、并行不悖。新时代尤其要进一步总结经验,努力推进马克思主义哲学中国化,建构符合新时期要求的中国化的马克思主义哲学新形态,进一步指导和深化马克思主义中国化的发展,进而形成中国化的马克思主义最新理论成果,指导中国特色社会主义建设从胜利走向更大的胜利。

第一章　李达、艾思奇马克思主义哲学中国化背景条件之比较

　　时代是思想之母,实践是理论之源。近代中国革命实践发展迫切需要运用马克思主义哲学原理来解答、回应中国面临的一系列问题。李达和艾思奇等党的理论工作者正是从这一时代背景和实践发展需要出发,立足于中国具体国情,创造性地引领和推进了马克思主义哲学中国化,在理论上创作出一大批富有影响力的马克思哲学中国化成果;在实践上开创了中国近现代马克思主义哲学中国化的路径,奠定了20世纪马克思主义哲学中国化基本框架、基本思路和基本方法。李达、艾思奇之所以能够在马克思主义哲学中国化进程中作出独特而又重要的贡献,与国内新兴革命力量的成长、壮大,迫切需要有先进的思想理论做指导分不开;与20世纪十月革命的胜利,及其马克思主义在中国的广泛传播和普及分不开;与李达、艾思奇能够准确捕捉时代发展要求、准确把握国内外局势,进而破解时代难题的优秀的个性品格分不开。李达、艾思奇的优秀品格,既源于个人的天赋、性格及优良家风,但更重要的是二人后天的努力。本章在比较李达、艾思奇马克思主义哲学中国化形成条件和发展过程时,既着力探讨二人所处的时代背景、社会历史条件和理论基础的共性因素,也着力突出二人的优秀品质和后天的学习与努力等个性因素。

第一节　李达、艾思奇马克思主义哲学
中国化共性条件之比较

　　社会存在决定社会意识,任何观念的东西无非是客观的物质世界及其运行过程在人们头脑中的反映和一定社会历史条件的产物。因此,在分析任何一个社会问题时,都应该将这一问题放到特定的时代背景和当时的社会历史条件之中。李达和艾思奇为何能够从中国早期的爱国主义知识分子中脱颖而出,成为马克思主义理论家、思想家、宣传家和共产主义的英勇战士,主要缘于二人对近代中国所处的残酷的国际、国内形势的准确把握;都具有深厚的马克思主义理论修养和中国传统文化底蕴;都具有相似的留学经历和坚定的马克思主义理想信念。正是这些共性条件,最终促成李达与艾思奇在马克思主义哲学中国化上作出了开拓性的贡献。

一、相同的客观历史条件

　　任何思想的产生和发展,都有其特定的时代背景和深刻的社会历史根源。中国革命和建设时期,李达与艾思奇面临着共同的时代课题和共处于具有相同国情与社会性质的中国大地。他们之所以能够成为马克思主义哲学中国化的杰出典范,主要原因在于二人具有强烈的历史使命感和责任感,始终以马克思主义哲学理论家的修养严格要求自己,自觉而又主动地不断汲取中国传统哲学精髓,积聚了个人非凡的哲学素养,养成了深入思考、反复凝练和系统概括的能力和本领。为了更好地从宏观上清晰地阐释李达、艾思奇马克思主义哲学中国化的心路历程和发展轨迹,就必须深入研究近代中国面临的国际形势、时代主题及二人所处的国内环境及社会历史发展状况,从中探寻二人在推动马克思主义哲学中国化进程中的共性特点。

（一）从国际背景看,都生活于社会主义革命蓬勃发展时期

"任何真正的哲学都是自己时代精神上的精华。"①李达、艾思奇之所以能够成为工作突出、成绩斐然的马克思主义哲学中国化的开创者,首要原因就在于他们始终立足时代发展的需要,准确把握和客观分析国际局势的发展变化。

1890 年 10 月 2 日,李达(字永锡,号鹤鸣)出生于湖南零陵岚角山镇(今永州市)一个贫穷的农民家庭,时逢摇摇欲坠的封建王朝——清朝末年,当时世界资本主义的发展已经进入了垄断资本主义阶段。经历了两次产业革命之后,西方国家的生产力得到了快速发展,资本输出和海外市场的扩张也不断加剧。为争夺原料产地和商品销售地,英国、法国、日本、德国、意大利、俄国和美国等西方资本主义国家开始利用坚船利炮打开中国大门,发动了侵略中国的疯狂战争、肆意瓜分中国土地和占领殖民地,建立各自的殖民体系。这一方面加剧了宗主国和殖民地、半殖民地国家之间的矛盾,另一方面也使得西方资本主义国家之间的矛盾频发并不断升级,先后于 1914 年和 1939 年爆发了两次世界大战。可以看出,从 19 世纪 40 年代开始,独立而又统一、腐朽而又落后的清王朝在西方列强的侵略下逐渐沦为半殖民地半封建国家,与此相应的是整个中华民族陷入了深重的灾难,人民大众的生活苦不堪言。第一次世界大战爆发后,世界各国、各地区的无产阶级革命和民族解放运动蓬勃发展,两股政治潮流相互融合、不断改变着近代以来世界的政治面貌,极大地冲击了资本主义主导的世界体系结构。宗主国与殖民地、资本主义国家和封建社会之间的矛盾引发了一系列的社会革命,其中影响最大的当属 1917 年爆发的俄国十月革命。

十月革命胜利后,诞生了世界上第一个社会主义国家——苏联,开辟了人类历史的新纪元,拉开了世界上亚非拉等多个殖民地、半殖民地国家无产阶级

---

① 《马克思恩格斯全集》第 1 卷,人民出版社 1995 年版,第 220 页。

革命的序幕,不仅为资本主义国家的无产阶级革命斗争指明了方向,而且也给处于半殖民地半封建社会的中国人民送来了马克思主义。十月革命爆发时,李达正在日本东京学习。他认为列宁领导俄国人民推翻了专制的沙皇政府,并建立了工农政府,俄国变成了共产国家,这是破天荒的大好事。由此他对列宁领导的"过激派"和"过激主义"产生了浓厚的兴趣。李达后来回忆说:当他得知苏维埃政权在落后的俄国建立时内心充满了无限的喜悦,他后来"才知道所谓'过激派'和'过激主义'就是布尔什维克和布尔什维主义"①。十月革命给李达以很大的鼓舞,他开始留心、关注并阅读马列主义书籍,思想上开始出现变化。1918 年,留学日本的学生在阮湘、王洪宾带领下罢课回国,请愿声援"五四运动",遭到反动军警的逮捕和镇压,促使李达毅然放弃"实业救国""科技救国"的梦想,开始专攻马克思主义,积极撰写了系列马列主义文章发表在国内进步报刊上。1920 年夏天,李达怀揣着回到祖国寻找志同道合的同志干社会革命的目的从日本回国,拜访陈独秀并欣然接受筹建中国共产党的邀请。1921 年 2 月,身在上海的党的代理总书记李汉俊与远在广东的党的总书记陈独秀就党内中央集权还是地方分权问题发生激烈争论,李汉俊愤而辞去代理总书记职务,李达由此开始代理着党的"总书记"的职务,并担负着党的一大的发起与组织工作。其间,李达担任《共产党》月刊主编,还每周为上海共产主义小组成员讲授马克思主义课程。1921 年 7 月 23 日,在李达等人积极组织下,中共一大开幕,选举产生了由陈独秀、李达、张国焘组成的中央局,李达被选为宣传主任。其后,李达主编《新时代》杂志,创建了人民出版社,这是中国共产党第一个出版机构。其后不久李达又担任了上海平民女校业务主任(校长),着手为党培育女性干部。以上革命活动促使李达很快成长为中国共产党早期的理论家和宣传鼓动家。

艾思奇(原名李生萱,笔名李崇基、山本森、李东明等)于 1910 年 2 月 3 日

---

① 《李达文集》第 4 卷,人民出版社 1988 年版,第 535 页。

出生在云南腾冲和顺李家大院,比李达小20岁。十月革命爆发时,他正在私塾读书。1931年九一八事变后,日本加快了侵略中国的步伐,中华民族面临生死存亡的危险,国民党反动派却倒行逆施,不谋抗日之策却实行所谓的"攘外必先安内"的反动政策,加大对抗日民众的疯狂镇压,当时的中国可谓是内忧外患、民不聊生。此时,处于深重灾难危机中的人民大众和共产党都在思考中华民族的未来将走向何方、中国的出路在哪里,这是当时中国社会迫切需要解决的问题。毛泽东、李达和艾思奇等面对日益严重的民族危机,审时度势地提出迫切需要用大众化的日常生活语言来解读和传播马克思主义,武装广大青年和人民群众、克服西方唯心主义反动思潮,全面认清国内外的紧张局势,正确认识和科学对待国家和民族的发展前途。20世纪30年代初,艾思奇在上海担任《读书杂志》编辑,收到许多失学、失业青年读者的来信,他们纷纷吐露出对民族和国家的担忧,对个人发展前途迷茫的苦闷,他们希望艾思奇给予科学解释和合理解答。艾思奇不负所望,他从当时国民受教育不多和受教育水平低的客观事实出发,清醒认识到民众出现担忧、困惑与苦闷的心理,主要原因在于缺乏马克思主义的理论武装和科学指导,他认为理论工作者不可推卸的责任就是指导更多的人找到救国救民的真理,帮助更多的人找到正确的生活道路。残酷的社会现实极大地刺激和唤醒了艾思奇强烈的使命感与责任感,为此,艾思奇义无反顾地走上了马克思主义理论家、教育家、宣传家和实践家的道路,创作了一大批为老百姓所喜闻乐见的具有中国气魄和风格的马克思主义哲学作品,影响了一大批青年人学习和接受马克思主义理论。

由此可见,处于内忧外患、民族危机、社会动乱年代的李达和艾思奇,正是从俄国十月革命的胜利和苏维埃政权的建立中看到了实现中华民族独立和人民解放的希望。他们二人不顾反动当局的禁止,听从时代的召唤,克服自身对马克思列宁主义著作严重缺乏的重重困难,先后在日本弃工学文,大量阅读、学习和研究了马克思列宁主义,从中深受启迪,促使二人很快完成了由近代爱国主义知识分子到具有初步共产主义思想的马克思主义知识分子的转变,也进一步促成了二人不断将马克思主义基本原理与中国具体实际相结合,积极传播和研究马克思主义理论,成为马克思主义的笃信者、宣传者和马克思主义哲学中国化、大众化的奠基人和开拓者。

(二) 从国内环境看,都面临着探求救国救民真理的时代任务

中华民族有五千多年的历史,中国人民以自己的勤劳智慧创造了曾经领先世界灿烂的文明。然而,近代以来,面对西方资本主义国家方兴未艾的工业革命的蓬勃发展,晚清政府夜郎自大、不图变革、以天朝大国自居,闭目塞听、闭关锁国,斩断了认识世界、学习世界先进技术、发展资本主义的通道。而经过工业革命发展起来的西方资本主义国家为了掠夺原料、开辟海外市场,利用坚船利炮不断向中华大地扩张。1840 年和 1856 年,英国通过在中国发动的两次鸦片战争,轻而易举地冲破了旧中国的大门。随后的中日甲午战争、八国联军入侵中国等一系列疯狂掠夺战争,使中华民族的领土被瓜分、财富被掠夺、商品市场被强行占领,清政府逐步沦为"洋人的朝廷",中国社会内部发生了翻天覆地的变化。经济上,中国传统社会的自然经济因受到西方资本主义工业经济的影响和冲击而开始解体,使得中国社会内部的矛盾出现了激化;政治上,被迫与西方资本主义(后为帝国主义)国家陆续签订了一系列不平等条约,加剧了帝国主义和中华民族的矛盾,使得中国爆发了一系列争取政治上的独立和民族解放的运动;文化上,以儒家学说为代表的传统封建意识受到西方工业文明入侵的极大冲击,催生了中国人民的民主意识与科学精神,逐渐形成了近代民族国家观,极大地动摇了封建统治阶级的统治地位。"天下兴亡,匹夫有责",为了切实改变中华民族在政治、经济、文化、科技等领域日益衰落的状况和极不平衡的矛盾,坚强不屈的中国人民踏上了探索和寻求中国出路的征程。十月革命给中国送来了马克思列宁主义,中国共产党的诞生,使得"中国人民谋求民族独立、人民解放和国家富强、人民幸福的斗争就有了主心骨,

中国人民就从精神上由被动转为主动"①。由此,中国人民吹响了迈向近代化的号角。

毛泽东认为,内因是变化的根据,外因是变化的条件,内部矛盾才是影响事物发展的根本原因。因而,影响近现代中国发展的主要原因,表面上是科学技术落后,实质上是社会制度的腐朽,它从根本上影响了日益发展的生产力,影响了科学技术的提高和进步。实现救国救民的历史使命,首先是要改变腐朽的社会制度,赢得民族独立,从根本上改变中华民族被压迫被奴役的地位;其次是实现科学技术的进步,改变工业落后的状况、实现中华民族的伟大复兴。正如江泽民提出的近代中国面临两大历史任务,"一是求得民族独立和人民解放;一是实现国家繁荣富强和人民共同富裕"②。两大任务相互联系、相辅相成、相互促进。前者是后者的前提和基础,只有推翻腐朽的旧制度,建立新中国才能实现国家繁荣富强和人民共同富裕。后者是前者的目标和归宿,新社会制度代替半殖民半封建社会的旧制度之后,只有大力发展工业,朝着国富民强的发展方向前进,才能充分发挥新制度的优越性,并最终为新制度的发展进步奠定坚实的物质基础和群众基础。

在《中国革命和中国共产党》(1939 年 12 月)一文中,毛泽东明确提出:"就是说,认清中国的国情,乃是认清一切革命问题的基本的根据。"③西方列强利用武力强行打开中国大门,使得"鸦片战争后,中国陷入内忧外患的黑暗境地,中国人民经历了战乱频仍、山河破碎、民不聊生的深重苦难"④。残酷的国情现实促使不甘落后的中国人民为了民族复兴和国家兴旺,无数仁人志士不屈不挠、前仆后继,开启了通过学习西方先进的"器物"、政治制度和思想文

---

① 习近平:《决胜全面建成小康社会 夺取新时代中国特色社会主义伟大胜利——在中国共产党第十九次全国代表大会上的报告》,人民出版社 2017 年版,第 13 页。
② 《江泽民文选》第 2 卷,中央文献出版社 2006 年版,第 2 页。
③ 《毛泽东选集》第 2 卷,人民出版社 1991 年版,第 633 页。
④ 习近平:《决胜全面建成小康社会 夺取新时代中国特色社会主义伟大胜利——在中国共产党第十九次全国代表大会上的报告》,人民出版社 2017 年版,第 13 页。

化救民族、国家和人民于水火的苦苦求索。地主阶级、农民阶级、资产阶级改良派和资产阶级革命派轮番登场,进行了可歌可泣的斗争和各式各样的尝试,试图改变中国落后的面貌,但无一获得成功,也终究未能改变旧中国半殖民地半封建的社会性质,也没有使中国人民最终摆脱悲惨的命运。辛亥革命虽然结束了在中国统治了几千年的君主专制制度,推动了中华民族思想解放,但革命胜利的果实却被袁世凯篡夺,中国社会又沦入了北洋军阀的反动统治之中。一时之间,社会民众普遍呼吁,解救中国于灾难深重的真理、"主义"是什么?中国的未来出路在哪里? 这就迫切需要中国工人阶级,首先是党的理论工作者作出准确的判断和科学的解答。李达、艾思奇等一批早期的共产主义者便因时、应运而生。

李达之所以能够成为我国近代著名的马克思主义思想家和坚定的共产主义者,首先在于他始终胸怀天下、内心充满大爱,胸中承载着劳苦大众和家国天下的宝贵品格和精神特质。在个人成长过程中,李达亲眼见到和亲身经历了祖国饱受屈辱的苦难历程,他意识到"天下兴亡,我必有责",民族救亡运动刻不容缓。胸怀救国救民远大抱负的李达,同李大钊、陈独秀、瞿秋白、蔡和森和毛泽东等同时代的有志青年,怀着拳拳赤子之心,开始了从指导思想和社会实践两个方面探寻救国救民真理、道路的新征程。此后,李达发愤读书,积极参加各种爱国行动,撰写系列文章,讴歌十月革命和马列主义,最终成长为马克思主义理论的坚定传播者和虔诚信仰者。

艾思奇虽然比李达小20岁,但他一生刻苦学习、为人敦厚诚实、真诚待人,心系人民大众,时刻关心、关注中国社会面临的系列问题。早年的艾思奇就开始探索如何有效地宣传、传播马克思主义,如何有效地为中国的未来和人民的解放而努力奋斗的问题。长期的革命斗争使艾思奇成长为马克思主义坚定的信仰者,他始终如一地忠于党、忠于祖国和忠于人民,努力钻研马克思主义理论,为中国革命和社会主义建设事业奋勇战斗。在马克思主义学习和研究中,艾思奇善于利用一切可利用的时间,深入分析中国社会现实问题,有计划地研究并开创了马克思主义哲学大众化之先河,启迪人们探求真理和积极探寻救国救民的革命道路,最终成长为中国杰出的马克思主义哲学家,毕生专注于马克思主义理论传播和发展。可以说,20世纪三四十年代中国国内社会历史发展状况是李达、艾思奇走上马克思主义道路,并始终不渝地推进马克思主义哲学中国化的时代背景。

二、相似的个体主观条件

任何思想的形成既有一定的社会历史原因,也与思想者个人的天赋和后天的学习与努力分不开。马克思主义哲学中国化是由李达、艾思奇和毛泽东等马克思主义者共同开创,并在新民主主义革命、社会主义改造和社会主义建设的伟大实践中逐渐孕育、形成和发展起来的,在推进马克思主义哲学中国化的进程中,李达、艾思奇之所以能够从众多的马克思主义理论工作者中脱颖而出,除了与他们所处的时代及其特殊的社会历史条件密切相连,还与他们个人的主体条件密不可分。在这些主体条件中,有些源于他们二人优秀的天赋,但更主要的则是他们二人通过后天的努力学习和认真实践所获得的。天赋上的差别无法强求与改变,然而后天的学习与努力却可以给后人以历史的启示和借鉴。

李达、艾思奇马克思主义哲学中国化思想产生的个体原因主要有四点:一是良好的家族教育及人文背景;二是受中国传统文化中“心忧天下,舍我其谁”的爱国主义思想的熏陶,使他们从小就初步具备了“天下兴亡、我有责任”的人文关怀;三是都曾于日本留学并接受马克思主义思想的影响;四是共同的理想信念与追求,使他们无私无畏、顽强不屈。这些是他们产生马克思主义哲学中国化思想的主体共性条件。

（一）都拥有深厚的传统文化底蕴

李达世家务农,种田为生,他的父亲李辅仁小时候受过几年私塾教育,虽然家境贫寒,但李达的父亲非常重视孩子的教育,李达从小就跟着父亲识字。5 岁时,《三字经》《百家姓》和《四言杂诗》等启蒙读物烂熟于心,被私塾先生称为"神童",认为若是能够让他好好读书,将来肯定"了不起"。7 岁时拜学识渊博的前清秀才胡燮卿为师,得到胡先生的精心教导,经过多年私塾教育,能熟读、熟背大量孔孟等儒家经典,阅读了《三国演义》等大量古代文学名著和《东来博义》等新学书籍,深受中国传统哲学中朴素唯物论、辩证法和认识论中强调主体实践思想的影响,奠定了深厚的古文基础和国学功底。在永州中学读书时,李达曾整整一个暑假闭门不出,夜以继日、埋头攻读《古文观止》和《唐诗三百首》等诸种古今中外文学名著,并分门别类、精心研究,不断领悟,逐渐掌握了撰文写作的真谛和要领,国文水平大幅度提高,培养了"鉴古知今"的爱好。李达还自己命题写了几十篇文章,经胡燮卿、唐花圃先生批阅后选了其中 10 篇得意之作装订成册。国文老师看后大喜,称赞道:"士别三日当刮目相看,文章十篇如鹤鸣长空。"①

李达大量引用中国古代典籍撰写关于中国史学的论文。1926 年,李达用文言文撰写的《现代社会学》出版。在写作《社会学大纲》时,李达以传统哲学中实践与认识的辩证关系为主线,一方面,李达提出实践是认识的基础、前提和目的,是认识过程中的诸多契机和认识结果的检验,构筑了独特的认识论框架体系,反映出李达深受中国传统哲学注重实践主体性思想的影响;另一方面,李达全面系统地论述了内因与外因、对抗性矛盾与非对抗性矛盾、矛盾的同一性和斗争性等辩证关系,构筑了独特的矛盾学说框架体系,反映出李达深受中国传统哲学注重整体性思维的影响。此外,李达还深受中国传统哲学唯物论思想的影响,这也是他早年选择学习自然科学的主要原因之一。年轻时李达便不信鬼神,最反对村里人祭鬼拜神。《女子解放论》等李达早期发表的许多文章都反映出中国传统哲学中物质第一性、意识第二性的唯物论思想。

---

① 程少华:《李达蘋洲求学记》,《永州日报》2004 年 7 月 24 日。

在《女子结论》一文中,他提出:"如今要将女子解放,须先使他恢复物质上的自由。"①他认为女子屈从于男子的真正动因是女子的物质自由被束缚,进而才出现了精神上的自由被束缚,物质动因才是根本。可见,正是因为李达早年深受中国传统哲学的影响,使得他在唯物论、辩证法和认识论等方面的许多认识和见解与同时代人相比都是较为深刻的、卓越的。

　　当然,李达对中国传统文化不是盲从和一味照搬,而是取其精华、去其糟粕,既学习又批判地继承和发展。他对封建礼教的蔑视胜过许多知识分子,尤其体现在主张男女平等上。李达具有强烈的反封建意识,他倡导男女平等,反对封建买卖婚姻,主张妇女应该同校接受教育、从事生产并融入整个社会。作为自由恋爱的提倡者,李达认为:"我对婚姻一事,别有积极主张,若举其最适于我国国情的,莫如恋爱自由。"②即恋爱是男女结婚的中心要素,先有恋爱方可结为夫妇,否则断无人生乐趣。王会悟与李达的婚姻就是现实生活中反封建婚姻的典范。李达在多年后的自传中回忆道,他和妻子王会悟有真挚的恋爱,他们二人相互尊重,直至同居生活也没有举行任何结婚仪式,"同志们纷纷责难,我们置之不理,但到后来,许多同志都照样实行了"③。

　　艾思奇从小就嗜好读书、善思好问。1912 年,2 岁的艾思奇跟随母亲从腾冲到昆明生活,他大部分青少年时期是在昆明度过的。当然,艾思奇先后也曾在中国香港、苏州、日本居住过,也有赴日本留学的经历。年幼的艾思奇在昆明的私塾、小学、中学受到了良好的教育,他的父亲李曰垓(字子畅)对他一生的成长影响很大。李曰垓非常注重传统文化的教育,他为人性情沉稳少言笑,但思维敏捷好思考。艾思奇 7 岁时李曰垓和朋友办了一所私塾,专门聘请了一位先生为艾思奇兄妹们讲授"三字经""百家姓",《论语》《孟子》《诗经》《礼记》等传统经典。青年时期的李曰垓在京师大学堂研修过中国古代哲学,

---

① 《李达文集》第 1 卷,人民出版社 1980 年版,第 23 页。
② 《李达文集》第 1 卷,人民出版社 1980 年版,第 18 页。
③ 《李达文集》第 4 卷,人民出版社 1988 年版,第 4 页。

其哲学功底较为深厚,他也经常利用空余时间为大儿子李生庄和艾思奇讲解诸子百家及各家流派的思想,使得艾思奇从小便获得良好的传统文化教育。16岁那年,艾思奇同父亲逃难到苏州,父亲李曰垓没有间断对艾思奇的传统文化教育,《老子》《庄子》《墨子》等是李曰垓讲授的主要哲学经典,引起了艾思奇对哲学研究的兴趣,尤其是对朴素唯物主义深信不疑。生活中艾思奇坚持无神论,他说天下根本没有鬼神!既然弥勒佛不会吃,供它干什么?艾思奇所坚持的朴素唯物主义思想对他后来选择研究和传播辩证唯物主义和历史唯物主义奠定了坚实基础,为其日后《大众哲学》的创作及马克思主义哲学中国化发挥巨大作用。

父亲李曰垓对艾思奇的学习方法也有着重要的影响。艾思奇家境较为殷实,父亲李曰垓藏书丰富,涉及哲学、社会学、教育学、历史学等。他经常就如何熟读书籍、读什么样的书、怎么样读书等问题给予艾思奇以指导,培养艾思奇养成了读好书、好读书和读书好的习惯和方法。李曰垓告诫子女:立身处世非至少懂一门外语,否则难以成就学问;读书要有成就全靠勤奋努力,别无他法;做人须要有一技之长,于国于己,方有着落处,"但哲学是一切学术的概括,欲究事物之至理,宜读一些哲学书为宜"。① 艾思奇受父亲李曰垓的启发,学习和掌握了英语、日语、德语和俄语四种语言,为研究、宣传马克思主义提供了便利。此外,李曰垓要求艾思奇把"业精于勤,荒于嬉;行成于思,毁于随"作为座右铭,要学习历史,通读《资治通鉴》,"无论做诗写文章,应像白居易那样,务使人人能读,妇孺皆知。"②显然,艾思奇后来走上了马克思主义哲学研究与宣传的道路,并形成独具一格的学术研究风格,都与他父亲李曰垓的教育、教导和影响有着密切的关联。

---

① 马汉儒:《哲学大众化第一人——艾思奇哲学思想研究》,云南人民出版社2002年版,第7页。

② 谢本书:《战士学者——艾思奇》,贵州人民出版社2000年版,第42—43页。

（二）都具有胸怀天下、忧国忧民的人文情怀

早在 1900 年到 1909 年,李达考入零陵县洲中学读书前后,强烈的爱国主义激情和坚决的反对帝国主义、反对封建社会制度的思想就开始显露。庚子赔款第二年,即 1901 年,年仅 11 岁的李达听到"八国联军"入侵中国的残暴行为时,举起小拳头高喊:"不可忍!"表现出强烈的爱国主义情怀。当老师问到炎黄子孙怎样才能为振兴中华而尽责,年少的李达回答道:"我年纪尚小,我要发奋读书,多学习知识,多掌握本领,长大后要为建设强盛的祖国、为振兴中华尽到自己的责任"。1905 年,李达到永州中学读书,他接触了更多新知识,也对"八国联军"侵略中国有了进一步的认识,他深刻地认识到近代中国贫穷落后的总根源是资本主义和帝国主义列强的残酷掠夺,是国内封建主义的黑暗专制统治与清政府的腐败落后媚外造成的。李达因此而萌发了强烈的爱国心和报国志,他积极参加了反帝爱国运动,踊跃参加学校"抵制日货、练军事操"活动。但就如何更好地开展爱国运动,李达尚不够完全清楚,他后来回忆道,他们当时的爱国办法就只懂得两条:一条是"每逢帝国主义者向清廷提出亡国性的侵略条件时,知识分子和青年学生们就集会、游行、喊口号、发宣言、向清廷请愿"。[①] 另一条是面对学校再次配发的日制文具用品,学生们都给予焚烧,抵制日货,显然不懂得从根源上解决帝国主义和中华民族的矛盾。而当李达准备带领同学们焚烧学校配发的日制文具用品时,校长说:"我们国家工业不发达,这些新式文具只好暂时用外国货,希望以后不要再烧毁了。"[②] 听完校长的一席话,李达和同学们感受到前所未有的耻辱! 他遂下定决心为寻求救国救民的真理和振兴中华而读书,为国家工业振兴而努力。

1909 年,中学毕业的李达顺利考入北京京师优级师范学校,这是北京师范大学的前身。两年的读书生活使他看到学校领导们官气十足、腐败无能的

---

① 《李达文集》第 4 卷,人民出版社 1988 年版,第 730 页。
② 《李达文集》第 4 卷,人民出版社 1988 年版,第 730 页。

现状,清醒地认识到正是由于国人封建意识浓厚、思想保守、缺乏知识才导致中国的贫穷与落后。为了解决这一问题,李达萌生了"教育救国"的理想,他主张大力发展教育事业,解放思想、普及科学知识,唤起万千民众的觉醒,努力消除国民愚昧落后的思想和意识,并最终实现国富民强。然而,曾经使他兴奋和鼓舞的辛亥革命并没有给国家和民族带来预期的希望,致使李达"教育救国"的理想破灭。随后,李达受孙中山"在办实业,以利国富民强"思想的影响,开始由"教育救国"的理性转向"实业救国"的理想。1913 年,李达以优异成绩考上留学日本的官费生,在东京第一高等师范学校学习理科,希望凭借留学机会实现"实业救国"理想。他起早贪黑、努力学好每一门功课,却因用功过度患上肺病。1914 年,李达回国养病,遂与他人合伙开了药店做了三年药商。新文化运动爆发后,李达虽然未能直接投身到提倡民主科学、反对封建专制制度和旧伦理道德的运动中,但他同情、支持,热情讴歌和赞颂了学生的反帝反封建运动,并对运动先驱者陈独秀等人非常景仰。1917 年,李达再赴日本学习,考入日本第一高等学校(后改称东京帝国大学)学习探矿冶金专业,立志走"实业救国"和"科学救国"的道路。1919 年,当远在日本的李达听说陈独秀被捕时,内心充满了激愤,连夜赶写了《陈独秀与新思想》一文,指出:"顽固守旧思想的政府能捕得有'新思想'、'鼓吹新思想'的陈先生一个人,不能捕得许多有'新思想'、'鼓吹新思想'的人"①。显然此时的李达,已认识到这种"新思想"就是马克思列宁主义和反封建思想,他强烈呼吁北京政府立即释放陈独秀,"给他自由'鼓吹新思想',帮助中国文明的进步"②。

此后,为民族复兴和国家兴旺而努力奋斗的李达,在其生平实践中不断得到践行和验证,他始终坚信:"国家兴亡、我的责任"。为了国家、民族和人民的伟大事业,李达不惜与同事决裂,甚至暂时离开亲手创造的心爱的党组织,无畏政府的压迫,一生颠沛流离、忍受着穷困潦倒的流亡生活、居无定所;为了

---

① 《李达文集》第 1 卷,人民出版社 1980 年版,第 7—8 页。
② 《李达文集》第 1 卷,人民出版社 1980 年版,第 8 页。

国家、民族和人民的伟大事业,他辛勤创作、笔耕不辍,与反动政府势不两立,对当时的社会局势进行了深刻地剖析和无情地批判。正是这种为国家、民族的解放事业奋斗不止的家国情怀和为人民谋幸福的博大胸怀,使得李达始终保持着高度的责任感和强烈的使命感,始终立足中国革命和建设实际,孜孜不倦地研究和宣传马克思主义,有力推进了马克思主义哲学中国化的历史进程。

艾思奇和李达一样很小就深受父亲的教导,养成了勤奋好学的学习生活习惯。父亲李曰垓告诫艾思奇时时处处都要养成"从政宜勤,理财以清,对己宜苦,待人以诚"①的好习惯和好作风,他常常给艾思奇讲述中国历史上的民族英雄和爱国典范,要求艾思奇要立心立命、心怀天下、勤奋努力。李曰垓长年的言行和教诲促使艾思奇奠定了安身立命的理想和抱负,也使他很早就有了"天下兴亡,匹夫有责"的家国情怀,有了强烈的反抗帝国主义侵略的民族情感。对于父亲的影响,艾思奇在传略中讲道,他幼小的心灵在父亲民主革命思想的熏陶下,很早就产生了忧国忧民的忧患意识,父亲对他的教育很科学也很开明,他教会了他注重学习的自觉性。父亲李曰垓的教育与教导,为艾思奇日后的学习和思想上的进步打下了坚实的基础。

作为爱国青年,艾思奇在少年时期就已经积累了丰富的社会实践经验,这为其日后的发展奠定了基础。艾思奇就读云南省一中时负责学艺部,主要活动是搞文艺、演讲及举办夜校等。《滇潮》作为云南省一中铅印出版的周刊,以反帝反封建为己任,积极宣传民主革命思想,包括孙中山的"三民主义"、新文化运动、马克思主义基本理论等。青年艾思奇积极为《滇潮》撰稿,先后发表了数篇文章,在学生中产生较大的影响。与此同时,云南省一中举办的夜校使艾思奇更多地了解了社会底层穷苦群众艰苦生活的现状,进一步增强了对农民阶层及工人的感情与同情。举办夜校也使艾思奇得到了锻炼,提高了艾思奇在实际教学中处理问题的能力和水平,积累了丰富的经验,为艾思奇日后

---

① 卢国英:《智慧之路——一代哲人艾思奇》,人民出版社 2006 年版,第 18 页。

走上革命理论宣传道路打下了扎实的基础。1926年,"三一八惨案"在北京发生,为了声援北京学生的游行示威活动,艾思奇参加了打倒军阀唐继尧的学生游行示威活动,并积极撰写文章、标语宣传学生游行示威活动。为此,艾思奇遭到反动军警的逮捕,受到严刑拷打,在哥哥李生庄的努力下,艾思奇被营救出来,被迫留学日本。其间,艾思奇开始大量地学习、研究马克思主义,很快实现人生观和世界观的重大的改变,由一个好学上进的青年逐步转变为一名坚定的马克思主义信仰者。①

(三) 都曾在日本留学接受了马克思主义

19世纪末20世纪初,马克思主义文本在很大程度上是由日本辗转传入中国,日本是当时中国人接受马克思主义的主要渠道之一。对此,郭沫若曾指出,日文版的马克思主义书籍传入中国被翻译成汉语后,中国民众开始了解了马克思和恩格斯,也就是说,如果查阅文献资料,可以得出"最先介绍马克思主义的是日本知识分子"。② 李达与艾思奇先后留学于日本,他们学习和接受马克思主义都与日本留学的经历密不可分。李达也曾明确指出,"中国接受马克思主义得自日本的帮助很大"③。

李达天资聪颖,思维敏锐,才华出众,领悟力和洞察力卓尔不群,被认为是农家奇才。1913年和1917年,李达两次东渡日本留学。他如饥似渴地读书学习、认真地学好每一门课程,仅用一年时间就学会了日语,随后又学会了英语和德语,奠定了直接阅读和翻译马克思主义外文书籍的语言基础,锻炼了系统学习和深入研究马克思主义的能力。当李达意识到经济问题是分析社会

① 卢国英:《智慧之路——一代哲人艾思奇》,人民出版社2006年版,第47页。
② 郭沫若:《中日文化的交流(1955年12月8日在日本早稻田大学的演讲)》,《人民日报》1955年12月13日;[德]李博:《汉语中的马克思主义术语的起源和作用》,中国社会科学出版社2003年版,第40页。
③ 王刚:《马克思主义中国化的起源语境研究:20世纪30年代前马克思主义在中国的传播及中国化》,人民出版社2011年版,第52页。

问题的关键和决定因素后,就开始运用马克思主义经济学理论分析中国现实的经济、社会状况,为中国革命运动提供了理论支撑。十月革命胜利后,李达敏锐地意识到马克思主义对中国革命的伟大意义,又义无反顾地投身到马克思主义哲学的学习和研究工作中,并始终牢记马克思主义哲学家们应当承担的关注社会现实、解决实际问题的历史使命。1918 年 6 月,当李达初步意识到马克思主义理论有可能是中华民族未来的希望时,他第三次东渡日本,毅然放弃理科课程的学习,师从日本著名的马克思主义经济学家、思想家河上肇先生,专攻马克思列宁主义理论研究。李达细致地学习和研读了《共产党宣言》《〈政治经济学批判〉序言》《资本论》《国家与革命》等马列经典著作,学习研究了唯物史观、剩余价值论和科学社会主义学说等书籍,从中寻找方法和悟出真谛,知道了生产力是社会发展的决定因素、阶级斗争是社会发展的直接动力,树立了发现、分析和解决问题的世界观与方法论,储备了大量的马克思主义知识并拥有了扎实的马克思主义理论功底。加之李达善于独立思考,不盲从、不屈从的独特性格,决定了他学习马克思主义理论的突出特点:既刻苦勤奋,又认真努力;既完整系统,又灵活实用;既重视理论研究,又善于掌握方法。1920 年夏,李达从日本回国,运用在日本所学的马克思主义知识,积极组织并参与成立了上海共产主义小组,参与制定了《中国共产党宣言》。11 月 7 日,李达担任《共产党》月刊主编,因成绩突出而受到同行们的赞许。1921 年 7 月,《共产党》月刊被迫停刊,李达继续发挥所长开始担任《新青年》编辑工作。9 月 1 日,李达参与创建了中共第一个出版机构——人民出版社。总之,留学日本的李达,在积极开展马克思主义理论学习、研究的基础上,不懈地支持、参与了国内系列马克思主义活动,并同各种反马克思主义和非马克思主义思潮展开了激烈论战,为马克思主义在中国的广泛传播和马克思主义哲学中国化的发展作出了巨大贡献,最终成为我们党历史上不可多得的宣传马克思主义的先驱者之一。

艾思奇同李达一样,也有着两次赴日本留学的经历。1927 年春天,17 岁的艾思奇东渡日本求学。最初他是学习冶金系采矿专业,但偶然的机缘使他有机会参加"社会主义学习小组"活动,该活动由中共东京支部组织,学习的主要内容是有关马克思主义的相关著作与理论。通过此次学习活动,不仅提高了艾思奇的英语水平,也学习了德语和日语,更为重要的是艾思奇对马克思主义理论产生浓厚兴趣。艾思奇充分利用各种便利条件,系统研读了《共产党宣言》《反杜林论》等马列主义经典原著。其间,艾思奇也曾浏览和学习了许多西方哲学思想,对黑格尔、费尔巴哈、康德等人的名著也作了研讨,进一步丰富了艾思奇的西方文化知识,为其日后开展系统的马克思主义研究奠定了扎实的基础。1928年春,因劳累过度而患上胃病的艾思奇,迫于疾病的压力不得不中断学习,从日本回到云南昆明养病。回国后的艾思奇没有闲下来,他利用养病的间隙认真研读了马列主义著作及哲学经典,结合当时中国动荡的社会现状,开始思考并撰写了系列文章,发表于进步报刊,引起当时学界的关注,也进一步锻炼了艾思奇的理论写作水平。1930年,再次远涉日本的艾思奇,到福冈高等工业学校采矿系学习。他一方面刻苦学习自然科学知识,一方面潜心攻读马克思主义经典著作。随着实践阅历的丰富和认识上进一步成熟,艾思奇的世界观和人生观也发生了重大的转变。与此同时,在东南大学学习西洋哲学的哥哥李生庄,多次给艾思奇邮寄西方古典哲学书籍,督促他认真学习西方哲学思想,尤其是要认真学习马克思主义哲学经典,较大地提升了艾思奇马克思主义哲学素养。为了正确把握马克思主义哲学的党性,艾思奇仔细研读了《唯物主义和经验批判主义》一书,深刻理解和把握了科学的宇宙观及唯物主义与唯心主义两个斗争的党派,公开申明了马克思主义哲学是为无产阶级和人民群众服务的党派原则。艾思奇说:"读到马克思、恩格斯的著作才豁然开朗,对宇宙和社会的发生、发展有一个比较明确的认识和合理的解释。"①科学宇宙观及马克思主义哲学党性原则的树立,为艾思奇走上革命道

---

① 艾思奇文稿整理小组编辑:《一个哲学家的道路——回忆艾思奇同志》,云南人民出版社1985年版,第127页。

路打下了坚实的基础。

1931 年，九一八事变爆发后，艾思奇同许多爱国留日学生一样愤然弃学回国加入反对日本帝国主义侵略的斗争中。1932 年，艾思奇来到上海，毅然加入共产党领导的抗日工作中。针对哲学固有的抽象、晦涩的特性，艾思奇以满腔的热情投入到用通俗的、口语化的语言形式宣传和传播马克思主义哲学的工作中，他撰写了大量满足时代呼唤、适应中国革命斗争和人民群众需要的中国化、大众化的马克思主义著作，为人民群众开展抗日战争提供了强大的思想理论武器，被人民群众亲切地称呼为"人民的哲学家"。新中国成立后，艾思奇的马克思主义信念更加坚定，通过多种形式、多种场合积极研究、宣传和传播马克思主义。1966 年 3 月，年仅 56 岁的艾思奇与世长辞。当担任中共中央党校校长、人大副委员长的林枫，将准备好的悼词送给毛泽东审阅时，毛泽东亲笔加上了"党的理论战线上的忠诚战士"一语。这是毛泽东代表党中央对艾思奇光辉的一生作出的最为恰当的评价。

（四）都有坚定的马克思主义理想信念

李达和艾思奇之所以能够在中国革命、建设时期成为伟大的马克思主义理论工作者，在于二人在认真学习马列主义和参加革命实践中，逐步实现了世界观、人生观和价值观的转变，最终确立了马克思主义理想信念，找到了用于指导中国革命和建设事业的思想武器。

李达的一生虽经历坎坷，但他始终潜心研究、身体力行早已认定的为国、为民奋斗的人生信条，全身心投入无产阶级的解放事业中。青少年时代的李达，深感清政府腐败无能、民族忧患深重，受长沙爱国主义义士徐特立"断指血书"的感召，参加了抵制日货和军事操练的爱国活动。23 岁赴日本留学，李达切身感受到日本军国主义对华侵略的野心，他本想学成回国后建设自己的国家，但国家却战乱频发、政治腐败、民不聊生。中国的出路在哪里？"实业救国"的理想在何处？就在李达为此迷茫和苦闷之时，俄国十月革命胜利的消息给他带来了新的希望和新的曙光,他从胜利的曙光里依稀看到了中华民族的光明前途,初步树立了对社会主义、共产主义的信念和对马克思主义的虔诚追随。

1918年,李达作为中华留日救国团的主要负责人,毅然离开日本回国参与了反帝爱国学生运动。当北京各高校学生联合发动的请愿示威活动失败后,李达对腐朽、黑暗和残暴的反动政府更加失望,也对和平请愿等活动有了新的认识,他开始思考开展中国革命的问题。他由衷地感慨道,学生请愿示威活动的失败使他深刻地认识到单靠游行请愿是救不了国家的,"实业救国"在反动军阀残暴统治下也是行不通的,中国人民只有走俄国那样的革命道路,推翻反动政府才能达到救国的目的。他进而说道,如要走俄国革命道路,"只有加紧学习马克思列宁主义的理论"①,再没有其他好的办法。此后,李达更坚定地投入到马克思主义理论的学习、研究和宣传活动中。五四运动时,远在海外的李达积极撰写文章,初步阐明科学社会主义的基本思想,萌发了建设社会主义政党的思想。中国共产党建立前后,他刻苦勤奋、高效率地翻译世界各国介绍马克思主义的通俗著作,积极投身中国共产党的筹备活动中。大革命失败后,在国民党统治的险恶环境中,他更是以大无畏的革命精神和顽强毅力,积极投身左翼文化运动和抗日救亡的斗争中,奋笔撰写和翻译马克思主义著作,在全国许多大学讲授马克思主义哲学、政治经济学、货币学和社会进化史等课程,成为当时蜚声学界、享誉南北的红色教授和"进步师生和反动派作斗争的一面旗帜"。中华人民共和国成立后,李达是中国社会科学工作者代表会、新法学、新哲学学会的主要发起人和负责人之一,通过继续研究、阐释来传播马克思主义,进而为新中国马克思主义理论事业作出贡献。

作为一位真正的马克思主义理论工作者,树立坚定的理想信念是至关重要的。李达不止一次地说:"理论工作者如果动动摇摇,今天这么说,明天那

---

① 李达:《沿着革命的道路前进》,《中国青年》1961年,第13—14期合刊。

么说，墙上一兜草，风吹两边倒，那是假马克思主义者，不是真马克思主义者。"①这体现了李达坚定的马克思主义信念，他不仅在理论上同各种假马克思主义作斗争，而且在实践上更是以自己的实际行动践行马克思主义信仰。纵观李达奋斗的一生，他无论是与同人携手创建中国共产党，还是与同志们共同捍卫马克思主义，还是因故脱离党组织，他都始终如一地坚守着马克思主义理想信念，始终如一地坚持学习、研究和宣传马克思主义。著名思想家侯外庐赞誉道："李达同志始终是忠诚的马克思主义者。即使在他因故离开了党组织的一段时期内，他也从不动摇自己的信仰。"②李达一生无怨无悔地忠实于马克思主义理想信念，为了达到既定的目的，探求马克思主义的本旨，他可以忍受各种艰难困苦，甚至是同志们的不理解。只要是他认准的事情，他就会朝着这个目标一直努力，即便是"断头流血、粉身碎骨"，也"在所不惜""虽九死其犹不悔"。毛泽东称赞李达为"理论界的黑旋风"③便是对他这种不达目的的誓不罢休的顽强精神的最高赞誉。

艾思奇的一生中，从客观因素来看，时代背景、社会历史环境和国际国内形势的变化发展为艾思奇追求和信仰马克思主义确立了较为有利的条件。但从主观条件来看，促使艾思奇最终成长为马克思主义哲学中国化的先驱者和英勇的共产主义战士。艾思奇自幼聪明好学、记忆力强、善思好问和喜欢写作。2 岁时随父母迁居昆明，他便与大哥一起进私塾读书。13 岁因父亲受到唐继尧的排挤，艾思奇全家人被迫迁往香港生活，随后艾思奇考入教会办的岭南分校就读。15 岁时，艾思奇又回到昆明，并考入了被誉为"云南学生运动的策源地之一"的云南省立第一中学插班读二年级。在校期间，艾思奇通过参加该校的"青年努力读书会"和担任宣传新文化运动的刊物《滇潮》的编委，开始接触马克思主义理论，经常撰写反帝反封建文稿，成为学生运动的骨干和学

---

① 《为真理而斗争的李达同志》，武汉大学出版社 1985 年版，第 187 页。
② 《为真理而斗争的李达同志》，武汉大学出版社 1985 年版，第 7 页。
③ 王元慎：《李达：被毛泽东称为理论界的鲁迅》，《中国行政管理》1998 年第 8 期。

生会文艺部的负责人,并与聂耳结为好友。此外,在云南省立一中艾思奇还担任夜校的训导主任兼教员,经常开展针对工人和街道穷苦人家失学子弟的义务教育活动,积极参加反帝爱国斗争。

1932 年,艾思奇来到上海,参加"上海反帝大同盟",在《中华日报》上发表哲学短文宣传马克思主义哲学。1936 年 1 月,他在《读书生活》上撰写了24 篇"哲学讲话",以通俗的语言和浅近的事例来阐述马克思主义哲学,随后结集成书出版了《哲学讲话》,同年 6 月改名为《大众哲学》。该书被誉为"中国第一部比较完整的马克思主义的哲学教科书",艾思奇也被称为"马克思主义哲学大众化的第一人"。1935 年 10 月,艾思奇加入中国共产党。1937 年,艾思奇从上海来到延安,毛泽东在欢迎会上提出把枪杆子和笔杆子结合起来这一文武结合的论断,推荐艾思奇担任抗日军政大学主任教员,推荐艾思奇负责起草哲学研究会学习提纲。1938 年,艾思奇到延安马列学院任教,兼哲学研究室主任,为《解放周刊》《解放日报》撰写了大量哲学文章,翻译了《历史唯物主义的八封信》等。同年,延安成立了新哲学会,艾思奇编写了《哲学选辑》,撰写了《研究提纲》。1939 年,艾思奇参加了毛泽东组织的哲学小组,在讨论中发言最多。1940 年,艾思奇开始担任综合性理论刊物《中国文化》的主编,撰写了《当前文化运动的任务》《抗战中的陕甘宁边区文化运动》等文章。1942 年,艾思奇编写了《马克思、恩格斯、列宁、斯大林思想方法论》,被列为整风运动的辅导材料。1943 年,艾思奇担任《解放日报》第四版副刊部的主任,评论了《逼上梁山》,发表了《群众自己的秧歌队》,肯定了歌剧《白毛女》的创作成就,谈到文艺的普及与提高。1946 年,艾思奇《论中国的特殊性及其他》一书由大众书店出版,该书收录了艾思奇在上海与延安写作的 40 篇文稿,阐述了有关抗日战争的认识、策略等。1947 年,艾思奇担任了华北大学(由北方大学与华北联大合并而为)四部(研究部)主任。1948 年 10 月,艾思奇担任马列学院教员,旨在致力于提高党的干部理论水平。此后,艾思奇随马列学院迁入北京工作。

新中国成立后,艾思奇笔耕不止,他出版了《历史唯物论——社会发展史》一书,阐释了社会发展的一般规律。举办了《社会发展史讲座》,在中央人民广播电台上为人民大众宣讲了社会发展史。多次深入到社会实践中为人民群众作报告,普及推广马克思主义哲学知识,为党培养了一大批教学骨干。随后,艾思奇陆续发表了《学习马克思主义国家学说》《反对唯心论》《评关于社会发展史问题的若干非历史观点》《学习——思想领域的解放斗争》等哲学文章,主编了被誉为"新中国成立后第一本由中国学者自己编写的哲学教科书"——《辩证唯物主义历史唯物主义》。1955 年,艾思奇撰写了长篇论文《胡适实用主义批判》《读〈关于纠正党内的错误思想〉》《从〈矛盾论〉看辩证法的理解与应用》《毛泽东同志发展了真理论》等文章,系统阐述了毛泽东思想。1958 年,艾思奇担任中共河南开封地委副书记和登封县委第二书记,非常关心和大力支持工人、农民学习哲学。1959 年,他在河南报刊发表了一篇关于总结工农学习哲学经验的文章《学习哲学的群众运动》。为帮助干部纠正和克服在"大跃进"中的主观主义,艾思奇专门到河南禹县等地给干部作了关于思想方法和工作方法的报告,并在《红旗》杂志发表了《无限和有限的辩证法》。1959 年底,艾思奇被任命为中央高级党校副校长,兼哲学研究室主任,按照中央部署要求,统筹主编了《自然辩证法提纲》,这是我国第一部比较完整系统的自然辩证法著作。

艾思奇虽然比李达小 20 岁,但他家族教育和成长经历与李达有很多相似,特别是幼年时期的教育环境使他对中国哲学研究产生了浓厚兴趣,尤其对朴素唯物主义深信不疑,这为他后来选择研究和传播辩证唯物主义和历史唯物主义道路奠定了坚实基础,为大众哲学思想理念的产生和马克思主义哲学中国化思想的形成和发展发挥着不可磨灭的作用。艾思奇一生信念坚定、求实好学,任何条件下都始终能保持立场坚定,忠于党、忠于祖国和忠于人民,努力钻研马克思主义理论,为中国的未来和人民的解放、为中国革命和社会主义建设事业奋勇战斗,是一位毕生专注于马克思主义理论传播和发展的中国杰出的马克思主义哲学家。

第二节　李达、艾思奇马克思主义哲学
中国化个性条件之比较

一、理论研究的背景与起点不同

（一）李达是中国共产党早期的领导人

出生于1890年的李达，是中国共产党的创始人和早期的领导人，是中共党内唯一一位"元老"级研究和宣传马克思主义的理论家、哲学家。李达一家世代务农，种田为生。父亲李辅仁读过几年私塾，教过蒙馆。青少年时代的李达天资聪颖，禀赋过人，很早就参加了抵制日货和军事操练的爱国活动。为了实现"实业救国"的愿望，他于1913—1920年先后三次留学日本，饱受了不堪忍受的欺凌侮辱。就在李达迷茫和苦闷于中国革命路在何方的时候，俄国十月革命的胜利给他带来新的希望和曙光，从此，"走俄式革命道路"，坚持马克思列宁主义，便成为他人生追求的目标。

1920年夏李达回国后，抱着"寻访同志，干社会革命"的目的，与陈独秀、李汉俊、陈望道、施存统等人共同发起组织中国共产党。期间，李汉俊辞去中国共产党发起组书记一职，李达代理李汉俊全盘主持党的发起组工作。根据共产国际代表的建议，李达先后奔赴广州和北京，分别找陈独秀和李大钊商讨建党事宜，最终确定将召开中国共产党第一次代表大会的地点放在上海。召开大会前夕，李达先后起草两次、反复斟酌、修改共产党宣言，务求周到完备。另外，他还参与起草了大会报告和其他有关文件。在担任党的发起组代理书记期间，李达表现出了高度的革命意识和责任心，为党的一大的顺利召开和中国共产党的创建作出了卓越贡献。此外，李达还创办和主编中共的第一个党刊——《共产党》月刊，在险恶的工作环境下，《共产党》月刊只能秘密编辑、印刷和发行,李达承担了从写稿、编辑到发行的全部工作。《共产党》月刊加大了对列宁建党学说的宣传,向革命青年报道国际工人运动发展状况,详细介绍俄国十月革命经验,探讨中国革命的理论和实际问题。《共产党》月刊刊载的文章涉及中国共产党建党和中国革命初期斗争的方方面面,它直接负有建党的任务,这使得《共产党》月刊成为各地共产主义者和进步学生、青年喜爱的读物。1921 年 1 月,毛泽东在给李达的回信中称赞《共产党》月刊"颇不愧'旗帜鲜明'四字"。

此外,李达还创办了中共第一所妇女干部培训学校——上海平民女校。上海平民女校是一所新型学校,是党领导开展的妇女解放运动实践的一次尝试,在中国妇女运动史上写下了光辉的一笔,被赞誉为"到新社会的第一步"。上海平民女校前后共招收了 30 名学员,培养了中国共产党第一批妇女运动骨干,如丁玲、钱希均等。1922 年,中共二大召开,李达因与张国焘发生争执而落选了中央执行委员。随后应毛泽东的邀请,李达赴湖南长沙协助毛泽东、何叔衡等人创办湖南自修大学,担任校长一职。1923 年 4 月,李达协助毛泽东等创办了湖南自修大学校刊——《新时代》杂志,并兼任主编。同年 11 月,《新时代》因湖南自修大学被湖南当局查封而被迫停刊。之后,李达与陈独秀就国共合作的方式意见相左,即不同意共产党加入国民党,陈独秀在多次解释和劝说无效的情况下大发雷霆,喊出"我有权开除你",李达也没有退让,倔强地说道"我并不重视你这个草莽英雄",拂袖而去。随后,李达脱党赴湖南大学担任教授,出任中央军事政治学校总教官,湖南农民运动讲习所任教。总之,1949 年新中国成立以前,李达一直在国内各高校研究、讲授马克思主义理论。

(二) 艾思奇成长于马克思主义在中国传播的活跃时期

艾思奇比李达小 20 岁,在他童年时期,俄国取得了十月革命的胜利。从十月革命的胜利中中国先进的知识分子看到了中华民族自己的解放道路。随着马克思主义通过俄国、日本和西欧等地传入中国，及留学日本、西欧的学生李大钊、陈独秀、李达、蔡和森、周恩来、瞿秋白等人掀起了译介、传播社会主义的热潮，开启了近代中国思想理论界新窗户，马克思主义在中国得到真正的、广泛的传播，与中国工人运动实现了有机的结合，直接催生了中国共产党的成立。艾思奇与李达成长环境不同，李达成长于马克思主义在中国初步传播时期，艾思奇则成长于马克思主义已经深深扎根于中国大地，并已得到相当广泛的传播时期。据统计，当时几乎所有的社会科学类刊物都参与介绍或谈论马克思主义。

　　成长在马克思主义得到广泛传播社会背景下的艾思奇，深受其革命家庭环境的影响，很早就表现出对马克思主义的兴趣。1926 年，艾思奇在云南省立第一中学读书时，初次读到了中国共产党办的《新青年》《向导》等杂志，开始接触马克思列宁主义，深受革命思潮的影响。省立一中学校图书馆的李国柱还把恩格斯的《反杜林论》、黑格尔的哲学著作介绍艾思奇看。当李国柱问到对《反杜林论》的读后感时，艾思奇说："一种强烈的逻辑感，精彩的论辩！我想，要是直接读原文，一定更精彩，更吸引人。"①体现了对阅读经典著作原文的渴望，初步确立了艾思奇对马克思主义信仰。在中国共产党领导下，全国工人、学生运动高涨。艾思奇作为学生运动中的骨干，积极参加各种学生运动，为宣传革命民主思想和宣传马克思主义的《滇潮》撰写稿件，为夜校学员讲授课程，为日后走上革命理论宣传道路打下了扎实的基础。

　　1927 年，17 岁的艾思奇赴日留学，日本留学期间的艾思奇，仿佛置身于知识的海洋，开始了漫漫的追求与探索。他在日本绝大部分时间都用于读书，在研讨《反杜林论》《费尔巴哈论》等马列原著后，艾思奇感觉日文翻译得并不很好，便决心自学德文和英文，以便直接攻读原著。他把日文、德文的《反杜林论》对照着读，力求取其精义，这样做既学习了日文、德文，也学习了哲学。同

---

　　① 　马汉儒：《哲学大众化第一人——艾思奇哲学思想研究》，云南人民出版社 2002 年版，第 7 页。

时,他还进一步钻研了黑格尔的《逻辑学》等著作。参加社会主义学习小组,这为艾思奇世界观的根本转变、马克思主义信仰的确立打了下坚实的基础。

1928 年,震惊中外的"济南惨案"发生后,为了响应国内的抗议活动,艾思奇与中共东京支部的部分同学返回昆明,回国后在中共云南地下组织工作。组织进步青年,研究马列主义。与此同时,艾思奇还为《民众日报》等报纸撰稿,这为他以后从事理论宣传工作打下了良好的基础。1930 年,20 岁的艾思奇再度赴日留学,这时,艾思奇再次认真研究了大量的马列主义经典著作。艾思奇给父亲的信中,批判了工业救国的主张,他认为,只有马克思主义这一科学的宇宙观才能真正的救国救民,而马克思主义哲学,在本质上是批判的、革命的,就是要将尘世间这个"颠倒了的世界"倒转过来,标志着艾思奇已成为一名坚定的马克思主义者。① 1931 年,九一八事变后,艾思奇和许多爱国学生满腔义愤返回昆明,他对大哥李生庄说,我要用手中这支笔作武器,与敌人在理论上进行不懈的斗争。

艾思奇从 1932 年到 1937 年在上海工作,在上海这五六年时间是他人生中第一个重大转折时期,也是他马克思主义大众化思想的形成时期。艾思奇在上海加入了中国共产党以后,先后在《读书生活》《申报》从事编辑工作,积极地以一个共产党员的身份投身于对马克思主义理论的宣传与研究。1933年,艾思奇发表了《抽象作用与辩证法》《现代自然科学危机》《从"洋八股"说起》《进化论与真凭实据》《直观主义与理知主义》《形而上学与现代科学》《二十二年来之中国哲学思维》等 10 余篇文章,论述了现代哲学的两大源流、哲学思潮之横的解剖、之纵的展望等。1934 年,艾思奇撰写了《中庸观念的分析》《形势与内容》《关于提倡写别字》等 16 篇文章,回答了王锦心、廖明、徐克林、张守一、张与等人在学习与生活中的困惑。1935 年,艾思奇著述更加丰硕,先后撰写了《孔子也莫名其妙的事》《从新哲学所见的人生观》《意志自由

---

① 卢国英:《智慧之路——一代哲人艾思奇》,人民出版社 2006 年版,第 47 页。

问题》《生产要素的问题》《客观主义的真面目》《抽象名词和事实》《略说新唯物论》《论黑格尔哲学的颠倒》等26篇文章,阐释了封建社会自然科学知识的获得完全依赖于表面现象的观察,阐释了人生观的主观性、意志自由与因果性等问题,回答了许北辰、蔡东园、徐为芳、顾惠民、朱学实、郑明强等人提出的学习与生活中的困惑。1936年,艾思奇发表了《大众哲学》《何必悲观——生活的哲学》《民族解放与哲学》《关于理论批判的工作》《哲学研究大纲》《目前中国文化界的动向》《历史的内因论的具体问题》《"到学校去"和"到民间去"》《胡适也来挑拨离间》《如何研究哲学》《思想方法论》等44篇文章,阐述了哲学与日常生活的关系、本体论、认识论、方法论,怎样做读书笔记、胡适的立场的自白等问题,回答了陶英、陶明渊、易琼等人在学习与生活中遇到的困惑问题。其中最为著名的是《大众哲学》,开创了马克思主义哲学通俗化、大众化的先河,对革命青年的成长产生了巨大的影响。

二、理论研究关注点与方向不同

(一)李达注重马克思主义理论的整体性与系统性研究

在马克思主义中国化的进程中,李达是一个开创性的人物。相比较其他同时期的马克思主义理论者,李达所接受的马克思主义理论可能是最系统最全面的。李达一生撰写的文章、专著达数百万字,奠定了其在中国马克思主义发展史上不可替代的地位。李达的研究成果涉及领域非常广泛,除了在马克思主义基本原理的研究上有丰硕的成就外,他在法学、伦理学、史学、教育学、新闻出版、妇女解放以及其他领域,也有着很多开拓性的探索和贡献。当然,他一生最为突出的贡献就在于对马克思主义哲学的研究与传播,为马克思主义哲学中国化、大众化作出了重要的贡献。

1912年李达考取留日官费生,1913年赴日留学,在此期间,李达先后通过自身努力掌握了日语、英语和德语。这为他后来研究和翻译马克思主义理论著作奠定了扎实的基础。为了把马克思主义著作及时传播到国内,李达于1918 年至1920 年,专门翻译了《唯物史观解说》《社会问题总览》《马克思经济学说》三本马克思主义著作,并寄回国内由中华书局正式出版。以上译著后经多次再版。建党前后,李达还翻译发表了《俄国农民阶级斗争史》《唯物史观的宗教观》《列宁底妇人解放论》《从科学的社会主义到行动的社会主义》《社会主义的妇女观》等著作,特别是发表了马克思《哥达纲领批判》的中译本——《德国劳动党纲领栏外批评》,极大地推动了马克思主义在中国的广泛传播。

1921 年,中共一大被推选为中央局宣传主任的李达,主持创办了中国共产党历史上的第一个出版机构——人民出版社,主要任务是印发马克思主义理论著作。李达担任了人民出版社编辑、付印、校对、发行的全部工作,因此,李达是中国共产党出版事业的奠基者。

1923 年中共三大召开以后,在国共合作方式上,李达与陈独秀意见相左,二人发生激烈争吵。李达愤慨之下离开了党组织,中断了与中共中央的联系,但未放弃共产主义远大理想,依然执着地从事着马克思主义的研究与宣传,依然与湖南的党组织保持联系。对于这段历史,李达后来回忆为了对中国革命理论有一个彻底的了解,他主张党内同志对于马克思主义要做一番细致的研究,要下大功夫研究马克思主义和中国经济状况,但当时党内一些同志只专注于对马克思主义的"实行",不专注于马克思主义的"研究","并有要求马克思那样的实行家,不要求马克思那样的理论家的警句,同时我也被加上了研究系(指研究社会学说讲的)的头衔"①。正是由于这些意见上的分歧,使得他发现自己的性格并不适合于政治活动,于是下定决心,"决心跳出政治活动的实际,而改为研究理论的途径"②。当然,离开了党组织,一方面是他个人不够积极,另一方面他觉得还是专心去研究理论为好。对于这一决定,李达对自己的

---

① 李达:《中国所需要的革命》,《现代中国》1928 年第 7 期。
② 曲子西蘋:《经济学和社会学名教授李达》,《世界日报》1935 年 1 月 29 日。

夫人王会悟说道,他身体向来不好,用笔杆子作战才能更好地展示他的力量,中国目前最大的任务是要多方面宣传马克思主义,全方位介绍俄国十月革命情况,"介绍列宁领导无产阶级革命推翻沙皇夺取政权的榜样。"①从李达的人生抉择上可以看出,李达选择专心致志地开展马克思主义理论研究和宣传,从另一个领域弘扬和诠释了马克思主义的真理性、实践性和对中国革命的指导,奠定了其后来成为卓越的马克思主义理论家。李达作为中国共产党早期领导人的时间并不长,但是他的贡献却是重要的,尤其是对中国共产党的出版事业和妇女运动方面的贡献是具有开创性的。

1935 年,李达在北平大学法商学院出版了他花了 3 年多时间写成的《社会学大纲》,这本著作结构严整,规模宏大,在中国第一次从整体性上建构了马克思主义哲学教材体系,成为当时中国广泛流行的教材之一。该书集我国传播马克思主义以来之大成,在内容的严整性、系统性及深刻性上已经超越了当时在我国翻译出版的国外同类著作。这本著作在我国马克思主义哲学发展史上具有重要的地位,它第一次全面系统地阐释了辩证唯物主义与历史唯物主义,在一些领域深化并发展了马克思主义哲学的基本观点。毛泽东在延安收到李达寄来的《社会学大纲》后,前后读了 10 遍,作了很多批注。毛泽东给李达写信高度评价了《社会学大纲》,他指出这是第一本中国人自己写的马克思主义哲学教科书。

(二) 艾思奇注重马克思主义理论体系的通俗化与大众化研究

旧中国广大劳动人民及其子女没有接受教育的机会,使得当时的中国农民绝大多数都不识字,更谈不上读书论道。而无产阶级革命是千百万人民群众的事业,只有人民团结起来,众志成城反抗侵略、推翻反动统治,才能从根本上实现"自己解放自己"的目的。而要解放自己,就必须要有属于自己的革命

① 王炯华:《李达评传》,人民出版社 2004 年版,第 108—109 页。

理论,马克思主义自诞生之日起就庄严宣告它是为无产阶级及劳动人民实现自身解放服务的。但问题是旧中国广大劳动人民普遍不识字,文化水平低,无法有效学习、接受马克思主义,因而也就不懂得革命的道理,不懂得如何有效地开展革命。对此,中国共产党人有着清醒的认识,他们深知无产阶级要想取得相应的地位,就要充分调动广大劳动人民革命的积极性,为人民争取受教育的权利,普遍地提高人民群众的文化知识水平,促使人民群众掌握科学的马克思主义理论武器,除此别无他途。为此,中国共产党自成立之日起,就着手发动工农群众为争取受教育的权利而斗争,就着手于马克思主义中国化、大众化,积极开展系列活动普及马克思主义理论基本知识。为了凸显实效性,在《中国共产党章程》及相关决议中,中国共产党明确规定了工农理论武装与马克思主义中国化、大众化问题。中国共产党成立以后,依据马克思主义基本原理和俄国十月革命经验,党把工作重心放在组织工人运动、宣传革命主张,领导工人运动上,取得系列成果。其后,在历次党的代表大会及相关文献中,都多次而又明确地提出要重视党的宣传教育工作,扎实开展马克思主义普及、宣传活动,最大限度地争取劳动群众的受教育权力,尽快、从速提高工农群众的革命觉悟等方面问题,标志着中国共产党推进马克思主义中国化的思想初步形成。

艾思奇的父亲李曰垓对艾思奇影响极深,他告诫艾思奇:"为文不要陈义太高,造言太辟或用奇词奥意。写文章应像白居易那样,要通俗,务使人人能读,妇孺皆懂,要能起到启蒙作用。""我们吃饭穿衣,全靠工家,不可轻视他们。"①自 1932 年艾思奇来到上海以后,通过参加"上海反帝大同盟"和在《中华日报》上发表哲学短文等一系列活动,阐释和宣传马克思主义哲学。1933 年 6 月,在《正路》杂志创刊号上,原名李生萱的艾思奇第一次以笔名发表了长篇哲学论文《抽象作用与辩证法》,凸显了 23 岁少年艾思奇的深厚哲学功底。在《抽象作用与辩证法》一文中,艾思奇娴熟自如地运用了中外史学资

---

① 马汉儒:《哲学大众化第一人——艾思奇哲学思想研究》,云南人民出版社 2002 年版,第 7 页。

料,旁征博引、语言优美地阐明了在《资本论》中马克思运用辩证思维方法的科学性。在其后几年时间里,艾思奇发表了一系列文章,为人民大众普及辩证唯物主义和历史唯物主义,为当时中国进一步传播和发展马克思主义哲学作出了突出贡献。1934年6月,进入《申报》工作的艾思奇,在流通图书馆读者指导部工作。从1934年11月至1935年10月,他在《读书生活》上撰写了以通俗的语言和浅近的事例来阐述马克思主义哲学的24篇"哲学讲话",结集出版为《哲学讲话》(1936年1月)。1936年6月,《哲学讲话》第四版改名为《大众哲学》出版,引起巨大轰动,得到广大青年和人民群众的喜爱和欢迎。《大众哲学》在新中国诞生前曾出了32版之多,被誉为"中国第一部比较完整的马克思主义的哲学教科书"。一大批学生正是通过《大众哲学》开始接触和热爱马克思主义,积极参加革命运动,并成为坚定的马克思主义者,有不少还成为中国共产党优秀的领导干部,对中国革命和建设事业的发展做出重要贡献。艾思奇也被称为"马克思主义哲学大众化的第一人"。1935年10月,艾思奇加入中国共产党。1935年到1936年,他担任上海《读书杂志》编辑。1936年,新哲学研究会由艾思奇、沈志远等人发起,在上海秘密成立,研究和传播马克思主义哲学。艾思奇先后出版了《思想方法论》《新哲学论集》《哲学与生活》《如何研究哲学》等哲学著作,在批判各种唯心主义和实用主义的同时,积极传播马克思主义哲学。

总之,从小受革命家庭熏陶、学识渊博的艾思奇,长期致力于马克思主义哲学的研究、教育和宣传工作。富于创造精神的艾思奇将马克思主义哲学与人民大众的生活实际相结合,运用人民大众喜闻乐见、脍炙人口的语言,生动而又通俗地阐释和普及了马克思主义哲学的基本原理、基本立场和基本方法,积极与各种唯心主义哲学进行了论战,捍卫了辩证唯物主义和历史唯物主义,积极宣传了毛泽东哲学思想。在革命风雨里成长起来的艾思奇,他一生的工作经历曲折而又平凡,艰难而又伟大,无论是在昆明、上海,还是在延安、北京,艾思奇都始终如一地以宣传和普及马克思主义哲学为己任,忠贞不渝、无怨无悔地为马克思主义奋斗一生。

三、实践经历与学术风格的不同

（一）李达理论研究注重实践性与应用性

李达的一生是不断追求和砥砺奋斗的一生。他自幼求学方向的选择就体现了"经世致用"的务实作风和表达了强烈的爱国之心与报国之志。虽然在救国道路的选择上经历了由"教育救国"到"实业救国"的渐进的转变过程，面对国家的内忧外患，李达最终选定了马克思主义。李达选择马克思主义为救国救民之真理，是对当时中国现状的客观认识和科学判断做出的必然选择，而非出于个人兴趣，更不是用它作为谋生的手段。在学校求学的李达，看到了在反动当局领导下的学校"学政"的腐败，萌生了"教育救国"的思想，认为只有发展教育，充实民众的知识，才能消除愚昧落后，才能达到国富民强；求学过程中，李达受张謇、康有为、梁启超等人的影响，接受了实业救国论，放弃师范学习，改学理工科，幻想通过发展实业达到国富民强的目的；俄国十月革命爆发后，李达逐渐开始关注、学习、研究马克思主义，进而得出马克思主义是解决近代中国积贫积弱、落后挨打的"一剂良方"，他毅然放弃理工科，转而专门学习、研究马克思主义。由上可见，李达为学方向既关注现实又致力于解决中国实际问题，是在充分了解当时中国社会面临的迫切问题之后做出的慎重选择。

1922 年，辞去中国共产党宣传主任职务的李达，一门心思地从事马克思主义理论的研究和宣传，开始着力阐释和著述马克思主义作品，这是李达个人一生极富意义的角色转换，使他之后的人生有了比较充分的时间对马克思主义进行深入探索。在建党初期，党的理论建设严重不足，多数党员还没有来得及深入认识马克思主义就投入到革命实践中去了。这当然有历史的原因，但这并不意味着可以轻视理论，革命实践又迫切需要理论的指导。如何解决这一问题是当时中国共产党面临的一个难题。在 1920 年，毛泽东曾经有过思考,他提出新民学会的工作要从两个方面进行,一部分人从事学术研究,"多造成有根柢的学者",以"求学储能为本位";一部分人是"从事于根本改造","从事于社会运动的"。① 实际上,毛泽东在此提出了以"求学储能为本位"加强马克思主义理论研究的必要性。从严格意义上来说,李达既是马克思主义政治活动家,但更重要的是他具有从事马克思主义理论研究的学术气质和品格,因而,李达主要还是马克思主义理论家,是地地道道的通过研究马克思主义理论而实现"根本改造"中国目的的理论家。

李达研究马克思主义不是把它当作安身立命的术业,无论是青年、中年还是老年时期的李达,学习和研究马克思主义理论时"不是为理论而理论,为科学而科学",而是着力追求"为了求得社会的实际的指导原理才去研究它们"。② 彰显了李达对马克思主义的研究,其根本目的是为了运用马克思主义改造中国社会。为此,李达对马克思主义理论的研究紧密结合中国实际,不只限于传播和普及马克思主义,而是详细阐明中国革命的发展方向。他认为只有将马克思主义运用于对中国当时经济政治状况的分析与研究,才能充分了解中国社会的实际状况,进而才能对"中国社会革命作理论的说明"③和为中国革命提供科学的理论指导。为此,他在20世纪20年代撰写的《马克思主义学说与中国》《中国产业革命概观》《现代社会学》《社会之基础知识》等论著,对中国社会的历史、性质以及前途和任务等问题作了全面的阐述。李达研究马克思主义理论的着眼点在于实际的运用,在于运用马克思主义解决中国社会的实际问题,这在李达马克思主义哲学中国化中得到充分展现。如同基尔特社会主义和无政府主义思潮的斗争,并不意味着李达陷于理论的束缚,而是李达坚定了马克思主义是救国救民真理的必然选择。表面上看李达专注于"主义",但实质上却体现了李达对社会现实问题的真切关注。无论是宣传、

---

① 《新民学会资料》,人民出版社1980年版,第92页。
② 曲子西蘋:《经济学和社会学名教授李达》,《世界日报》1935年1月29日。
③ 《李达文集》第1卷,人民出版社1980年版,第224页。

介绍社会主义理论,研究女性问题,还是阐释马克思主义经济学理论,都充分体现了李达的"经世致用"气息。

此后,李达尽管因脱党而专注于"纯粹"的马克思主义理论研究,但他始终没有脱离实践斗争,他仍尽可能地参加社会实践。1922年,中共二大召开,李达离开了党中央,应毛泽东之邀担任湖南自修大学学长,后又担任《新时代》月刊主编。在发刊词中,他明确表达了其伟大志向,即始终以研究中国社会问题、努力履行社会责任为己任。此后,受中国革命形势的影响,李达也因时、因势、因事地调整其研究方向。当中国民族革命斗争迫切需要科学的世界观作指导时,李达出版了《现代社会学》《社会学大纲》等理论著作,着力宣传唯物史观,为红军战士们提供精神武器;当意识到在中国社会性质问题上发生的偏差是导致大革命失败的主要原因时,李达便将研究的重点放到了经济学领域,为革命民众准确认识中国实际国情作理论上的论证,提供必要的理论支撑。在《经济学大纲》一书中,李达指出:"我们不是为了研究经济学才研究经济学,而是为要促进中国经济的发展才研究经济学。"[1]在这里,李达突出强调了理论研究的根本目的还是为了改造社会,为社会发展而服务。

总体来看,注重理论联系社会实践是李达开展马克思主义研究的基础和前提。但由于李达参与社会实践的方式主要是开展理论研究,这就注定了他的理论研究与社会实践在相互结合中存在某些欠缺,一定程度上影响了结合的有效性。反过来看,这种缺失也不是一无是处,它在某种程度上弥补了"经世致用"固有的缺陷[2],有利于理论体系结构的建构,为人们正确认识事物发展规律提供了方法论指导。脱党后的李达,没有职业政治活动的牵绊,集中全部精力致力于马克思主义的研究,成果显著,影响深远。正如侯外庐的评价所

---

[1]　《经济学大纲》,人民出版社2007年版,第16页。

[2]　"经世致用"作风固有的缺陷,因过于强调理论要为现实的政治目标服务、过于关注对现实问题的解决而忽视理论结构的建构,从而导致理论系统性的缺失,也就不能深入揭示事物发展的内在规律,不能为人们在更高层次上认识问题提供方法论指导。

言:李达在马克思主义哲学和经济学研究方面,"就达到的水平和系统而言,无一人出李达之右"①。

(二) 艾思奇理论研究彰显批判性和战斗性

正如艾思奇早年所讲:"我要努力,在用手中这枝笔做武器,从理论上对敌人进行不懈的斗争。"②他用自己的一生践行了这一志向。20世纪30年代初,来到上海从事马克思主义哲学研究的艾思奇,从自身工作之日起,就超乎常人地清醒认识到,一切代表国际帝国主义和国内地主资产阶级的各种反动哲学思想,都必将会影响和危害到中国革命事业的发展。为此,艾思奇在《二十二年来之中国哲学思潮》一文中,全面总结和系统梳理了辛亥革命,尤其是五四新文化运动以后直至1933年,中国在哲学战线上的各种斗争和冲突。艾思奇在该文中重点揭露和批判了生命哲学、唯意志论、新康德主义等由西方传入中国,且影响巨大的现代唯心主义资产阶级哲学流派,并对当时有较大影响的杜威、詹姆士的实用主义作了强烈的批判和评论。他用有力的语言鲜明指出:李石岑和朱谦之等人所推崇的生命哲学③,是与法西斯主义紧密相连的欧洲现代资产阶级哲学思想、是化装了的唯心论,是马克思主义辩证唯物论的死敌;李石岑、张君劢和张东荪等人推崇唯意志论④,是主观唯心论和唯我论者,在政治上也与法西斯主义密切相连。艾思奇对生命哲学、唯意志论、实用主义等西方哲学思潮的批判,澄清了人民心中的疑惑,有力地捍卫了马克思主义的

① 侯外庐:《韧的追求》,三联书店1985年版,第36页。
② 马汉儒:《哲学大众化第一人——艾思奇哲学思想研究》,云南人民出版社2002年版,第20页。
③ 生命哲学的代表人物是法国的柏格森和德国的狄尔泰等人,李石岑和朱谦之等人是他们在中国的信徒;生命哲学的中国主张者以佛经或四书五经为立论基础、以封建意识为复归,致使西方现代资产阶级哲学和中国封建哲学相结合成为中国现代资产阶级哲学思想的一个鲜明特征,进而得出辩证法唯物论哲学思潮在中国的盛行,"是全世界及中国革命势力发展之结果"。
④ 唯意志论主要包括叔本华的盲目的生活意志、尼采的权力意志和新康德主义者文德尔班的先验道德意志等西方现代哲学;李石岑、张君劢和张东荪等人是他们在中国的主要推崇者。

真理性,促进了马克思主义哲学中国化的发展。

此后几年,艾思奇有力地批驳了张东荪、叶青等的中国唯心主义反动哲学思想。艾思奇与张东荪、叶青的论战围绕唯物辩证法而展开。针对张东荪、叶青等人在唯物辩证法上的错误言论,艾思奇发表了《论黑格尔哲学的颠倒》《生产力与生产关系的相互作用》《关于内因与外因论》等系列文章,撰写了《哲学与生活》《哲学讲话》等著作,系统阐述了唯物辩证法的彻底性及其规律的客观性与普遍性、唯物辩证法的产生对人类认识史的重要意义、实践在认识中的作用、内因与外因的关系与作用、运动与静止的关系、生产力与生产关系的矛盾运动等社会历史发展规律。在此,艾思奇明确指出:张东荪是以新康德主义①为武器,向马克思列宁主义展开进攻,公开诋毁、污蔑马克思;叶青所推崇的所谓的中国化,实质上是反对把辩证法唯物论应用于中国的实际,否定、取消马克思主义中国化,其根本目的"是要想从战斗的中国人民手中,夺去最锐利的科学思想的武装。"②显然,这是"披着辩证唯物论外装的另一种唯心论"。张东荪与叶青二人都是为配合国民党反动派对革命力量进行军事和文化"围剿"、进而肆意歪曲和攻击辩证唯物论和马克思主义,客观上给马克思主义在中国的传播和发展制造了困难、阻碍了进程。

1941 年,艾思奇在《抗战以来的几种重要哲学思想评述》一文中,着力批判了蒋介石的"力行哲学"、陈立夫的"唯生论"和阎锡山的"中"的哲学。艾思奇一针见血地指出:"唯生论"哲学主要倾向是唯心论和神秘主义,其目的在于反对唯物论,具有浓厚的反民主的色彩,代表着大资产阶级利益;"力行哲学"实质上仍然是唯心论,是以蒋介石为代表的反动官僚站在大地主大资

①　新康德主义(德文:Neukantianismus 英文:Neo-Kantianism),发源于德国,是多个不同学术中心流派的总称。是一场针对在古典唯心主义浪潮消退后科学领域泛滥的唯物主义思潮的反对运动,它们的共同之处是企图通过复活和解释康德的有关理论来建立自己的理论体系,严格地说,新康德主义不是一个单纯的哲学流派,而是当时在德国出现的一种复活和重新解释康德哲学的广泛思潮。

②　《艾思奇文集》第 1 卷,人民出版社 1981 年版,第 553 页。

产阶级立场上,对孙中山哲学作了歪曲的"补充"和"发挥";"中"的哲学是一种"思想防共"的哲学,在新的形式上把中庸思想系统化而形成的相当精致的、伪装的、反马克思主义的哲学思想。此外,艾思奇还撰文批判了蒋介石的《中国之命运》,他指出,蒋介石的荒谬论断宣传的是反理性的唯心论哲学,它是一种极端不合理、极端有害的愚民哲学,是蒋介石"借以维持大地主大资产阶级一党专政的中国式法西斯主义统治"[①],充分体现了反动政府的残暴与贪婪。艾思奇进一步指出,只有毛泽东根据中国的实际情况,创造性地发展和具体化了的辩证唯物论与历史唯物论,才是人民的革命哲学,才能够把中国之命运引到光明的前途,这已为中国革命铁的事实所证明。

抗日战争和解放战争时期,为了中国革命事业的胜利,艾思奇始终坚持实事求是的思想路线,用马克思主义哲学这一思想武器,一方面与各种反马克思主义的反动哲学思潮作坚决斗争,另一方面同中国共产党内和革命队伍内部右倾机会主义、"左"倾教条主义作斗争,捍卫和宣传了毛泽东思想这一马克思主义中国化的理论成果。与此同时,艾思奇在《不要误解"实事求是"》《谈主观主义及其来源》《反对主观主义》《"有的放矢"及其他》等文章中,进一步详细指出了主观主义有教条主义和经验主义两种表现,在中国共产党的历史上,都曾给中国革命造成严重损失和危害。艾思奇的批判与论证对帮助党的广大干部在革命工作中克服主观主义和唯心主义错误,坚持实事求是的思想路线发挥了重要作用。

社会主义革命和建设时期,艾思奇给党的干部、知识分子和广大人民群众做了大量的哲学理论宣传和批判工作。为了进一步肃清大地主、大资产阶级唯心主义反动哲学思潮的流毒,把人民大众从反动思想的影响和束缚中解放出来、实现思想上的解放,艾思奇通过研究、宣传和讲授马克思主义等活动,一方面指导人民大众认真学习马克思主义唯物辩证法与唯物史观,另一方面指

---

① 庄福龄:《毛泽东哲学史》,中国人民大学出版社 2011 年版,第 434 页。

导人民大众通过社会主义思想改造运动,进一步树立起马克思主义科学的世界观、人生观和方法论。1950年3月,在《学习——思想领域的解放战争》一文中,艾思奇依据中国现实国情深刻阐述了在中国革命夺取政权、建立无产阶级政权后还要继续进行"思想上的解放战争"的重要性。

1955年,艾思奇遵照中央关于开展批判资产阶级唯心主义、学习辩证唯物主义和历史唯物主义的战略部署和要求,撰写了系列文章和著作,对资产阶级唯心主义哲学思想进行了批判。其中,重点批判了胡适实用主义思想,指出帝国主义反动哲学思潮在中国影响最大的当属实用主义,其实质是美国资产阶级的思想武器。他指出,胡适在中国传播的实用主义哲学思想,是一种用"科学"和"最新"的哲学伪装自己、具有很大迷惑性的反科学和反革命思想,是与马克思主义的辩证唯物论和历史唯物论截然对立的主观唯心论、不可知论和庸俗进化论。总之,艾思奇为了消除各种反动唯心主义思潮的错误影响、抵制国民党反动派的"文化围剿"和党内"左"、右倾错误的干扰,始终立足于中国革命和建设的具体实际,开展了系列针对性的批判,彰显了其在马克思主义研究与宣传上的战斗性,为马克思主义哲学在中国的广泛传播,为号召广大群众与反动派进行斗争和谋求中国解放事业作出了杰出贡献。

综上所述,李达、艾思奇在马克思主义哲学中国化形成条件方面,既有共性条件,诸如,都生活于社会主义革命蓬勃发展时期,都面临着探求救国救民真理的时代任务,都拥有深厚的传统文化底蕴,都具有胸怀天下、忧国忧民的人文情怀,都曾在日本留学接受了马克思主义,都有坚定的马克思主义信念;又有个性方面的不同,表现在,理论研究的背景与起点不同,理论研究的关注点奠定了各自研究方向的不同,相异的实践经历对个人学术风格的影响不同等。无论是共性与个性上的条件,都使得李达与艾思奇最终成为同时代马克思主义理论工作者中推进马克思主义哲学中国化的典范。李达、艾思奇二人对马克思主义哲学及其中国化的研究与宣传,在中国马克思主义发展史上开辟了新时代、展现了新贡献。

第二章　李达、艾思奇马克思主义哲学中国化理论贡献之比较

　　马克思主义哲学中国化,主要是指马克思主义哲学基本原理、基本观点、基本方法与中国社会的具体实践、中华优秀传统文化相结合,用以解决中国社会普遍存在的实际问题,并以此创造出中国化的马克思主义哲学形态。作为理论界"急先锋"的李达和"大众化第一人"的艾思奇,二人对马克思主义哲学的研究和推介,对推进马克思主义哲学中国化进程都起到非常重要的作用,都为中国化的马克思主义哲学——毛泽东哲学思想的形成提供了坚实的哲学理论依据和科学的理论阐释。李达、艾思奇在推进马克思主义哲学中国化的过程中翻译和著述了大量的马克思主义中国化文本,影响和启蒙了一大批青年走上革命的道路,并最终成长为坚定的马克思主义革命者。更为宝贵的是,李达、艾思奇为中国革命和建设事业培养了一大批马克思主义理论家,二人在马克思主义哲学中国化进程中,撰写了大量的经典著述,提出了许多发人深省的观点和见解。

　　李达的《社会学大纲》和艾思奇的《大众哲学》是二人在推进马克思主义哲学中国化、大众化领域的主要代表作。这两部著作所开创的对马克思主义哲学的研究风格和研究方法,深刻影响了毛泽东等革命领袖和一大批后来的马克思主义理论工作者。可以说,李达、艾思奇两位哲学家所开创的马克思主

义哲学中国化学术传统,为新时代中国化的马克思主义哲学新形态的建构作出了巨大的理论贡献。

第一节　李达、艾思奇马克思主义哲学中国化的探索及理论贡献

李达、艾思奇马克思主义哲学中国化的探索,道路之艰辛、内容之丰富、贡献之巨大,是后人难以想象的。为科学、准确揭示二人在推进马克思主义哲学中国化方面的理论贡献,特以时间为轴,以解答的历史任务为序,系统比较二人在探讨、研究和推进马克思主义哲学中国化方面的异同,为新时代马克思主义哲学中国化提供必要之借鉴和参考。

一、李达马克思主义哲学中国化的探索及理论贡献

1990 年,在纪念李达诞辰 100 周年时,胡绳对李达作出了"传播马克思主义的先驱者"的评价,突显了李达在马克思主义传播中的地位。由于李达的突出贡献,他与李大钊和李汉俊被称为传播马克思主义、创建中共早期组织的"三李",有"三李带回马克思"的美誉①。新中国成立前,李达对马克思主义的传播与贡献,概括起来主要有四个方面:一是较为系统地阐释和传播了历史唯物主义;二是全面系统地宣传和传播了唯物辩证法;三是积极探索了马克思主义哲学中国化的学理路径;四是从实践层面探寻了马克思关于妇女解放道路的理论,为毛泽东哲学思想的形成提供了重要的理论依据。

（一）较为系统地开展了对唯物史观的解读与传播

当时的中国,传播马克思主义哲学最先是从传播唯物史观开始的,然后才

---

① 李大钊、李达和李汉俊,五四运动前后都先后赴日本留学,三人都接受并宣传十月革命和马克思主义,因三人理论素养较高,社会影响大,且回国后致力于马克思主义的宣传、致力于中国共产党早期组织的创建,被称之为"三李带回马克思"。

逐步延伸到对唯物辩证法的解读与传播。20 世纪 30 年代的中国，唯物史观风行于世，"唯物史观……象怒潮一样奔腾而入。"①李达是推进唯物史观"奔腾而入"的一员。五四运动之后，李达积极地对马克思科学社会主义进行宣传，他将唯物史观置于马克思科学社会主义"五个重要原则"的首位②，李达对马克思主义的传播主要是从唯物史观入手的。从 1918 年至 1920 年，他先后撰写了《什么叫社会主义？》《社会主义的目的》等文章，发表在《民国日报》副刊《觉悟》上，这些文章系统阐述了社会主义与共产主义、与无政府主义的不同，指出社会主义的目的"就是人类平等的思想，不平等的自觉。"③同时，李达还翻译了《唯物史观解说》《社会问题总览》《马克思经济学说》等 3 部马克思主义著作，比较系统地阐述了马克思主义。其中，译著《唯物史观解说》由中华书局出版，附有马克思和恩格斯对唯物史观的相关论述，较为精准、全面地对唯物史观的基本原理作了介绍。

1923 年，在《马克思学说与中国》一文中，李达指出："马克思学说之在中国，已是由介绍的时期而进到实行的时期了。"④开始探讨运用马克思主义解答中国社会问题。1926 年，李达在湖南大学法科教学期间，开始系统研究和宣传唯物史观，巧妙地将唯物史观改称为社会学，并且在讲义的基础上整理完成了《现代社会学》一书。他强调，写这本书的主要目的就在于"应用唯物史观作改造社会科学之一尝试"。这本著作较为全面地论述了生产力与生产关系、经济基础与上层建筑这两对社会基本矛盾，特别是结合当时中国社会革命的实际情况，分析了半殖民地半封建的中国社会性质，论述了世界革命与中国革命的关系，并且就阶级、国家、社会意识等问题作了深刻论述，一针见血地指出了民族民主革命中无产阶级领导权问题。可以说就系统性和深度而言，

---

① 顾颉刚：《战国秦汉间人的造伪与辨伪》；吕思勉、童书业：《古史辨》第 7 册，上海古籍出版社 1981 年版，第 64 页。
② 《李达文集》第 1 卷，人民出版社 1980 年版，第 31 页。
③ 《李达文集》第 1 卷，人民出版社 1980 年版，第 5 页。
④ 《李达文集》第 1 卷，人民出版社 1980 年版，第 202 页。

《现代社会学》一书,可谓是当时中国研究和宣传唯物史观著作的最高水平。由于该书逻辑严密、行文流畅,并且具有浓厚的中国作风和中国气派,而且所涉及的问题非常广泛,客观上反映了中国早期的马克思主义者对唯物史观的深刻理解和运用,是将马克思主义哲学在中国的传播推向了新的阶段。该书出版后先后翻印了 14 次,足见其对当时中国影响之巨大。由于李达全身心投入到马克思主义科学社会主义理论宣传中去,系统地阐述唯物史观,回答了人们最为关心的中国革命的性质和道路问题,使得《现代社会学》高于同时期的其他论著,这是一个重要原因。邓初民曾回忆说:该书在大革命时期很流行,"差不多人手一册"。[1] 正因为如此,在 1928 年李达被冠之以"著名共首,曾充大学教授,著作《现代社会学》,宣传赤化甚力。"[2]之罪名被国民党当局通缉。

(二) 全面有力地推动了唯物辩证法的宣传与传播

大革命失败以后,国内革命运动处于低潮,全国上下都处于白色恐怖之中,面对残酷的环境,党内出现了一些消极悲观的情绪和话语,提出了"红旗到底能打多久"的疑问,中国革命道路和前途在哪里? 这些问题迫切需要从理论上进行回答,为此,运用唯物辩证法来分析复杂的中国社会问题提上了日程。毛泽东首先对此进行了解答,他撰写了《星星之火,可以燎原》,运用唯物辩证法思想,科学分析了国际国内形势和敌我力量对比,提出了农村包围城市、武装夺取政权的思想,有力地批判了"左"倾盲动主义和消极悲观情绪,指明了中国革命道路和前进的方向。1929 年以后,李达对唯物辩证法进行了较为集中、系统的翻译和介绍,这一时期的译著主要有:《现代世界观》(1929 年,德国塔尔海玛著),该书又名《辩证唯物论入门》;《理论与实践的社会科学根本问题》(1930 年,德国卢波尔著);《马克思主义之哲学基础》(1930 年,日本著名马克思主义理论家河上肇著);《辩证法唯物论教程》(1932 年与雷仲坚

---

[1] 《人物杂志》,1946 年第 9 期。
[2] 《参见湖南清乡总报告》第 3 卷,1928 年,现存湖南省博物馆。

合译,苏联西洛可夫等著)等,在国内产生了巨大影响。特别是他的译著《辩证法唯物论教程》,其中包含了列宁对唯物辩证法的最新理解,也是当时苏联研究唯物辩证法的最新成果,是最全面、最权威的译著。由此可见,在全面宣传唯物史观方面,李达的研究与宣传进一步推动了唯物辩证法在中国的传播,使唯物辩证法在中国的传播形成了一股新的浪潮,就连当时反对马克思主义哲学的张东荪都不得不承认:虽然近年来国内出版了较多版本的唯物辩证法的著作,虽然存在着不同的观点,但唯物辩证法进入哲学界已成为既定事实。彼时的唯物辩证法的传播已进入较为全面、系统的阶段,"其力量之大,为二十二年来的哲学思潮史中所未有的"。① 李达作为唯物辩证法的主要传播者,在当时,也积极地宣传和传播唯物辩证法,极大地提升了辩证唯物主义在中国的影响力。郭湛波曾评价道,随着时代潮流的发展,辩证唯物论在中国得到蓬勃之发展,这种趋势不是人力所能左右的,"然李达先生一番介绍翻译工作,在近五十年思想史之功绩不可忘记。"②

(三) 开辟了唯物主义辩证法中国化的学理路径

1930 年后,从历史唯物主义到唯物辩证法是马克思主义哲学在中国传播的主要路向。以李达为代表的马克思主义哲学家不但介绍和宣传了马克思、恩格斯的哲学思想,还对列宁等苏联党和国家领导人的哲学思想进行了广泛的传播。在传播马克思主义哲学的过程中,李达试图结合中国革命实际,消化和吸收马克思主义哲学,试图将马克思主义哲学与中国的思想文化及革命斗争实践有效地结合起来,促使其从苏联的列宁形态向中国形态转化。从这一视域来看,李达是最早进行马克思主义哲学中国化的探索者。

《社会学大纲》一书于 1935 年出版发行,该书是中国人写的第一部马克思主义哲学教科书,也是第一次较为系统、整体地对马克思主义哲学进行了阐

---

① 《艾思奇文集》第 1 卷,人民出版社 1981 年版,第 66 页。
② 《艾思奇文集》第 1 卷,人民出版社 1981 年版,第 66 页。

述。《社会学大纲》诞生之前，马克思主义哲学在中国的传播，主要分为两个阶段，即历史唯物论阶段、辩证唯物论阶段，就当时情形而言，尚没有一个学者对二者及其辩证关系进行全面系统的整理和消化，为此，其时的马克思主义哲学的传播并不够完整，也不够系统。李达认为，马克思主义哲学的自然观、历史观和认识论"具有相互的辩证统一性，是难以相互剥离的"，主要表现在：唯物辩证法总地概括了自然科学知识与社会科学知识，但这种概括需要贯之以辩证自然观与唯物史观加以论证和说明，由此可以表明，自然辩证法就是在自然观中对唯物辩证法的运用，历史唯物论就是在历史观中对唯物辩证法的运用。《社会学大纲》集中体现了李达对马克思主义哲学与以前全部哲学史批判继承关系的全面阐述，它不但全面总结了马克思主义在中国的传播，而且强调了马克思主义哲学的实践性特点。《社会学大纲》是中国人从中国文化土壤上对马克思主义哲学的再理解与再诠释，具有典型的中国特色和中国风格。总之，《社会学大纲》代表了那个时代马克思主义哲学在中国社会深入发展的最高成就，从学理上促进了马克思主义哲学与中国社会具体实践的有机结合，也成为李达马克思主义哲学中国化的奠基之作。

（四）以实践为基础的马克思主义关于妇女解放的基本道路

通读恩格斯《家庭、私有制和国家的起源》，可以清晰看出妇女解放问题是马克思主义哲学的主要内容之一，而辩证唯物主义和历史唯物主义是马克思主义妇女观的哲学基础，闪耀着历史唯物主义光芒。李达在其学术研究过程中始终重视妇女解放问题，在五四运动前后，李达就撰写与翻译了很多关于妇女解放的文章。1919年，李达撰写了中国近现代史上第一部系统性论述妇女解放的论著《女子解放论》。1921年，李达翻译了《社会主义的妇女观》《列宁的妇人解放论》《劳农俄国底妇女解放》《绅士阀与妇女解放》等文章，编译了《产儿制限论》《女性中心说》《告诋毁男女社交的新乡愿》等文章。1922年写了《平民女学是到新社会的第一步》等论著。在这些论述当中，李达把妇女思想问题放在了中国民族和国家解放的大前提下来探讨,把妇女解放同社会主义民主革命联系起来,结合中国社会的实际情况,对马克思主义的妇女解放论作了深入的论述。

1. 分析了在中国实现妇女解放的现实路径

对于中国妇女解放的现实路径,李达结合中国实际情况提出了三条可行方案:一是实现妇女经济地位上的独立自主;二是实现基于共同劳动基础之上的男女平等;三是彻底变革基于封建伦理的婚姻制度。李达指出,社会自由一是指物质上的自由,二是指精神上的自由,物质上的自由是精神上的自由的基础,妇女要想获得精神上的自由,首先必须争取物质上的独立。中国妇女之所以社会地位很低,根本原因还在于未能取得经济上的完全独立。正是基于这种社会经济发展所导致的人的社会地位的变化分析,李达将妇女获得经济地位的独立放在解决妇女问题的首位。他明确指出,经济地位上的独立自主是破解男女劳动上的平等及变革封建伦理婚姻制度的基础,所谓经济是基础就是这个道理,经济问题解决了,其他问题便会迎刃而解。

2. 分析了改善中国社会婚姻制度的现实路径

李达认为,封建婚姻是导致妇女社会地位较低的一个关键性原因,要实现妇女解放,必须把变革和废除封建婚姻制度作为重要任务来完成。李达指出,封建社会盛行的纳妾、童养媳、守节、买卖婚姻等恶习,不仅摧残了广大妇女的身心,更践踏了妇女的人格尊严,让她们在社会上抬不起头来,这是地地道道的婚姻恶习和封建遗毒。李达在《女子解放论》(1919 年)一文中指出:"中国数千年只有买卖婚姻,掠夺婚姻,残忍无人道的东西。""好象买卖牛马似的"毫无人性,"此种野蛮婚制,若不根本废除,人生岂有生趣"①。

李达的妇女解放论思想既符合马克思主义的基本原则和立场,也贴近中国妇女实际情况,是马克思主义关于妇女解放思想中国化的重要体现,主要表

---

① 《李达文集》第 1 卷,人民出版社 1980 年版,第 18—19 页。

现在三个方面：第一，李达将历史唯物主义贯穿于中国社会妇女解放事业之中，形成了中国社会妇女解放观的系统理论。李达认为，导致中国妇女社会地位低下的原因，具有自身特点，这个重要特点就是中国封建社会的纲常礼教。中国妇女遭受着比西方社会更加严重的社会不公正待遇，是因为中国自古以来对妇女的社会歧视使妇女处在一个基本无权的社会地位之中。中国伦理道德有一套专门针对妇女的"三纲五常"①，牢牢将妇女限制在男子附庸的社会地位上。因此，要想实现妇女解放，就必须要进行社会道德领域的革命。第二，关于妇女解放的途径，李达认为实现妇女受教育和选举权的平等是前提条件。中国自古以来就是一个封建专制国家，专制国家是不存在选举权和被选举权的，妇女的教育权利也基本上被剥夺。要想实现妇女解放，必须首先启发妇女的智力，必须保障妇女参与政治的基本权利。相比较于西方国家，中国妇女的受教育程度是最低的，中国妇女的政治权利基本上全部被剥夺，因此，李达认为，要想实现妇女解放，首先要对妇女进行思想上的解放，要保证妇女的受教育权利。第三，李达认为，家庭是社会的缩影，家庭地位是社会地位的直接体现，要实现妇女的真正解放，首先要实现家庭中妇女的解放。在中国这样一个封建专制非常浓烈的国家，要想提高妇女在家庭中的地位，必须提倡恋爱自由和婚姻自由，必须废除一切封建婚姻道德。基于此，李达提出了禁止纳妾、禁止包办婚姻、禁止童养媳等主张，这些理论使得李达的妇女解放理论具有明显的中国特色。

二、艾思奇马克思主义哲学中国化的探索与理论贡献

（一）从学理上进一步探索马克思主义哲学中国化、大众化道路

艾思奇《大众哲学》出版发行后，产生了巨大轰动效应，但艾思奇并没有

---

① "三纲"：指君为臣纲，父为子纲，夫为妻纲；"五常"：指仁、义、礼、智、信。"三纲五常"是封建礼教提倡的人与人之间的道德规范。

因此而停步,相反更进一步开拓了马克思主义哲学大众化的新境界。1936 年
10 月和 1937 年 4 月他又分别出版了《思想方法论》和《哲学与生活》。这两部
著作在某些研究领域上比《大众哲学》更为深刻和成熟,并继续沿用了通俗
化、大众化的语言风格和表达形式;在理论研究内容上,对当时广大群众和青
年学习、了解、掌握科学的思想方法具有巨大的作用,也为马克思主义哲学中
国化在中国的进一步普及和推广作出了重要贡献。

1.《思想方法论》的基本思想与理论贡献

(1)《思想方法论》的基本思想

《思想方法论》从体系结构上看,共分为六章内容,前三章分别阐释了方
法论、本体论、认识论与思想方法论之间的辩证关系;第四章就形而上学与辩
证法两种根本对立的发展观进行了阐述;第五章是在《大众哲学》的基础上对
唯物辩证法的三大规律进一步展开阐述;而第六章主要在应用研究上对唯物
辩证法的要点加以说明。从写作的总体思路来讲,该著作整体结构比较完整,
问题说明也浅显易懂,对当时广大青年走出思想方法上的困惑有着很大的
帮助。

对该书的写作思路,艾思奇在后记中作了一些说明:"这本小册子的内
容,乍看起来有些地方好像和沈志远先生的《现代哲学的基本问题》重复了"。
然而,艾思奇认为事实并非如此,二者并不重复,因为无论是本体论、认识论,
还是辩证法的许多法则,它们在新哲学里都有两重意义,即同时兼有着世界观
和方法论,"辩证法不单只是方法论,同时也是世界观。本体论、认识论也不
单只是世界观,同时也是方法论。沈先生所谈到的,是从世界观这一方面来立
论的,因此,这里从方法论来研究本体论和认识论,并不算是重复,而是必要的
补充"。① 他在《思想方法论》后记中讲道:"在叙述方面,是努力使它有着一
贯的系统;在文字方面是尽量也使它浅明易解;在内容方面是以切实有用、不

---

① 《艾思奇全书》第 2 卷,人民出版社 2006 年版,第 184—185 页。

落空洞为宗旨；总希望读者读了以后，能够明白正确的思想方法是什么，并且能够实际应用。"①由此可见，艾思奇写作《思想方法论》的初衷，不仅是为了阐明方法论、本体论、认识论和思想方法论之间的辩证关系，更重要的是力图实现对形而上学与辩证法的差异进行澄清，对唯物辩证法的基本法则的应用进行阐明。在这里，艾思奇同时也强调指出了中国化、大众化和通俗化是群众掌握思想方法论的有效方法和可靠途径。

(2)《思想方法论》的理论贡献

关于思想方法的问题，20世纪30年代，上海理论界就已经非常重视，延安整风时期也曾大力倡导正确的、科学的思想方法，但相比较而言，艾思奇的《思想方法论》是我们见到的最早的一本关于思想方法的专著。其一，阐明了方法论和思想方法论的关系。艾思奇强调人类生活的最大特点在于不仅改变了人自身，而且也改变着客观世界。同时，他还阐明了世界观和方法论的关系。他认为："我们的世界观，不但可以成为行动的方法论，也可作为思想的方法论，在这一点，思想的方法论和行动的方法论是一致的。"②其二，阐述了本体论和思想方法论的关系。他指出，物质和精神的关系问题是哲学的基本问题，也叫作本体论的问题，同时也是整个世界观的根本问题。"因此我们的思想方法论的讨论，就先从本体论上谈起。"③同时，艾思奇认为新唯物论的思想方法论不仅要求我们掌握正确的理论原则，更重要的是要求我们要善于把所学的科学理论原则灵活地应用到实践中去。其三，阐明了认识论和思想方法论的关系。艾思奇在《思想方法论》一文中指出，认识论是研究思想的性质和发展法则的学问。他强调人类的思想和认识随着人类社会实践的发展而发生反应，而且是对客观事物的反映。在《思想方法论》中，他介绍了分析与综合、归纳和演绎两种思想方法。他指出，归纳和演绎在辩证法里面只是一种方

---

① 《艾思奇全书》第2卷，人民出版社2006年版，第185页。
② 《艾思奇全书》第2卷，人民出版社2006年版，第117页。
③ 《艾思奇全书》第2卷，人民出版社2006年版，第120页。

法的要素,并不是各自独立的"方法"。在归纳事实的时候,辩证法同时要顾虑到原则的演绎,也就是不放弃大原则。在演绎的时候,辩证法同时要从事实中进行归纳,使原则在新的事实中得到新的活用。辩证法是把这两种东西统一起来,而不是把它简单地凑合起来,这是应该注意的。其四,阐明了形而上学与辩证法的关系。艾思奇认为辩证法克服了形而上学,把形而上学好的部分吸收在自己的内部,溶化成整个方法中的一个要素。他指出,唯物辩证法是研究事物的根本观点(也就是运动的观点),必须把整个世界看成是运动的。一是任何事物都是一个产生、发展和消亡的过程。二是一切事物都是相互联系,相互依存、相互转化的。三是物质是绝对运动和相对静止的统一体。四是要承认世界上万物都处于运动变化过程之中。

此外,《思想方法论》还论述了矛盾统一律、质量互变律、否定之否定律等唯物辩证法的三大法则。因为艾思奇对这一问题在《大众哲学》中作了较为详尽的阐明,因此,在《思想方法论》中,艾思奇主要是对以上问题进行了必要的补充和说明。同时,对运用唯物辩证法的要点给予说明和论述。由此可见,《思想方法论》从本体论、认识论、伦理学等方面较为全面地阐述了人类的思想方法问题,对于我们进一步研究马克思主义思想方法具有重要的启迪作用。

2.《哲学与生活》的基本思想与理论贡献

(1)《哲学与生活》的基本思想

1937 年 4 月,艾思奇将所写文章汇集成《哲学与生活》一书,该书由上海读书生活出版社出版,至 1940 年共发行了 5 版,这部著作较艾思奇之前的作品而言,体现了艾思奇哲学思想的进一步提升与成熟。《哲学与生活》虽然采用答读者问的形式,但艾思奇选择的问题都是当时非常典型和以前较少涉及甚至从未涉及的哲学理论。在《哲学与生活》中,艾思奇采用与现实结合的方法,用通俗易懂、大众化的语言对相对与绝对、形式逻辑与辩证逻辑、内因与外因、世界观、认识论、真理、宗教观、人生观、爱情观等问题给予了回答和讨论。可以看出,在回答这些问题的过程中,艾思奇作了深入的思考与分析,由于和现实结合紧密,触发了他的思想火花,提出了许多富于创见性的新见解。毛泽东对这本著作也非常赞赏,还专门作了4000多字的摘录,并给艾思奇写了亲笔信以示鼓励和肯定。

从结构体系上看,《哲学与生活》是由十二篇答读者问短文组成。具体来讲,包含了以下基本思想:(1)指出了相对主义和绝对主义的错误及危害。在答半呆君问中艾思奇指出了现实生活中存在的相对主义和绝对主义的危害,并严厉地批判了相对主义和绝对主义的错误。他讲道:"绝对主义是和事物的真实情形不符合的,因为事物都会变动,黑暗的社会也会发展成光明,不是绝对的黑暗。光明的东西也是从黑暗中孵化出来的,不是天上掉下来的绝对光明。"①同时,他又指出:"在发展观点上,每一件事物都是有相对性的,但在发展的每一阶段,必有一定的规律,一定的事物的出现,这又是绝对的。相对的东西,总包含着一定的绝对的东西,绝对的东西,是作为相对的东西的每一个必然阶段而表现出来。这就是两者的关系。"②(2)阐明了唯物论与当时盛行的唯生论之间的关系。(3)批判了叶青《形式逻辑与辩证逻辑》中的一些错误观点。(4)艾思奇在回答韦尚白的问题时,就内因论与外因论作了深入的阐述。(5)论述了恋爱、宗教、本能、观念形态等热点问题。关于本能的问题,艾思奇指出,动物是有本能的,人是动物,当然也有本能。但是人类与普通的动物不同,因此人类的本能也有了另一种意义。他认为:"人类与本能是不能分离的。但本能到了人类身上,就被更高的智慧这一种东西所包摄,所扬弃,本能生活到这里,便隐没在智慧中;更确切地说,隐没在社会生活中。因为人类智慧的活动范围是不能超出生活之外的。所以,人类不是没有本能,但在人类生活中,本能只有次要的意义,不能决定人类行为的根本方向。智慧是人类行为中的固有性,而本能是'附属性'。"③关于恋爱的本质问题,艾思奇指出,

---

① 《艾思奇全书》第2卷,人民出版社2006年版,第305—306页。
② 《艾思奇全书》第2卷,人民出版社2006年版,第309页。
③ 《艾思奇全书》第2卷,人民出版社2006年版,第358页。

恋爱只存在于人类社会,恋爱的本质并不是性行为。他进一步阐述了恋爱与性行为的关系:"我们可以说,性行为是恋爱存在的必要条件之一,但并不是决定恋爱的基础,离开了性行为,恋爱当然不会存在,但性行为的本身,并不能够产生恋爱。"①

(2)《哲学与生活》的理论贡献

《哲学与生活》虽然通篇都是问答形式,看似各个问题之间没有直接联系,但实际上它们之间是一个有机的整体。艾思奇一方面选择了当时一些读者最为困惑与关心的现实问题,另一方面他回答这些问题时始终围绕着马克思主义哲学最基本的理论展开,这使得各个问题之间是紧密联系、环环相扣。在《哲学与生活》中,艾思奇从马克思主义哲学视角有针对性地分析、解答了当时读者对人生的意义、恋爱与性行为等问题的困惑。

首先,阐释了"差别是不是矛盾"的哲学命题。艾思奇对"差别是不是矛盾"的认识与阐释值得学界进一步研究。艾思奇认为差别不是矛盾,他指出,差别的东西不能称之为矛盾,如果真正懂得辩证法、懂得事物发展和变化的原理,"就应该知道差别的东西在一定的条件下也可以转化为矛盾,倘若这两件差别的东西是同时同地在一起而且发生互相排斥的作用的话"。② 对于艾思奇的这一观点,毛泽东在阅读《哲学与生活》时特别作了摘录和批注,他认为,"一切差别的东西在一定条件下都是矛盾","差别是世上一切事物,在一定条件下都是矛盾,故差别就是矛盾,这就是所谓具体的矛盾。艾的说法是不妥的。"③艾思奇在看到毛泽东的批注后,虚心地默认了毛泽东提出的这一观点。那么,究竟差异是不是矛盾? 鉴于对这一问题的观点和看法会影响到党和政府在处理政治、经济乃至文化等方面事务时对"度"的把握,笔者认为对这一问题应进行更为深入的讨论。

---

① 《艾思奇全书》第2卷,人民出版社2006年版,第361页。
② 《艾思奇全书》第2卷,人民出版社2006年版,第323页。
③ 《毛泽东哲学批注集》,中央文献出版社1987年版,第201页。

其次，澄清了内因与外因之间的辩证关系。艾思奇在这一问题上批判了叶青的"外烁论"，生动而又形象地阐明了内外因的本质关系。艾思奇这些论述是在《关于形式逻辑与辩证逻辑》和《关于内因论和外因论》这两篇论文中提出来的。艾思奇关于内外因关系的论述比毛泽东1937年写作的《矛盾论》早了一年多，因而为毛泽东《矛盾论》的写作提供了重要的参考。

最后，对毛泽东《实践论》《矛盾论》的写作提供了借鉴。毛泽东对《哲学与生活》一书的评价颇高，他不仅认真阅读了这本著作，而且还作了详细的摘录，同时也对个别问题作出了评价，提出了意见。另外，毛泽东对形式逻辑和辩证逻辑的概念及关系、差别究竟是不是矛盾等问题也作出了不少批注。而后，毛泽东撰写了著名的"两论"。以此可见，这本著作对毛泽东写作《实践论》《矛盾论》起了重要的参考作用。

总之，《哲学与生活》用深刻而简明的叙事方式阐明了马克思主义哲学的诸多基本原理，它坚持从当时的社会现实出发，有针对性地宣传、普及马克思主义哲学，对帮助广大劳动人民学习哲学、认识哲学、掌握和应用哲学起到了积极的作用，成为马克思哲学与中国革命具体实际相结合的典范之作。

（二）从理论与实践的结合上提出并推进马克思主义哲学中国化

1937年，淞沪抗战开始以后，艾思奇在中共地下党的感召之下来到延安，开始了其马克思主义中国化研究的另一个全新阶段。延安时期是艾思奇马克思主义大众化理论与实践深化发展的一个重要历史时期。这一时期，艾思奇在党中央、毛泽东的影响和启发下，致力于马克思主义大众化、通俗化向马克思主义中国化、现实化的转化研究。延安时期，艾思奇深化了马克思主义中国化、大众化思想的研究，主要体现在两个方面：一是提出了马克思主义哲学中国化、现实化运动；二是大力研究和宣传中国化的马克思主义——毛泽东思想。

1. 论证了马克思主义哲学中国化的必要性与可能性

延安时期,艾思奇是马克思主义"中国化""现实化"的重要倡导者和奠基者。20 世纪 30 年代末至 40 年代初,艾思奇对马克思主义中国化问题作出了有益的探索和贡献。1938 年,在《哲学的现状与任务》一文中,艾思奇指出:"现在需要来一个哲学研究的中国化、现实化的运动。"①文中,艾思奇提出马克思主义哲学中国化与现实化这一命题并非灵感的突发,而是有深入的思考和清晰的哲学脉络。可以发现,艾思奇关于马克思主义与中国实际相结合的问题形成了一条非常清晰的哲学理路。我们沿着这一思路进行整理分析,可以发现他在此期间的一系列文章分别从马克思主义哲学的必要性、可能性,以及含义、原则、途径等方面对马克思主义中国化进行了较为深入、系统的论述,具体涉及这一问题的文章有:1936 年所著的《如何研究哲学》,1938 年所著的《哲学的现状和任务》,1939 年所著的《哲学"研究提纲"》《怎样研究辩证法唯物论》,及 1940 年所著的《论中国的特殊性》。其中,1941 年至 1942 年的论著比较丰富,具体有:1941 年的《关于研究哲学应注意的问题》《抗战以来的几种重要哲学思想》和《反对主观主义》,1942 年的《不要误解"实事求是"》《关于唯物论的几段杂记》《怎样改造了我们的学习》等。

关于马克思主义为什么必须中国化的问题,艾思奇在以下几篇文章中有专门的论述。在《论中国的特殊性》(1940 年)一文中,艾思奇在阐述中国国情及历史发展规律的基础上,对马克思主义中国化的必要性贯之以哲学的视角进行分析和说明。一方面,艾思奇批判了闭关自守的保守主义者借口强调"中国国情"和中国的"特殊性",而拒绝外来的思想文化这一错误观念,鲜明指出了旧中国的出路在于以马克思主义为指导的进步的文化革命运动。另一方面,艾思奇深入地阐述了一般和个别(特殊性)的关系。他指出:"正因为要把握特殊,所以我们就尤其要了解一般,坚持一般规律,正因为我们要求马克

---

① 《艾思奇全书》第 2 卷,人民出版社 2006 年版,第 491 页。

思主义的中国化,所以就尤其要坚持马克思主义的基本原则和基本方法,正因为我们要具体地应用马克思主义到中国的现实的特殊条件上来,所以我们就尤其要站稳马克思主义的立场。"①强调了离开了"一般"就无所谓特殊性,"一般"往往是通过各种特殊性表现出来的,中国特殊的国情,离不开马克思主义普遍真理的指导。

1941 年,在《反对主观主义》一文中,艾思奇对马克思主义中国化的原因进一步做出概括与说明,他指出,我们最早是根据国家的需要从先进的国家学习了马克思列宁主义,因为我们国家没有直接产生系统的马克思列宁主义,因而学习先进国家的马克思列宁主义是必要的,但"这种情形,有它的好处和坏处,好处是我们不费很大气力,就能够学到人类最先进的思想理论,坏处是我们的学习因此就容易被外国的书本知识所束缚,而忘记了在中国的具体应用"②。在这里,艾思奇也指出了"学取"这种思想的"坏处",在于容易被"书本"所束缚,容易导致教条主义的产生,客观上指出了马克思主义有一个和中国实际相结合并实现中国化、大众化的问题。

在《哲学"研究提纲"》(1939 年)中,他指出:"马克思主义及其哲学是国际主义的东西,但在中国又具体表现为民族主义的东西。……因为中国民族的优秀思想传统中也有国际主义的萌芽和要素。"③指明了马克思主义与中华优秀传统文化的互融共通关系,二者之间有一个"化中国"和"中国化"的问题。依据中国革命斗争实际,艾思奇指出,正因为马克思主义是"放之四海而皆准"的真理,是"万能的",具有一般正确性,使得马克思主义能够中国化,"倘若它没有这一般的正确性,倘若它仅仅是特殊的东西,那就完全谈不到'化'的问题了。"④在这里,艾思奇强调并指出了马克思主义的普遍真理性,

---

① 《艾思奇全书》第 2 卷,人民出版社 2006 年版,第 773 页。
② 《艾思奇全书》第 3 卷,人民出版社 2006 年版,第 285 页。
③ 《艾思奇全书》第 2 卷,人民出版社 2006 年版,第 547 页。
④ 《艾思奇全书》第 2 卷,人民出版社 2006 年版,第 775 页。

是我们接受并为此努力实现其"中国化"之所在。

在《哲学的现状和任务》(1938年)一文中,艾思奇明确地提出了要在马克思主义哲学中国化、现实化运动的基础上,清晰阐明中国化、现实化与通俗化之间的关系。艾思奇认为通俗化是中国化与现实化的前提和基石,反过来讲,要真正实现马克思主义哲学通俗化则需要大力推进中国化、现实化运动,否则就不能达到充分的通俗化。他指出:"因为如果没有几分(虽然很少),做到了中国化现实化,是不能够获得相当成果的。"①强调了只有做到马克思主义的中国化和现实化,才能真正实现其通俗化。

1941年,在《抗战以来的几种重要哲学思想评述》一文中,艾思奇对马克思主义中国化有了更明确的认识。叶青认为,中国的"特殊性"使得马克思主义中国化,就是对马克思主义的根本修改,把它变为另外的东西,就是要丢掉马克思主义。对此,艾思奇进行了无情的批判,他指出,叶青所谓的"中国化",究其实质是想从"中国人民手中,夺取最锐利的科学的思想武装"。其真正不可告人的目的是"实际上是要取消马克思主义中国化"。而中国共产党所践行真正的"马克思主义中国化,就是在于把马克思主义的真正精神,马克思主义的基本原则,应用到中国的具体问题上来,就是在中国的现实地盘上来把马克思主义加以具体化,加以发展"②。在这里,艾思奇批判了叶青的反动论断,强调指出马克思主义中国化、现实化,其根本目的就是要在中国创造性地应用马克思主义。

在《论中国的特殊性》(1940年)一文中,艾思奇指出,真正的精通马克思主义,不仅是指精通于马克思主义的理论研究,而且是指精通于在具体环境下对马克思主义理论在实践中的运用,"在一定国家的特殊条件之下来进行创造马克思主义的事业。这里就一定有'化'的意思,也就有'创造'的意

---

① 《艾思奇全书》第2卷,人民出版社2006年版,第491页。
② 《艾思奇全书》第3卷,人民出版社2006年版,第250页。

思"。① 强调了真正的马克思主义者不仅要在理论上精通马克思主义,而且在实践上也要精通对马克思主义的运用,更为重要的是依据具体实践之需要,创造出符合时代要求的中国化的马克思主义,为马克思主义理论宝库增添"新贡献"。叶青所鼓吹的绝对的、抽象的、空想的"创造"是毫无意义的,是奴化主义的"创造"。总之,艾思奇认为只有结合马克思主义中国化和整个中国革命事业的现状,才能谈得上马克思主义中国化。

2. 探索并总结了马克思主义哲学中国化的实现途径

新民主主义革命以来,一部中国革命和建设史就是一部推进马克思主义哲学中国化的历史。艾思奇作为马克思主义哲学中国化的开拓者之一,他在论证"中国化"的必要性与可能性的过程中,身体力行地推进了马克思主义哲学中国化。纵观艾思奇马克思主义哲学中国化的发展历程,其"中国化"实现路径具体表现在三个方面:

第一,认真学习研读马列经典著作,掌握精髓要义。艾思奇认为,推进马克思主义哲学中国化就要学好唯物辩证法,具体来讲:一要深入研习马克思主义经典著作,准确理解和科学把握其核心要义,这是必然要做的功课。二要认真学习和掌握中西方哲学史、哲学概论、逻辑学、伦理学等相关知识,厚实其哲学素养,以促进对马列哲学经典著作的理解。三是要正确处理好马克思主义哲学"化中国"与"中国化"的关系,即二者辩证统一、相互促进,马克思主义哲学在"化中国"的同时被"中国化"。四是要认真学习和研究社会科学,学习研究中华优秀传统文化,尤其是要学好中国哲学,将其根植于中华优秀传统文化之中。艾思奇认为,学习社会科学知识就是为了进一步帮助我们形成对人类社会生活的普遍认知和理解,进而健全完善自己的哲学体系。

第二,运用行之有效的学习方法,达到事半功倍的效果。1939 年 8 月,艾思奇针对如何学习马克思主义哲学,特意从方法论上写作了《怎样研究辩证

---

① 《艾思奇全书》第 2 卷,人民出版社 2006 年版,第 774—775 页。

法唯物论》，为当时学习辩证唯物主义陷入困境的读者提供了方法论指导，同时也为进一步普及马克思主义哲学，深入推进马克思主义中国化、大众化作出了重大贡献。对于如何学习哲学史与哲学概论的问题，艾思奇认为应该先读哲学史，先了解哲学历史发展的情形，然后再读哲学概论，由哲学概论中去研究哲学上所发生的种种问题，这是很自然普通的程序。具体来说，应该先读《西洋哲学史》，然后读《哲学概论》，最后学习《中国哲学史》。读中国史可以使我们了解中国的传统思想史，学习的过程中要学会批判、克服传统思想中遗留的旧观念。而要了解最先进的哲学，就不得不读《西洋哲学史》。艾思奇指出，学习知识固然重要，但单单学习书本知识还是不够的，如果我们死抱着书读而不顾其他，所得到的也只是一些死知识，不能够活用。他认为："要紧的还是随时观察现实的生活，随时把书本上所学到的应用到社会当前发生的一切事情上去。"①这是推进马克思主义哲学中国化不可或缺的重要环节。

第三，注重调查研究，适时推进马克思主义哲学中国化。艾思奇认为，学习、认识和理解马克思主义哲学及其有关理论，不仅是推进马克思主义哲学中国化的前提和要求，更重要的是还必须在此基础上做到理论联系实际，扎实开展调查研究，才能真正做到具体问题具体对待，才能很好地把握中国社会发展的特殊规律。艾思奇在《关于研究哲学应注意的问题》（1941年）一文中曾经讲道："我们首先必须把自己锻炼成唯物论者，不是口头上善于使用名词的唯物论者，而是要在一切实际问题上，能够保持唯物论者的态度和立场。"②换句话来说，我们在处理任何问题时，都不能从主观成见出发，都要虚心地从事物本来的事实出发来解决问题。在《毛泽东同志发展了真理论》（1951年）一文中，艾思奇指出，务必要放弃"老子天下第一"的"虚伪与骄傲"，要"老老实实

---

① 《艾思奇全书》第2卷，人民出版社2006年版，第110页。
② 《艾思奇全书》第3卷，人民出版社2006年版，第233页。

地到人民的革命实践中去学习,这对于革命、对于人民都是非常必要的"。①
此外,艾思奇还经常引用"没有调查,就没有发言权"的论断,强调调查研究的
重要性。艾思奇的这些论述,揭示了做好调查研究,通过调查,科学准确地把
握事物的本真内涵和精神实质对于推进马克思主义哲学中国化的重要性和必
要性。

总之,仔细研究、梳理和分析艾思奇探索、推动马克思主义哲学中国化的
道路,我们从中可以发现艾思奇对马克思主义哲学中国化的意义、可能性和实
现道路有着清晰的认识和系统的构想。他的思想既简明又深刻,他关于马克
思主义哲学中国化的思想是实践性与时代性,民族性与世界性的辩证统一,其
中,他的一些观点和思想超越了同时代的许多马克思主义理论研究者,对于今
天我们研究马克思主义哲学中国化也具有很强的指导性。

(三) 积极宣传了中国化的马克思主义哲学——毛泽东哲学思想

艾思奇在延安先后在抗日军政大学、陕北公学、马列学院、中宣部等单位
工作。艾思奇在延安时期的哲学研究和毛泽东的哲学研究紧密联系在一起,
主要体现在以下事件当中。一是 1938 年,毛泽东倡议,并委托艾思奇和何思
敬创立了新哲学会,致力于研究、翻译马克思主义新哲学著作。艾思奇主持并
邀请了众多理论工作者举办了多场次学术报告会,在边区极大地推广、普及了
马克思主义哲学。二是 1939 年,毛泽东组织成立了哲学研究会,主要使命是
加强辩证唯物主义的学习研究,艾思奇的主要职责是负责起草学习提纲,开展
课程辅导,莫文骅等承担具体讲解任务,毛泽东总结发言。根据哲学研究会学
习心得,毛泽东起草了《辩证唯物主义大纲》供广大干部学习。三是 1939 年,
毛泽东组织成立了哲学六人小组,成员主要包括毛泽东、艾思奇、何思敬、陈伯

---

① 《艾思奇全书》第 4 卷,人民出版社 2006 年版,第 470 页。

达、和培元、杨超等,主要任务是开展马克思主义哲学研究。受此影响,各机关纷纷成立了哲学学习小组,组织党员干部学习马克思主义原著,讨论马克思主义原理,有效地在党员干部当中推广了马克思主义哲学。四是1939年,结合广大干部学习哲学理论的需要,艾思奇编辑出版了荟萃中外哲学思想精华的《哲学选辑》,该书后来成为延安整风运动和高级干部的必读书目。五是1939年底,艾思奇第一次提出新文化的性质是资产阶级民主文化的论断,对后来毛泽东《新民主主义论》的形成产生了重要影响。六是1941年7月,根据毛泽东《改造我们的学习》精神,艾思奇集中精力开展了对中国现实问题的研究,深入批判了蒋介石、陈立夫和阎锡山的旧哲学思想,进一步发展了马克思主义哲学。七是积极参与1942年延安整风运动,主编《马克思、恩格斯、列宁、斯大林思想方法论》一书,成为整风运动必读书目。同时,艾思奇积极响应毛泽东的号召,全身心地投入到整风运动之中,并写下了体量丰富的文章,批判了主观主义特别是教条主义的错误。

总之,艾思奇到达延安以后,与毛泽东通过组织新哲学会、哲学研讨会、哲学小组等互相启迪,相互释疑解惑,一方面为毛泽东哲学思想的形成贡献了个人智慧,另一方面积极宣传、推广了毛泽东哲学思想,促使艾思奇在政治上、思想上更加趋于成熟。当然,在与毛泽东开展的一系列哲学研究与交流交往中,艾思奇渐渐地认识到毛泽东思想是无数革命先烈用生命和鲜血换来的党和人民集体智慧的结晶,成为毛泽东思想的坚定信奉者和宣传者,为他进一步推动马克思主义哲学中国化创造了更好的条件。

第二节　李达、艾思奇两部马克思主义哲学 中国化奠基之作及理论贡献

作为老一辈马克思主义哲学家,李达、艾思奇都撰写了对后世产生深远影响的哲学力作,为推进马克思主义哲学中国化、大众化作出了重大贡献。其

中,尤以李达的《社会学大纲》和艾思奇的《大众哲学》最为突出。

一、《社会学大纲》—— 一部完整、系统的马克思主义哲学著作

《社会学大纲》(简称《大纲》)是李达在学习马克思主义哲学经典著作和吸取国外有关研究成果的基础上,结合自己教学、研究心得而撰写的一部马克思主义哲学专著。1935 年,北平大学法商学院出版了铅印本的《社会学大纲》,这是最早的版本。1937 年,《社会学大纲》由笔耕堂书店公开出版,引起巨大社会反响。

(一)《社会学大纲》的主要内容及理论贡献

《大纲》全书共分为 5 篇 12 章,约 42 万字。第一篇从"当作人类认识史的综合,当作哲学的科学,当作认识论和伦理学看的唯物辩证法,及唯物辩证法的诸法则"等方面,系统地论述了唯物辩证法的各个问题。第二篇以"当作科学看的历史唯物论"为题,系统阐述了历史唯物论的对象、特点及基本理论,批判了资产阶级社会学和历史哲学。第三篇从"理论和历史"两个方面阐述了社会的经济构造及不同历史形态,系统阐述了生产力和生产关系的原理。第四篇阐述了社会的政治建筑,从科学的阶级观、现代社会的各阶级两个维度阐述了阶级理论;从国家的理论、国家的起源与发展、近代国家、过渡期的国家等四个方面,阐述了国家理论。第五篇从意识形态的一般概念及其发展两个方面阐述了社会的意识形态。纵观全书,凡马克思主义哲学的基本理论和基本观点,李达都作了较为深入的阐述和分析,其体系的完整性与理论性是马克思主义哲学引入中国后最为全面和突出的。

1. 系统地阐述了唯物辩证法

《大纲》在唯物辩证法篇目中,不是按照一般的习惯从概念出发,而是从历史出发,从唯物辩证法的前史及其形成和发展的历史出发,分析了认识发展

的全部历史过程,充分肯定了自人类开始思维以来,像黑格尔哲学这样包罗万象的哲学体系还不曾有过,肯定了它在观念论的体系中,涉及了全部的人类史及思想史的成果即辩证法,并指出:"黑格尔的观念论的辩证法,是唯物论的辩证之直接的先导。"①与此同时,明确指出黑格尔的辩证法是不能简单地继承的,必须进行唯物论的改造工作。《大纲》精辟地把马克思、恩格斯所进行的改造工作概括为三项:"第一、黑格尔哲学把存在与思维视为同一,因此抛弃存在而只把思维夸张为绝对者。"②李达在此指出,黑格尔哲学的错误在于,他颠倒了思维与存在的关系,因此,要正本清源地把它们翻转过来,也就是说要把存在看作本源,要把思维看作存在的映象。"第二、这个哲学,正因为是观念论的,所以在精神界去探索万物发展的辩证法的根源,这是用头向下倒立的。"③他指出,马克思、恩格斯正是看到了这个缺陷,因此,他们提出要把它颠倒过来,即在物质世界发展进程中着力追寻事物发展的辩证法根源。"第三、观念论体系因绝对真理之发展而终结世界的发展,这完全是与辩证法相矛盾的。"④李达指出,马克思、恩格斯用物质世界的辩证法,突破了黑格尔的绝对真理的论断,从而终结了黑格尔的哲学体系。

《大纲》指出,马克思、恩格斯对黑格尔辩证法的批判和唯物辩证法的形成并不是一蹴而就的。从 1843 年开始,马克思发表了《黑格尔法哲学批判》,对黑格尔的哲学体系提出了质疑和初步的批判。1844 年马克思又在他的著名篇章《〈黑格尔法哲学批判〉导言》和《1844 年经济学—哲学手稿》中,进一步对黑格尔哲学体系进行深入分析和批判。1845 — 1846 年,在马克思、恩格斯合著的《德意志意识形态》一书中他们已经完全地展开了唯物辩证法。《大纲》结合了马克思主义哲学原著系统地阐明了唯物辩证法形成和发展的历

---

① 《李达文集》第 2 卷上,人民出版社 1980 年版,第 41 页。
② 《李达文集》第 2 卷上,人民出版社 1980 年版,第 55 页。
③ 《李达文集》第 2 卷上,人民出版社 1980 年版,第 55 页。
④ 《李达文集》第 2 卷上,人民出版社 1980 年版,第 55 页。

史,特别是结合马克思、恩格斯的早期哲学著作阐明了唯物辩证法的形成史,结合《1844年经济学—哲学手稿》阐明了不同于唯心论和旧唯物主义的劳动概念、实践概念,阐明历史学、经济学、社会主义等研究与马克思的彻底唯物论形成有着不可分离的关系。所有这些,不仅是中国马克思主义哲学传播史上罕见的篇章,而且充实了马克思主义哲学史研究的薄弱环节。

《大纲》用历史事实论证了唯物辩证法的科学性,阐述了作为哲学科学的唯物辩证法的内容和主要问题,具有较强的说服力,比较容易被人们接受。《大纲》在阐述辩证法的基本规律和特征时也有自己的特色和卓越的见解。它明确地从两种发展观出发,阐述了一切事物对立面的统一和斗争,指明辩证法的根本法则、辩证法的核心是对立统一规律,这个根本法则,包摄着质量互变法则、否定之否定法则、形式与内容法则、因果性法则等。《大纲》也深刻地阐发了列宁《唯物主义与经验批判主义》《哲学笔记》中的思想,集中分析了辩证法、认识论、论理学的同一性,认为三者的同一性是建立在唯物论的前提之上的,三者都是从考察人类的历史发展中抽象出来的最一般的对众多结论性认识的概括:"所以就对象相同这一点说,辩证法、认识论与论理学是同一科学。"①并且《大纲》根据列宁关于三者同一的思想,用专门一章节全面分析了认识的过程及其各种不同的形式,深刻阐明了以实践为基础的认识的辩证运动,其理论深度和广度在当时中国马克思主义哲学论著中是比较突出的。

2.系统地阐述了历史唯物论

《大纲》在历史唯物论篇目中,着重阐发了两个重要思想:一是辩证唯物论与历史唯物论的关系;二是历史观与方法论、理论与实践的统一。关于第一个思想,《大纲》是从两个方面来论证的:其一,把唯物辩证法作为世界观看待,"其中包含的两个部分、两个领域,即唯物论的自然观(自然辩证法)与唯物论的历史观(历史辩证法)。"②历史唯物论与自然辩证法,同是唯物辩证法

---

① 《李达文集》第2卷上,人民出版社1980年版,第104页。

② 《李达文集》第2卷上,人民出版社1980年版,第282页。

之必然的构成部分。其二,把唯物辩证法作为认识方法看待,它是一切科学的方法论,为此,要正确把握客观的真理,就必须依据唯物辩证法。《大纲》由此得出结论:"辩证唯物论与历史唯物论之间,具有极密切的关联。历史唯物论如没有辩证唯物论,它本身就不能成立;辩证唯物论如没有历史唯物论,也不能成为统一的世界观。"①同时,《大纲》还批判了把二者分离开来的观点,批判了观念论者与机械唯物论者对于历史唯物论的抽象与曲解修正。

《大纲》进一步分析了社会的发展过程和发展法则,并且对历史唯物论的对象进行了简要的介绍:第一,历史唯物论论述了社会的生产有机体这一概念,说明了其固有的机能与发展的法则;第二,历史唯物论认为社会是客观的、合法则的,指出了在社会发展的各个特定阶段上的特殊的发展法则,及由低级形态向高级形态发展的一般规律;第三,"历史唯物论把社会全部历史概括为先阶级社会、古代社会、封建社会、现代社会、未来社会的五个发展阶段"②,它们之间具有统一性和联结性。这三点概括,准确地反映了马克思、恩格斯、列宁的有关思想,也全面、系统地概述了历史唯物论的基本内容和要求。

《大纲》在阐明历史唯物论基本理论的基础上,批判了资产阶级历史哲学和社会学。资产阶级社会学产生于19世纪前半期,本身也有一个不断演变的历史,而这种变迁的趋势,是随着资本主义的变迁而变迁的,是适应资本主义的要求而变迁的,是布尔乔亚本身的现实要求的变迁之反映。《大纲》在这里给了我们一把解开资产阶级社会学变化多端、流派纷呈的钥匙。资产阶级社会学从本质上说是反科学的,一是布尔乔亚的各种流派始终没有找到自己的研究对象;二是各派社会学之哲学的基础都是观念论的。《大纲》对资产阶级社会学的根本缺陷的揭露,即使从今天的情况来看,也是完全适合的、正确的。此外,《大纲》对当时同历史唯物论相对抗的新康德主义与新黑格尔主义的历史哲学也进行了分析批判。

①《李达文集》第2卷上,人民出版社1980年版,第282页。
②《李达文集》第2卷上,人民出版社1980年版,第298页。

3.系统论述了社会理论与社会实践之统一

《大纲》明确指出,对于社会发展过程和社会发展规律的认识,绝不是觉察式的教条,不是通过研究室中的研究就能得到的,社会的理论只有移到现实生活中去,并用以改造现实生活时,才具有普遍性和直接的现实性。《大纲》对社会理论和社会实践之间的关系作出独具特色的科学定义,指出:"社会的理论中有社会的实践的成分,社会的实践中有社会的理论的成分。"①二者相互结合、不可分离。《大纲》进一步指出了社会实践比社会理论更居优先地位,其理由可归结为四点:一是社会认识的出发点是社会实践;二是社会认识的真理性标准是社会实践;三是认识客体与认识主体之间必要的联结者是社会实践;四是社会实践不仅具有普遍性,而且具有现实性。历史唯物论的这一特点反映出社会的发展法则,预见了社会的未来,促使人们有计划地从事于社会的实践,所以说,历史唯物论的任务不是各色各样地解释社会,而是变革社会。

4.系统地阐述了社会的经济构造和政治建筑

《大纲》的第三篇和第四篇分别阐明了社会的经济构造和社会的政治建筑,在充分吸收了当时理论上和实践上最新成果的基础上,提出了许多寓意深刻的见解。在"社会的经济构造"篇目中,李达着重研究了生产力发展过程中技术与科学的作用,研究了生产力和生产关系的社会性,提出生产力和生产关系的矛盾是社会发展的原动力,具体考察了经济构造的历史形态,特别是帝国主义经济构造和苏联社会主义经济构造的具体形态,批判了考茨基、普列汉诺夫和布哈林等人在唯物史上的错误。在"社会的政治建筑"篇目中,李达具体分析了列宁的阶级定义,在研究摩尔根和恩格斯有关著作的基础上阐明了国家的起源和发展,系统考察了近代国家的发展过程和资产阶级国家的法西斯化,结合苏联革命和建设的实践阐述了过渡时期的国家状况,批判了阶级和国

---

① 《李达文集》第2卷上,人民出版社1980年版,第305页。

家理论上的资产阶级、修正主义思想。这一切内容,无论是在理论的系统性、分析的深刻性、材料的丰富性,还是经验的现实性方面,在同时代马克思主义哲学论著中都具有领先的地位。

5. 系统地论述了社会意识形态

《大纲》在最后一篇专门阐述了社会意识形态。李达在该篇目中对历史唯物论的根本论纲——社会存在决定社会意识作了深入的分析和说明。他强调指出,社会存在离开社会意识独立存在,社会意识是社会存在的反映,社会意识依存于社会存在。《大纲》在上述理论基础上,又详细地阐明了社会意识的一般特性,主要是社会意识的相对独立性和意识形态的阶级性。《大纲》具体地、历史地考察了意识形态的发展,特别对宗教这种意识形态作了全面的分析。在分析资产阶级意识形态时,很有见地地指出了个人主义和拜物教是资产阶级意识形态的两个特征。他从资产阶级的经济主义和政治思想两个方面来说明个人主义是资本主义社会中占支配地位的意识形态。而后他又指出资产阶级一切意识形态的拜物教,都是基于商品拜物教而发生的,并且扩展到资本主义社会的一切领域,诸如布尔乔亚的科学上绝对真理的观点、艺术上纯粹艺术或绝对艺术等观念,都是布尔乔亚意识形态的拜物教之表现。《大纲》在阐述社会主义社会的意识形态时着重阐明了文化革命的问题,阐明了新文化的基本特征。根据列宁的思想,提出了社会主义建设过程中,就需要人类大量的改造,需要人们对于劳动的态度、道德观、世界观以及生活等的改造,换句话说,就是文化的改造。因此,无产阶级的文化革命就是劳动大众的大量的改造,就是他们文化的提高以及社会主义意识的养成。《大纲》把有关社会主义建设的这一重大的理论和实践突出地加以说明,不仅难能可贵,而且具有深远的意义。

(二)《社会学大纲》的主要特点

关于马克思主义哲学著作的《社会学大纲》,不仅以它在理论上的完整性、系统性和科学性而在同时期的有关著作中居于领先地位，并且以它在理论上的特色而具有重要历史意义。具体而言《大纲》具有以下三个方面的特点：

1. 坚持史论结合

《大纲》在阐明马克思主义哲学基本原理时很好地把它的形成、发展放在历史的维度中去说明，避免了很多哲学著作存在的教条式、抽象式的说教，使马克思主义哲学原理活起来、生动起来，从而有利于民众的理解与接收。同时，李达借助马克思主义哲学史去说明经典作家的主要思想和基本原理，较为全面地从历史的延续中去阐述马克思主义哲学的形成与发展。从这一点来讲，李达的《社会学大纲》很好地坚持了马克思、恩格斯、列宁的思想，很好地将哲学原理运用于历史发展之中，有史有据，有史有真相，而这正是很多其他哲学论著所缺少的东西，也是《大纲》深受民众喜爱的主要原因。

2. 坚持理论联系实际

李达在撰写《大纲》时，不但注重系统学习与整理马克思、恩格斯已有的哲学成果，而且对社会主义国家苏联的哲学研究成果也非常重视。《大纲》对列宁在哲学上的贡献作了深入研究，对列宁在辩证法、认识论与历史观上的思想进行了鉴别与吸收。同时，《大纲》对苏联社会主义初期建设的实践经验进行了哲学上的探索与分析，如苏联五年计划的情况、苏联宪法的特征、苏联的国家机构设置等。《大纲》对近代中国的国情、革命斗争实践等也做了大量的分析与论述。同时也对中国化的马克思主义哲学——毛泽东哲学思想做了阐释与说明。由此可见，《大纲》的写作与当时的现实是紧密相连的，是理论联系实际的奠基之作。《大纲》以鲜明的时代性特征阐述了马克思主义哲学的基本原理与观点。

3. 坚持批判性与建设性的统一

《大纲》正面阐述了马克思主义基本原理，而对当时存在的各种反（非）马克思主义的思潮进行了批判和清算，捍卫了马克思主义哲学的指导地位。李达在《大纲》中批判所涉及的人物众多、内容广泛、材料丰富，这在当时的哲学专著中是非常罕见的。批判的代表人物有柏拉图、苏格拉底、亚里士多德、黑格尔、康德、笛卡尔、乔布亚丝等人,涉及的领域有哲学、伦理学、社会学、经济学、政治学、数学等学科,并对号称苏联马克思主义哲学家普列汉诺夫、考茨基、布哈林等人的哲学思想和理论也进行了科学的剖析。总之,《大纲》的撰写破中有立,不仅是对各种反(非)马克思主义的错误思潮的系统批判,而且在破除这些思想、观点的同时,揭示了马克思主义哲学的真理性与革命性的特征,为马克思主义哲学中国化奠定了基础、指明了方向。

二、《大众哲学》——马克思主义哲学通俗化、大众化的开山之作

大众化与中国化是马克思主义哲学在中国得以存在和发展的前提。中国共产党自成立之日起,就面临着把马克思主义哲学中国化、大众化问题。作为马克思主义优秀战士的艾思奇,在党内最早提出"马克思主义哲学中国化、现实化"的论断,并致力于推进让马克思主义哲学"说中国话、说老百姓的话"。《大众哲学》就是艾思奇最具有典型代表的中国化、大众化的马克思主义哲学著作,毛泽东称该书是"真正通俗而有价值"。

从1934年起到1935年,在上海工作期间,艾思奇先后撰写了24篇文章,连载于《读书生活》杂志上,汇集而成命名为《哲学讲话》,1936年1月,刊发了单行本。同年6月,在出版第4版时,将《哲学讲话》改名为《大众哲学》。这部马克思主义哲学著作语言风格生动清新、通俗易懂,一经出版就广泛地受到了广大读者的欢迎,对当时一大批青年走上革命道路起了重要的启迪作用。《大众哲学》是马克思主义中国化、通俗化、大众化的典范之作,在新中国成立之前,就翻印了32版,这在中国马克思主义哲学传播史上也是罕见的。

(一)《大众哲学》的主要内容及理论贡献

20世纪30年代的中国,抗日救亡运动如火如荼,马克思主义哲学作为工

人阶级和劳动人民的思想武器,在中国的传播进入了活跃时期。立足于中国现实,回答和解决中国人民最关心、最迫切的现实问题是其始终如一的历史使命,是其存在、发展的客观前提。然而当时中国社会民众的文化程度普遍偏低,如何向忙于生计、灾难深重的广大群众宣传马克思主义哲学,使他们有兴趣读,并且能读得懂,成为摆在艾思奇等马克思主义者面前的重大任务。艾思奇在深入思考以往哲学旨在"解释世界"的基础上,开始探讨运用新哲学"改变世界"。为了使群众有机会亲近哲学、了解哲学,艾思奇几经思考、探索,决定把哲学文章尽量写得贴近生活、通俗易懂,让群众喜欢看、看得懂,《大众哲学》便因时、因势而生。当然,在《大众哲学》诞生之前,理论界也有关于哲学大众化的探索,但并没有形成共识,根源在于党内外一些人思想还不够解放,他们认为,作为哲学理论一旦通俗化就会失去理论自身的价值和本性,就会变得庸俗、浅薄。显然,这些学者把"通俗化解释成为庸俗化与同流合污"①。这实际上是对理论表达形式的一个误解。事实上,在内容层面上的浅薄则是庸俗化的表现,而形式上的平民化特质则是通俗的表达。为此,艾思奇在《关于〈哲学讲话〉》(第四版代序)中讲到,撰写《哲学讲话》从来没有想过在大学课堂上使用它,"我只希望这本书在都市街头,在店铺内,在乡村里,给那些失学者们解一解智识的饥荒"②。具体而言,《大众哲学》的理论贡献主要表现在以下两个方面:

1. 开辟了马克思主义哲学通俗化、大众化道路

对于《大众哲学》的撰写,艾思奇有一个明确的指导思想,就是坚持面向大众而写作。在《读书生活》杂志工作期间,大量阅读读者的来信是艾思奇每天工作的主要内容,他不仅从思想上、认识上回应和解答读者提出的各种问题和困惑,有时还会给予他们物质上的帮助。与此同时,艾思奇对读者的问题进行了分类归纳与整理,为后期写作《大众哲学》提供了思想基础。《大众哲学》

---

① 《李维汉选集》,人民出版社 1987 年版,第 88 页。
② 《艾思奇全书》第 1 卷,人民出版社 2006 年版,第 592—593 页。

逻辑清晰、结构严谨、浅显易懂,可读性强、易于大众理解和接受,但只有理论造诣和写作水平极高的人才有可能完成这样的作品。正如艾思奇所言,写通俗文章比学术文章更难,"通俗的文章却要求我们写得具体、轻松,要和现实生活打成一片。写作技术是第一要义,同时理论也切不可以有丝毫的歪曲,这就是一个困难"。① 为了使著作读起来生动、简明、清晰,并能激发大众对哲学的学习兴趣,达到迅速传播和普及马克思主义哲学的目的,艾思奇有意识地做了大量的前期准备工作,他通过细致阅读群众来信,深入群众中间搜集大量现实生活资料,尤其是一些群众身边的人和事等鲜活的素材,并在创作的过程中特别注重把抽象的理论具体化、把深奥的道理通俗化,始终坚持用生动形象的生活事例表达深奥的哲理。

《大众哲学》用平民化的语言通过 24 个标题分别论述了唯物论、认识论、辩证法和范畴等基本理论。从每篇文章的入题到内容都采用包含着丰富哲理的成语故事或生动形象的生活事例来展开。如第一章绪论部分第一个大标题使用"哲学并不神秘"。艾思奇从哲学与人们的日常生活关系入手指出,哲学并不是谈命运说鬼神的神秘思想,也不是什么虚无缥缈的学问,许多人总以为哲学远离我们的日常生活,"其实,哲学和人类社会生活的关系,是非常密切的。在我们的日常生活里,随时随地都可以找到哲学的踪迹"。② 接着,他运用大量的现实生活事例来说明哲学与日常生活的密切关系。在解除了读者对学哲学的思想压力后,艾思奇进一步导入下一个问题:"我们说在日常生活里,随时随地都可以找到哲学的踪迹;我们又说,在千万人的生活世界中和社会斗争中所发生的思想层面,到处包含着哲学思想的萌芽。"③哲学无处不在,但我们必须明白日常生活中的感想常是没有系统的和不明确的,它还不能算完整的哲学思想。他还用"一块招牌上的种种花样"来阐发马克思主义的二

---

① 《艾思奇全书》第 1 卷,人民出版社 2006 年版,第 602 页。
② 《艾思奇全书》第 4 卷,人民出版社 2006 年版,第 561 页。
③ 《艾思奇全书》第 4 卷,人民出版社 2006 年版,第 563 页。

元论思想,用"牛角尖上的旅行"来阐明哲学基本问题,用"照相和照镜子来阐发唯物主义的认识论",用卓别林和希特勒两个形象来区别认识论上感性和理性的层次,用雷峰塔的倒塌来解释质量互变规律,用孙悟空的"七十二变"来阐发事物的现象和本质,用"笑里藏刀"这个成语来阐发辩证法当中内容和形式的区别,通过这些妇孺皆知的现象、成语、谚语和事物,艾思奇成功地让高深的哲学原理深入人心,也为马克思主义的大众化初步探索出一套行之有效的道路。艾思奇善于在书中用普通人身边的事讲述马克思主义的基本原理,当然,他在书中并没有直接说出"马克思列宁主义"的词汇,但是他通过阐发和解释普通人的普通事,很容易使人民群众明白马克思主义哲学就在人们的身边,马克思主义哲学就是真理。

2. 成为中国思想史上"新启蒙运动"的先驱

纵观目前学界对《大众哲学》历史贡献的研究,大多还停留在学术史和哲学史的视角,鲜有学者从思想史的视角去研究和认识《大众哲学》的历史价值。《大众哲学》事实上不仅是一本马克思主义哲学通俗化、大众化的典范著作,一定意义上来说,它更是一本具有深刻和广泛思想启蒙价值的思想史著作。20世纪三四十年代,处于所谓的"后五四时期",面对着内忧外患、千疮百孔的祖国,这一时期的中国知识分子都有着严重的民族危机感,使得他们身上普遍都存在着一份强烈的社会责任感。艾思奇和其他先进知识分子一样,也在自觉地认识和反思着五四运动这一思想启蒙运动。1933年,在《二十二年来之中国哲学思潮》一文中,艾思奇明确指出:"欧洲几百年的文艺复兴及启蒙运动,在中国仅短缩而为五六年的五四文化运动,各种各样的新思潮辐辏而来,时期太短,不容有任何精深的创造底贡献,系统的大著都是以翻译为主",基本上没有国人自己的理论创作,而"新的哲学换来不及作完整建设",便被无情地逼入"封建传统的死灰复燃和没落的资本主义哲学时期"。① 在这里,

---

① 《艾思奇全书》第1卷,人民出版社2006年版,第116页。

艾思奇对中国国情的认识、对中国理论创新不足的认识很有见地,也间接地分析了各种社会思潮在中国社会盛行的原因。艾思奇虽然关注文化问题和哲学研究,但他认为研究哲学的最终目的是要解决现实问题,那么,怎样实现哲学研究成果转化成为启发国人自觉自强的动力,达到实现救亡图存的目的,便成为年轻的艾思奇要思考的一个重要课题。

马克思主义一经传入中国就被当作是一种"科学"真理。那么,如何运用这一科学真理解决中国的实际问题,把它作为中国人民思想觉醒和开展理论斗争的武器呢?艾思奇找到了突破点,即用马克思主义哲学对国人进行洗礼,把看似抽象、高深的科学理论用通俗化、大众化的方式转化为人民大众手中的理论武器,提升中国人的思维方式和认识能力。因此,《大众哲学》不仅是一部哲学启蒙的经典之作,更是一部科学意识启蒙的典范之作。

在这里,需要说明的两个问题是:第一,《大众哲学》与《社会学大纲》相比而言,从本质上并不注重哲学理论体系的创新,《大众哲学》更为关注马克思主义哲学在中国的传播和创新。西方哲学家海德格尔也曾讲过:"伟大思想家是这样的一个人:他能够倾听其他'伟大人物'的著作中那最伟大的东西,并且能够以一种创造性的方式将它加以转换。"① 从这个意义上来讲,研究《大众哲学》的思想史价值比研究它在哲学史和学术史上的价值更为重要。《大众哲学》是当时影响最大的一本哲学启蒙著作,它对国人的思想启蒙是当时其他哲学著作无法比拟的,它是近现代中国新启蒙运动的先驱。第二,20世纪二三十年代,中西方文化、古今文化思潮交流杂汇,是中国社会思想启蒙运动极为复杂的时期,各种新文化潮流涌动。在这种情况下,《大众哲学》能够在各种学术流派的冲击下脱颖而出,指引了众多进步青年走上革命道路,他们排除艰难险阻、冲破种种阻拦涌向革命圣地延安,致使国民党反动派极度恐慌、焦虑与不安,引发了蒋介石的不满,他对他统领的文化界名流说:"一本

---

① 马丁·海德格尔:《尼采》上卷,商务印书馆 2002 年版,第 37 页。

《大众哲学》，冲垮了三民主义的思想防线。"①你们怎么就写不出这样的作品？由此可见，《大众哲学》不仅以其通俗化、大众化的鲜明特征代表着马克思主义哲学中国化的道路，更代表着人民群众对文化取向的一种自觉选择，体现着伟大的思想启蒙的光芒。

总之，《大众哲学》不仅开辟了马克思主义哲学通俗化、大众化、中国化和现实化的道路，而且在理论内容、结构体系、研究方法及语言风格上具有独特的创新性，更为重要的是作为"新启蒙运动"的代表作，《大众哲学》对于引领时代思潮、启迪广大有志青年起到了重要的作用。《大众哲学》的问世，深刻影响了毛泽东马克思主义中国化、大众化，对毛泽东思想的形成起到了十分重要的作用，更为新时代马克思主义哲学中国化、大众化提供了典型范本。

（二）《大众哲学》的写作特点

1.语言极具通俗化、大众化

浅显通俗的写作风格，使《大众哲学》一改以往哲学普遍存在的神秘莫测、艰深玄妙的色彩，贴近生活，亲切生动，使得读者在阅读过程中对哲学产生极大的兴趣，也使得《大众哲学》轻而易举地赢得了广大读者、特别是青年学生的欢迎和认可。《大众哲学》这种平民化的写作方式，在中国快速地传播和普及了马克思主义哲学，具有哲学教科书难以达到的作用，极大地推进了马克思主义哲学中国化的进一步发展。

2.逻辑结构极为严谨、科学

《大众哲学》虽然注重通俗化，但全书逻辑非常严密，通过逻辑的力量打动人。该书分四部分，分别是绪论、本体论、认识论、方法论。这个体系结构具有较大的原创性，既不同于马克思主义经典作家的文本著作，也与当时介绍马

---

① 谭虎娃：《延安时期马克思主义大众化研究》，人民出版社 2014 年版，第 3 页。

克思主义的经典教科书《辩证唯物论与历史唯物论》有较大的不同。《大众哲学》这种结构安排逻辑性特别强,本体论、认识论、方法论三个基本方面构成了一个严密的逻辑体系,而且在具体的马克思主义叙述当中,不管是认识论的基本规律,还是辩证法的基本规律,还是本体论的基本规律,都能够组成一个完整的逻辑系统。在各个部分的论述上,艾思奇在问题与问题、上段与下段之间,整体丝丝合缝,层层相连,明明白白,彻彻底底。

3. 有效把握受众的思维方式

《大众哲学》的大众性不仅体现在语言形式的通俗易懂上,而且也体现在内容设置的特色上。《大众哲学》在写作上故意不加剪裁,也不怕重复。艾思奇认为,人类本身就具有记忆特点,而重复性记忆对加深理解和记忆是具有十分重要的作用的。因此,艾思奇在《大众哲学》写作过程中,同一个事例在一个章节中使用过了,为了进一步加深理解和记忆,特意在另一个章节继续使用;同样一个思想,在上一个章节中已经讲清楚了,但是为了进一步加深群众的理解,特意不惜笔墨在下一个章节继续重讲这一思想。艾思奇之所以这样做,目的是充分阐述清楚马克思主义哲学内部的逻辑关系,力图让文化水平不高的普通民众也能读懂这本哲学书,这就使得《大众哲学》脍炙人口,成就了通俗化写作上的特色。此外,为了使表达的语言更加通俗化和简单明了,进一步拉近哲学与大众之间的距离,艾思奇在写作《大众哲学》时特意采用新的、进步的、与现代有关的白话文方式说明问题,使得《大众哲学》有效地把握了受众的思维方式,成功地动员了成千上万的群众特别是知识青年走向革命。

综上所述,《大众哲学》别具一格的写作手法,开了中国马克思主义哲学史上通俗化、大众化和中国化之先河,就其理论内容而言,它绝不是空洞的说教,也不是深奥难懂的学术著作,它是人民大众的一本生活指南,是一本"通俗而又有价值"的书籍,它的出版发行对于马克思主义哲学在中国的进一步普及及马克思主义哲学中国化作出了重大贡献。

第三节 新中国成立后李达、艾思奇马克思主义哲学中国化之理论贡献

新中国成立初期,百废待兴,百业待举,迫切需要理论界从理论指导实践的层面回应和解答如何建设和怎样建设新中国的问题。在这一形势下,李达、艾思奇作为卓越的马克思主义理论家、教育家和哲学家,他们承担起了研究、宣传和应用马克思主义哲学最新成果来指导新中国及社会主义建设伟大实践的历史使命。他们二人在教育界、学界率先垂范,先后编撰了大量马克思主义哲学专著和哲学教科书;阐释和宣传了马克思主义哲学中国化的最新成果——毛泽东哲学思想;对各种派别的反动哲学思想进行了批判,为进一步宣传和普及中国化的马克思主义哲学做出了巨大理论贡献。

一、新中国成立后李达马克思主义哲学中国化的理论贡献

从1949年新中国成立到1966年含冤去世,李达先后任湖南大学校长、武汉大学校长。期间,他不但倾注全力去办学,而且利用业余时间进行学术研究,这也使得他的学术造诣达到顶峰。在这一时期,李达主编了《唯物辩证法大纲》《马克思主义哲学大纲》(上册)等,宣传和解说了毛泽东"两论"思想,抨击和批判了各种反对哲学,为宣传和普及马克思主义哲学中国化最新理论成果作出了重要贡献。

(一) 开辟了高等教育领域马克思主义哲学新阵地

1952年11月,李达被任命为武汉大学校长。李达认为,要办好高等教育,办好社会主义大学,必须加强师生思想政治理论教育,提高师生马克思主义理论水平。1953年3月,李达组建了武汉大学马列教研室,负责全校社会发展史、中国革命史、唯物辩证论等公共课程的教学。1954年11月,李达又

创办了武汉大学马列主义夜大学,并担任马列主义夜大学校长和哲学教授,亲自选拔任课教师,指导教师备课,编写课程讲义,为教职工讲授马克思主义认识论、唯物辩证法和真理论等专题。

作为一名研究哲学的理论工作者,李达对哲学有着特殊的感情和兴趣,他深刻认识到在高校教学中开展哲学教育的重要性。李达到武汉大学不久就对武汉大学总支副书记李其驹说过:"一个综合性大学,如果没有一个马克思主义哲学系,那是办不好的。"①为此,他选派有志于马克思主义哲学专业的青年教师去北京学习深造,同时,向北京大学、人民大学哲学系请求给予师资的支援。1956 年,在李达的不懈努力下,武汉大学哲学系创办成立,李达兼任教授和系主任,带领一批青年学者讲授辩证唯物主义和历史唯物主义。在他的积极推进下,武汉大学哲学系很快成长为全国影响力较大的哲学系之一。

李达认为,高等教育既是教育机构,也是科学研究的重要基地。为了推动武汉大学的学术研究、提高武汉大学教师的学术水平和教学水平,1955 年李达成立了以他为主任的学报编辑委员会,出版《武汉大学人文科学学报》和《武汉大学自然科学学报》,主持相关讨论会,积极开展科学研究和教育教学研究,取得了系列重要成果,使得武汉大学很快发展成为国内高等教育领域的一流大学,也迅速成为国内开展哲学理论及马克思主义哲学研究的新阵地。

(二) 提出并阐发了马克思主义哲学的史前史

1961 年,毛泽东与李达在庐山会面,高度赞扬了李达的《社会学大纲》,认为此书应该修改再版。李达遂在武汉大学哲学系挑选了几位具有科研潜质的年轻助手,在系统总结《社会学大纲》的基础上,重新编写了《唯物辩证法大纲》。《唯物辩证法大纲》无论在体例上还是内容上都建树颇丰,特别是《大

---

① 李其驹:《终身难忘的言传身教》,《武汉大学学报》(哲学社会科学版)1981 年第 1 期。

纲》对毛泽东哲学思想的最新发展和新中国建设的最近成就及时进行了总结，因此被认为是继艾思奇的《辩证唯物主义与历史唯物主义》教科书后的又一重大理论成果。李达在这本书中提出了几个重要观点：

1. 阐发了马克思主义哲学的史前史

《唯物辩证法大纲》与一般的马克思主义哲学教科书的主要区别在积极地阐发了马克思主义哲学的史前史。《唯物辩证法大纲》坚持用逻辑和历史相一致的方法论编写马克思主义哲学教材，它认为马克思主义哲学不是从天上掉下来的，而是欧洲哲学逻辑发展的产物。正是基于这样的理论认识，李达在中国马克思主义哲学发展史上，第一次提出了"唯物辩证法的前史"这个重要概念，认为对于马克思主义哲学的阐述，必须奠基在对西方哲学史特别是德国古典哲学的讲述之上。《唯物辩证法大纲》对西方哲学从古希腊哲学到亚里士多德哲学，从中世纪哲学到英国经验哲学，从法国唯物论到德国古典哲学，再到黑格尔哲学，作了详细深刻的梳理，让读者对马克思主义哲学的理论来源有了更加清晰而深刻的认识和了解。

李达认为马克思主义哲学作为人类认识史的积极成果，它不是从天上凭空掉下来的，而是改造和继承人类优秀思想成果而来的，没有对西方哲学特别是古典哲学的吸收和继承，这种伟大的思想变革是无法形成的，即使是列宁主义和毛泽东思想，也是在继承和完善马克思主义哲学基础之上的发展，而不完全是个人天才思维的产物。李达的这一认识是基于他对马克思主义哲学的深刻理解。在当时的中国，李达提出这个观点需要有巨大的勇气，因为在"文化大革命"时期和"文化大革命"之前，思想界出现了神化毛泽东的潮流，一些人甚至认为只要读了毛泽东的著作，就完全可以理解马克思主义，不需要再去阅读马克思和恩格斯等经典著作家的文本，这种把毛泽东的著作绝对化、把毛泽东思想与马列主义相割裂的思潮是非常有害。李达指出："毛泽东思想是马列主义的发展，你不讲马克思、列宁的东西，怎么讲得清楚毛泽东思想？总有个来龙去脉嘛！马克思主义哲学也不是从天上掉下来的，它是人类认识史的总计、总和与结论。"①在这里,李达提出了"唯物辩证法的前史"的概念,"顶峰论"脱离了马克思主义发展实际,阐释了马克思主义是一个发展过程,它没有也不可能终结,它必定随着实践的发展而发展。

2.阐发了马克思主义的认识论与实践观

《唯物辩证法大纲》的另一个显著特点是把马克思主义的辩证法奠基于对实践论和认识论的阐述之上,它认为马克思主义的辩证法既是对实践论的认识成果,又体现在马克思主义的认识论层面。新中国成立之初,李达在《〈实践论〉解说》和《〈矛盾论〉解说》中深入阐发了毛泽东的认识论和实践论思想。在主编《唯物辩证法大纲》时,李达把认识论和实践论作为论述的核心。李达从马克思主义哲学最基本的实践概念出发,正确地解决了客观和主观、主体和客体之间的辩证关系,由此赋予实践概念科学的规定。李达认为,认识的正确性不能通过认识本身来衡量,而只能通过认识之外的东西来衡量,唯有实践才是检验认识真理性的根本标准。

《唯物辩证法大纲》一书中最具有价值的部分是对实践检验与逻辑证明关系的说明。《大纲》指出,尽管逻辑检验也是判断正确与否的重要标准,但是逻辑检验的可靠性最终需要来自实践检验。要判定认识正确与否的根本标准,绝不是逻辑检验,而是实践检验。在现实生活中要高度重视检验的作用,但必须承认认识正确与否的根本标准归根到底是实践。《大纲》出版之时,正值全国上下真理标准问题的大讨论。《大纲》对于认识论与实践观的深入阐发,推动了思想解放运动,促使国人形成了实践是检验真理唯一标准的共识。当然,就今天发展来看,《大纲》难免带有时代的局限,但我们不能用当代中国马克思主义发展的最高水平来衡量李达当时的思想成就。就总体而言,《唯物辩证法大纲》是马克思主义哲学中国化的一个标志性成果,直到今天仍然能够使人感受到思想改革的力量,仍然对我们研究马克思主义产生着重要的

---

① 李维武:《李达对唯物辩证法的阐释》,《北京日报》2010 年 8 月 11 日。

启示作用。

（三）宣传和阐释中国化的马克思主义哲学——毛泽东哲学思想

新中国成立后，李达除了创办大学、编撰著作等工作之外，他把个人的主要精力放在研究和阐释中国化的马克思主义哲学——毛泽东哲学思想上，把马克思主义哲学中国化推向了一个新境界。

1. 创造性解读了"两论"，深化了对毛泽东哲学思想的理解

新中国成立之初，人民群众文化程度普遍低下，如何把毛泽东哲学思想和智慧转化为指导人民群众的理论武器，实现毛泽东哲学思想影响的最大化，便成为李达等一批马克思主义哲学家所要迫切解决的问题。根据国内实际发展需要，李达以大众化的形式对毛泽东哲学思想进行了创造性的解读，即以新的实践要求、新的观点和语言表达形式解读了毛泽东哲学思想的基本观点，适时地把马克思主义哲学中国化向前推进了一大步。李达在对《实践论》《矛盾论》的解读中，一方面与毛泽东多次进行学术互动，以求对"两论"的解读准确、完整，另一方面，坚持原著本身的系统性和完整性，运用历史、哲学史、科技史、自然科学等材料对原著中的观点做出详尽的阐述。在语言形式的应用上，李达刻意运用通俗化、大众化的语言对一些重要观点进行阐述，深入浅出、简明扼要。毛泽东对此给予很高的评价，他指出："《解说》极好，对于用通俗的言语宣传唯物论有很大的作用。"①此外，李达不拘泥于"两论"中的个别观点，他坚持哲学观点的独立性和超越性原则，结合研究的最新成果对原著中个别不当的提法进行了纠正，增强了原著的科学性。

2. 批判反动哲学思想，为宣传毛泽东哲学思想扫清了道路

作为久负盛名的马克思主义哲学研究的老将，李达曾被毛泽东称赞为中

---

① 中共中央文献研究室：《毛泽东书信选集》，人民出版社 1983 年版，第 407 页。

国"理论界的李逵"。新中国成立之初,封建社会沿袭下来的经院哲学及西方反动哲学思想在理论界造成了很大的混乱,为了破除旧意识形态的遗毒,划清马克思主义哲学和一切旧哲学的界限,李达对当时影响很大的胡适实用主义思想进行了批判。李达指出:"这种现象,在我们这个社会主义改造的伟大时代中,是绝对不能容忍的。"①李达撰写的《胡适反动思想批判》《胡适政治思想批判》《实用主义帝国主义的御用哲学》等文章,系统批判了胡适反动哲学思想,尖锐地指出胡适实用主义哲学思想的极具迷惑性,其在本质上是一种主观唯心主义,就其阶级性而言,是为资产阶级服务的,还掺杂着一定的封建色彩的哲学思想,这就使得其从一开始就处于马克思主义哲学的对立面,成为在全国进一步推进毛泽东哲学思想的最大绊脚石。

李达在批判胡适实用主义观点的同时,有力地揭露了实用主义哲学的本质和根源,并对实用主义实在论、真理论和方法论的基本观点也进行了分析和批判。李达指出,在他们看来,真理是人造的,是供人用的,而事实上"实用主义的真理论和辩证唯物论的真理论完全相反"②。它否认客观真理和科学规律,违背了马列主义和毛泽东思想。李达对胡适哲学思想本质的揭露,划清了马克思主义哲学与实用主义哲学的界线,破除了胡适哲学思想的影响,有力地宣传了马克思主义哲学中国化的最新成果——毛泽东哲学思想,为马克思主义哲学成为主流意识形态奠定了坚实的理论基础,也为毛泽东哲学思想的广泛传播和实践开辟了新路径,成为马克思主义中国化大众化成功的典范。

二、新中国成立后艾思奇马克思主义哲学中国化的理论贡献

新中国成立后,艾思奇的马克思主义哲学研究进入了一个新境界,具体表现在:一是编写了《历史唯物论——社会发展史讲授提纲》,并通过全国总工会、广播电台、学校机关进行广泛的宣传,极大地普及了社会发展史基础知识;

---

① 《李达全集》第17卷,人民出版社2016年版,第283页。
② 《李达全集》第17卷,人民出版社2016年版,第290页。

二是编撰了新中国成立后第一部系统阐述马克思主义哲学的教科书即《辩证唯物主义历史唯物主义》，该书的出版是艾思奇等哲学界学者们为脱离苏联式教科书的束缚而作的有益探索，极大地适应了中国读者的需求，基本形成了中国式的马克思主义哲学教学体系；三是撰写了系列哲学论著，对毛泽东《实践论》《矛盾论》《关于正确处理人民内部矛盾》等著作进行了阐释、发展与宣传，为推动毛泽东哲学思想及马克思主义中国化大众化作出了重要贡献；四是参与了新中国成立初期的三次哲学争论及对梁漱溟和胡适的批判活动。艾思奇的哲学研究为马克思主义在意识形态领域中的主导地位的确立，推动马克思主义中国化、大众化，解决广大干部群众正确的世界观、人生观、价值观问题作出了积极的贡献。

（一）宣讲阐释了社会发展史，普及了唯物主义基本原理

1949 年 10 月，艾思奇随马列学院迁往北京自得园（今中央党校南院），从此开始了他北京时期的工作和生活。面对着从旧中国进入到新中国的伟大社会变革，为了保障和推动第一个五年计划的顺利进行，1951 年 3 月，中共中央发出《关于加强理论教育的决定的通知》，全国迅速掀起了学习马列主义、毛泽东思想的高潮。为此，党在意识形态领域内开展了批判资产阶级唯心主义，学习社会发展史的学习运动，艾思奇作为党的理论工作者，责无旁贷地承担了宣讲社会发展史的任务。

早在 1948 年艾思奇在马列学院当教员时，就有预见性地研究和准备了一个《历史唯物论——社会发展史提纲》（以下简称《提纲》）讲课稿，并在马列学院第一期学员的课堂上进行过讲授。新中国成立后，面对学习社会发展史的热潮，他曾做过二份讲稿——《历史唯物论——社会发展史提纲》《历史唯物论——社会发展史讲义》。《提纲》是其他讲稿的基础，《讲义》等都是在《提纲》的基础上加以发挥、调整和扩展的。其中，《讲义》后来经艾思奇几度修改，由工人出版社出版，前后累计发行量为 46.7 万册。《讲义》内容简明扼

要、通俗易懂，延续和发挥了当年《大众哲学》的写作特点，且在附录中附有一些"问题解答"，非常适合当时读者的需求。《讲义》出版发行之后，应中央人民广播电台的邀请，艾思奇在电台举办的讲座中专门讲授了社会发展史，一共讲了 23 讲，收听的机关单位分布广泛，上至省市、下至县乡，听众众多，为宣传和普及马克思主义哲学、批判和清算一些反马克思主义的哲学思想起到了重要的作用。

《讲义》与"广播稿"从基本内容上看，大同小异，但是详略不同。《讲义》内容简明扼要，而"广播稿"则比较具体、系统。"广播稿"较《讲义》时间也稍晚一些。因此可以说，"广播稿"对社会发展史的讲授更为系统、全面一些，它是艾思奇社会发展史讲授的定型稿。《讲义》后由三联出版社出版，改名为《历史唯物论、社会发展史》，先后印刷 10 多次，发行上百万册，成为当时重要的学习资料，有力地宣传和普及了历史唯物主义基本原理。

总的来讲，艾思奇所讲的社会发展史，观点简明，深入浅出，为中华人民共和国成立初期宣传历史唯物主义和教育一代青年干部及知识分子起到了积极的作用。社会发展史的广泛宣讲使人们明白和了解了历史唯物主义的基本观点，对当时一些干部和群众树立正确的世界观及人生观具有很大的帮助。艾思奇在社会发展史中所阐述的基本理论，经过 50 多年的实践证明，其基本观点是正确的，尤其是第一章所讲的由劳动创造人的原理中得出发展生产力的观点、从劳动群众创造历史的原理中提炼出群众观点等。艾思奇的这些论断既充分地肯定了革命领袖的重大历史作用，又强调了集体领导，反对盲目崇拜的全面的历史唯物论的观点。能做到这一点在当时的社会历史条件下的确是一件很不容易的事情，它不仅在当时起到了重要的影响和作用，而且在今天看来，也是完全正确的。

当然，艾思奇对社会发展史的宣讲并不是完美无缺的。比如在讲到劳动创造人类中，没有指出脑力劳动的重要性；在讲到生产力与生产方式时，也没有将科学实验作为生产力的重要因素列举出来。当然，艾思奇在社会发展史宣讲上的局限,也反映了50多年前中国社会科学研究的总体水平,这种历史局限性是很难认识和克服的,这并不是艾思奇的错,我们不必在当时的背景下求全责备,而问题的存在也恰好成为我们今天需要努力解决的方向。

(二) 编撰哲学教科书,形成了中国化的哲学教学体系

1959年10月,中共中央书记处决定组织力量编写中国人自己的马克思主义哲学与政治经济学教科书。政治经济学当时确定由于光远负责主编,而哲学教科书则委托艾思奇进行主编。中央的这一决定意义重大而深远,标志着我们在意识形态领域尝试摆脱苏联式教科书的束缚,努力构建具有中国经验和中国特色的马克思主义教学体系。

艾思奇作为哲学教科书的主编,在编写组工作会议上提出了以下几个方面的编写原则:一是要准确简练地阐明马克思列宁主义哲学的一般原理;二要具有相对的稳定性,即教科书一旦投入使用,要保证在比较长的时间内不作较大的根本性修改;三要突出反映毛泽东对马克思主义哲学的贡献与发展;四要理论联系实际,充分联系中国革命、建设的丰富经验;五是语言要简练、准确、生动、鲜明。总之,哲学教科书要阐明一般原理、符合中国实际、富有中国特色、解决中国问题。在这些原则的指导下,1961年《辩证唯物主义历史唯物主义》哲学教科书出版,基本上形成了中国式的马克思主义哲学教学体系。

1. 突出了哲学教科书的中国特色

第一,教科书较为系统地反映了马克思主义哲学在中国的发展。《辩证唯物主义历史唯物主义》哲学教科书在联系中国实际的基础上,突出了以毛泽东同志为主要代表的中国共产党人对哲学理论的发展与贡献。在编撰过程中,为了体现毛泽东哲学思想及特点,其中有相当一部分内容采用直接转述毛泽东哲学著作的形式来撰写。如第四章对立统一规律、第八章认识和实践、第九章真理,基本上都采用毛泽东的《矛盾论》与《实践论》的主要思想和观点。在第四章对立统一规律中,对毛泽东关于矛盾的普遍性与特殊性、主要矛

盾与矛盾的主要方面、矛盾的同一性与斗争性、矛盾的对抗性与非对抗性等问题进行了系统、全面的论述。在认识论部分，从感性认识到理论认识的辩证发展，以及认识的总规律，实践是检验认识真理性的唯一标准等问题也做了系统而详尽的阐述。在历史唯物主义部分，艾思奇等人在社会基本问题上主要采用毛泽东《关于正确处理人民内部矛盾的问题》的主要观点，科学地指出了社会主义社会的基本矛盾，以及如何正确处理敌我矛盾、人民内部矛盾这两类不同性质的矛盾等问题。

从以上论述可以看出，艾思奇负责编撰的《辩证唯物主义历史唯物主义》（1961年）对毛泽东哲学思想与观点的引用，充分体现了辩证法和认识论在中国的重大发展，使得我们的教科书不同于斯大林的《辩证唯物主义和历史唯物主义》（1938年），它远远地高出并超过了苏联的一些哲学教科书的水平，它所提出的一些观点和论述是对马克思社会主义学说的一大贡献。

第二，教科书贯彻了理论联系实际的马克思主义基本原则。教科书在绪论部分就明确指出："学习马克思主义哲学的唯一正确方法，是理论联系实际的方法。我们要在革命实践中，紧密地联系现实生活，联系群众的斗争，才能领会马克思主义的精神实质。理论和实践相结合，是马克思主义的根本特点，又是学习马克思主义哲学的根本方法。"①例如，教科书涉及并阐明"社会主义与共产主义究竟是怎样的一种关系"这一理论问题，其所联系的现实因素就是我国1958年出现的全国农村一哄而起的"大跃进"运动。又如，教科书在从理论上论述新民主主义革命的性质、领导力量、革命对象、革命动力以及新民主义的总路线及基本经验时，正是紧紧立足于中国新民主主义革命的实际，并对此进行系统总结和理性升华的结果。还有，在编写《质量互变规律》时，负责人提出把毛泽东的观点"是在总的量变过程中许多部分的质变"②写进去，用来联系说明中国民主革命与农业合作化进程等现实问题，这一建议后来

---

① 《艾思奇全书》第7卷，人民出版社2006年版，第563页。
② 《毛泽东文集》第7卷，人民出版社1999年版，第353页。

通过商讨被编写组采纳收入。如此等等不一一列举。总之,哲学教科书的编写充分体现和贯彻了理论联系实际的马克思主义学风和基本原则。

第三,教科书突出了中国社会历史与中国哲学史的特点。在编写教科书过程中,为了更好地印证、充实、发展马克思主义哲学的基本论断,增强教科书的中国特色,说明马克思主义哲学的伟大意义,编写组密切联系了中国社会历史和中国哲学史的实际。他们在编写各章节时,努力突出相关历史资料与哲学史料。如在第十三章中讲阶级与国家时,教科书运用中国农民起义和农民战争的事例给予佐证说明。又如,在讲到国家起源与实质时,引用了大量的中国古代历史材料,用以说明早在中国古代就存在着进步的群众史观的基本观点,如"古代的某些唯心主义者也具有辩证法的思想,如中国春秋时代的老子(关于老子的思想,也有人主张是属于唯物主义性质的)和古希腊的柏拉图。"①在绪论部分,教科书还指出了中国几千年封建统治的主要哲学思想是儒家唯心主义学说。此外,教科书还对中国资产阶级革命的一些思想家也作了介绍。这些例证很好地体现和反映了教科书的编写突出了中国社会历史与中国哲学史的特点。

第四,教科书突显了马克思主义哲学的方法论意义。马克思曾指出:"哲学家们只是用不同的方式说明世界,但是问题是在于改变世界。"②马克思的论断表明,马克思主义哲学不仅是我们认识世界的重要武器,更重要的是我们改造世界的重要武器。对此,艾思奇有着深刻的认识,他在主持编写《辩证唯物主义历史唯物主义》哲学教科书的过程中,始终要求并切实做到了坚持把马克思主义的世界观与方法论相统一,依据中国国情实际,以马克思主义的世界观作为方法论的指导,认真总结中国革命和建设的长期经验,形成了一系列具有中国特色的马克思主义思想方法、领导方法及工作方法。

---

①　《艾思奇全书》第7卷,人民出版社2006年版,第547页。

②　《马克思恩格斯选集》第1卷,人民出版社1995年版,第57页。

2. 基本形成了中国化的马克思主义哲学教学体系

《辩证唯物主义历史唯物主义》哲学教科书的编撰出版,基本形成了中国化的马克思主义哲学教学体系,突显了对马克思主义哲学中国化的贡献及意义。

首先,教科书的出版为广大干部群众提供了一本富有中国特色的、高水平、高质量的马克思主义哲学教材。艾思奇主编的《辩证唯物主义历史唯物主义》,从内容上来看,系统地阐述了马克思主义哲学基本原理,全面借鉴和吸收了国内外对马克思主义哲学研究的最新成果,克服了苏联教科书的缺陷,富有创造性地概括了马克思主义普遍真理和中国革命具体实践相结合的历史经验,反映了以毛泽东同志为主要代表的中国共产党人对马克思主义哲学的丰富和发展,把马克思主义哲学推向了更高的发展阶段;从结构体系来看,编写组成员多次研究以往哲学教科书的体系模式,将体系构建为上下两篇:辩证唯物主义和历史唯物主义,这一体系基本上沿用了苏联的模式。但是,在各个章节的具体设计中,教科书又与苏联有着很大的不同;从基本理论观点来看,教科书对马克思主义哲学基本原理及有关观点的论述完整准确、观点明晰、有理有据,至今没有发现原则性的错误和问题。因此,《辩证唯物主义历史唯物主义》代表了当时国内外研究马克思主义哲学的最高水平。

其次,教科书内容丰富、富有远见,极大地促进了马克思主义哲学中国化的进程。《辩证唯物主义历史唯物主义》作为中国第一本完整而系统的哲学教科书,在今天看来,它所阐述的马克思主义哲学基本原理也是富有中国特色的。艾思奇在该书中所持有的立场、观点及方法是在坚持马克思主义哲学基本原理之上,结合中国革命和建设的实践及丰富的中国社会历史情况形成的。书中所论述的马列主义、毛泽东思想的基本立场、观点和方法对教育、影响广大师生干部,帮助他们树立正确的世界观、人生观和价值观发挥了重要的作用。教科书内容丰富、富有远见,其求真务实的编撰原则和方法,有力地促进了马克思主义哲学中国化的进程,奠定了《辩证唯物主义历史唯物主义》作为一本具有中国特色的比较完整的大众化的哲学教科书的地位,直到今天,该书依然对我们的现实生活具有重要指导意义。

（三）撰写系列文章,阐述了毛泽东三篇中国化代表作①

新中国成立后,随着毛泽东《实践论》《矛盾论》的公开发表,深入研究、宣传毛泽东哲学思想无疑是当时理论界的重大课题。与李达一样,艾思奇也对这两篇文章进行了深入研究和宣传。他认为,《实践论》作为科学的思想方法论,它是马克思列宁主义的普遍真理与中国革命的具体实践相结合的认识论的总结,是在中国革命运动中克服各种盲目倾向的斗争经验的哲学总结。"就哲学研究工作来说,即使是作历史的检讨,也应该使我们的研究服从于一般学习《实践论》的这一个中心课题","学习《实践论》,必须把它应用于当前的实际,来克服各种工作中的这种盲目的状态。"②1951 年 3 月,艾思奇在《人民日报》上发表了《毛泽东同志发展了真理论》,6 月又在《学习》杂志上发表了《关于〈实践〉论和学习方法的一些问题》,同年 9 月,艾思奇在《新建设》上发表了《〈实践论〉与哲学史的研究》,1952 年 4 月在《人民日报》上发表了《学习〈矛盾论〉,学习具体分析事物的方法》等,对毛泽东哲学中国化代表作"两论"进行了科学的阐释和解读。1957 年,毛泽东《关于正确处理人民内部矛盾的问题》(下文简称为《正处》)一文发表,艾思奇认为该文的发表,标志着马克思主义进行到一个新的阶段,因为在这篇著作之前,毛泽东的文章和著作主要是解决世界人民革命运动和无产阶级革命的关系问题,主要是殖民地、半殖民地国家民族民主革命问题,而《正处》则就解决社会主义国家如何巩固成果、发展成果,如何向共产主义过渡等一系列问题作出了回答。1961 年,《毛泽东选集》第四卷出版,艾思奇又及时发表了《进一步学习无产阶级世界观》等文

---

① 《矛盾论》《实践论》《关于正确处理人民内部矛盾的问题》是毛泽东马克思主义哲学中国化的三部代表作。

② 《艾思奇全书》第 4 卷,人民出版社 2006 年版,第 513—514 页。

章,从哲学的层面系统地阐释和宣传了毛泽东思想。

与此同时,艾思奇还通过课程讲授、学习宣讲的方式,阐释、解读了毛泽东三篇马克思主义哲学中国化的代表作。一是艾思奇先后在中央党校、地方党校、多个高校对毛泽东的《矛盾论》《实践论》及《关于正确处理人民内部矛盾的问题》进行了多次讲授,其中,对毛泽东"两论"的讲授最为集中、最为深入全面。二是艾思奇在各种哲学学习、宣讲小组中宣讲了《矛盾论》《实践论》及《关于正确处理人民内部矛盾的问题》,进一步深化了人民群众对毛泽东哲学思想的理解和认识,在意识形态领域内初步确立了马克思主义哲学的主导地位,教育了人民,统一了思想。综上所述,艾思奇对毛泽东马克思主义哲学中国化思想的阐发、理解及应用,形成了独到的见解,成为我们今天学习和研究艾思奇哲学思想的重要内容,更是我们推进新时代马克思主义哲学中国化一笔宝贵的思想财富。

(四) 对社会主义改造和建设的经验教训作了哲学上的总结

社会主义改造时期,中国共产党又一次成功地将马列主义普遍原理与我国实际相结合,开辟出了一条既源于马克思主义理论,又适合中国具体国情的社会主义改造道路,成功地实现了我国从新民主主义向社会主义过渡的伟大转变,在中国大地上第一次历史性地确立了社会主义制度,开创了全面建设社会主义的新时期。当然,社会主义改造与建设是一个新生事物,没有经验可以借鉴,党难免会犯一些错误,也难免会产生一些不合时宜的声音。艾思奇与李达一样,针对党内一些非马克思主义及反马克思主义哲学思想进行了批判。先后批判了梁漱溟的主观唯心主义和胡适的"实用主义"哲学思想。在这个过程中,他的理论虽然有正确性指导性的一面,但由于艾思奇所处的那个时代对个人的影响,使他的哲学思想和认识也具有明显的时代局限性,对社会主义改造和建设中的一些理论研究与宣传也曾受形势影响而发生失误,对资产阶级唯心主义思想的批判和斗争也存在着偏颇和不足。他的理论研究宣传和学术道路从一个侧面反映了我国社会主义建设时期的曲折反复,反映了马克思主义哲学与中国相结合的艰难探索。

50 年代后期,缺少经验的中国共产党人在毛泽东的带领下经过一系列探索,虽然取得了巨大的成就,收获了成功经验,但也暴露出一些问题,如社会主义改造存在过急、过粗、过快,形式过于简单化一等问题。1958 年,随着"大跃进"运动和人民公社化运动的发动,使得以浮夸风和"共产风"为标志的"左"倾错误泛滥起来。"大跃进"初期,艾思奇曾赞扬过"大跃进"中人民群众的积极性,但后来,当他在基层实践中发觉"五风"所带来的严重危害时,及时地对这种主观主义错误进行了批判。他先后在《破迷信、立科学,无往而不胜》《认识客观规律,鼓足革命干劲》《无限和有限的辩证法》等文章中,批判了主观主义,并且论述了密不通风规律性与主观能动性的辩证关系,人民群众力量的有限和无限的辩证关系等问题。他指出,作为科学的共产主义者,不应该仅仅凭着空想和热情来指导行动,冲天干劲一定要与实事求是的精神相结合。"不研究客观存在的实际事物中的矛盾,而只凭主观的随意性提出问题和要求,并强求得到解决,那就一定要遇到严重的'碍',一定得不到问题的回答和要求的满足。用人们日常的话来说,就是一定要'碰钉子'。唯心主义者和主观主义者就是在提出问题和解决问题时犯了这一条最根本的原则错误而总是'碰钉子'的。"①为此,艾思奇从中国实际情况出发,结合哲学理论工作的实践,多次强调要坚持一切从实际出发来研究中国的社会主义建设,批判指出了主观主义的"齐步走"和"跑步进入共产主义"等"急躁冒进"思想不符合中国实际的,违背了马克思主义所倡导的实事求是的原则。

历经"大跃进"的惨痛失误之后,中国经济进入三年困难时期,国民经济比例严重失调,人民生活困苦,党内部分人员出现了怀疑、动摇和悲观的情绪。针对这些问题,艾思奇于 1962 年写了《曲折前进是发展的普遍规律》一文,在

---

① 《艾思奇全书》第 2 卷,人民出版社 1983 年版,第 815 页。

哲学理论上阐明我们党的方针,辩证地分析了社会主义革命建设过程中出现的困难和曲折。他指出:"在总的前进上升过程中包含着正相反对的各种运动趋向不断相互转化的内容,这是宇宙万物的普遍规律。"①同时,他科学地分析了社会主义社会的前进运动与后退运动的辩证关系,批判了形而上学的片面看问题的观点,充分地说明了"没有这样的后退,就没有更大的前进"。"如果人们善于总结经验,能够由错误中取得教训,就能更深刻地把握正确的认识。"②他指出,在实践中要注意到"不塞不流,不止不行"的辩证关系,要看到在逆流和倒退中会丧失东西,但也会形成较高的基础。1966 年 3 月 22 日,56 岁的艾思奇病情恶化与世长辞,留下了 500 多万字的著作,毛泽东、刘少奇、周恩来等送来了花圈,毛泽东在悼词中亲笔写下"党在理论战线上的忠诚战士"。

总之,马克思主义哲学中国化,是一部与时俱进、开拓创新的历史进程。在这一进程中如何全面、准确地评价李达、艾思奇对马克思主义哲学中国化的理论贡献,是一个非常复杂和艰难的问题。作为马克思主义哲学中国化的先驱,李达、艾思奇哲学思想比较庞杂,涉及的领域很广泛。如果从不同领域和角度进行比较会显得非常繁杂,为了较好地把握二人对马克思主义哲学中国化的主要理论贡献,本章以时间为序,通过纵向研究和横向比较深入阐释和总结了李达、艾思奇一生对马克思主义哲学中国化的研究与贡献,主要集中在以下三个方面:

一是毕生研究和著述了马克思主义哲学论著,开拓了马克思主义哲学中国化新境界。李达与艾思奇无疑是推进马克思主义哲学中国化进程中两位承前启后的人物。他们之所以能够成为马克思主义哲学中国化的先驱,就在于他们二人在哲学研究中始终坚持"以问题为中心"的研究方法。他们认为,马克思主义哲学能不能成为时代的精华,取决于其能不能分析和解决新民主主

---

① 《艾思奇全书》第 8 卷,人民出版社 2006 年版,第 113 页。
② 《艾思奇全书》第 8 卷,人民出版社 2006 年版,第 115 页。

义革命和社会主义建设过程中存在的各种重大问题。正是基于这样的认识，李达、艾思奇在他们的一生中，翻译出版了大量的马列经典原著，并且结合中国社会革命与建设的问题并著述了大量的哲学著作。代表性的论著如：李达的《现代社会学》《社会学大纲》等；艾思奇的《大众哲学》《思想方法论》《哲学与生活》《社会历史首先是生产者的历史》等哲学论著。

二是在推进马克思主义哲学中国化进程中，二人都作出了超乎常人的开拓性贡献。如果说李达的《社会学大纲》是一部完整的、成熟的马克思主义哲学中国化的典范之作。那么，艾思奇的《大众哲学》就是一部"通俗而又直观"的马克思主义哲学大众化的教科书。从历史的角度来看，这两部著作分别代表了马克思主义哲学中国化、大众化的成功典范，集中体现了二人在马克思主义哲学中国化上的开拓性贡献。纵观李达、艾思奇推进马克思主义哲学中国化的历史进程，不难发现二人毕生都致力于研究、推进马克思主义哲学中国化，并通过各种形式的宣讲活动阐释、宣传和推进中国化的马克思主义哲学。二人的开创性活动为人民大众正确理解马克思主义哲学，并致力于推进马克思主义哲学中国化作出了巨大的贡献。

三是二人都阐释和宣传了中国化的马克思主义哲学，开辟了马克思主义哲学中国化新未来。李达和艾思奇的马克思主义哲学中国化、大众化研究，一定程度上影响并促成了中国化的马克思主义哲学——毛泽东哲学思想的成熟与完善，从而深刻地规定了新时代马克思主义哲学中国化的路径和方向。二人作为当时中国著名的马克思主义思想家，他们共同的特点是，都对毛泽东本人和毛泽东哲学思想的形成与完善起到了重要影响作用。这种影响主要体现在两个方面：一方面，是在毛泽东哲学思想的形成过程中起到了重要的启发、促进作用；另一方面，是在毛泽东哲学思想形成之后，两人都通过相似的途径来阐释和宣传毛泽东哲学思想，为毛泽东哲学思想的进一步成熟、完善起到了重要的作用。

第三章　李达、艾思奇与毛泽东哲学思想的交融与碰撞

李达、艾思奇作为党的马克思主义理论工作者,他们的理论生涯与革命生涯都与毛泽东在学术领域有过密切的交往,都对毛泽东哲学思想的形成与发展产生了重要的影响,都为马克思主义的中国化作出了巨大的贡献。梳理、分析和考察比较他们对毛泽东哲学思想的贡献以及对当前推动马克思主义中国化的创新发展具有重要的意义。

第一节　李达与毛泽东哲学思想的交流与碰撞

毛泽东与李达一个是伟大的革命实践家,一个是杰出的马克思主义理论家,他们都出生于人杰地灵的湖南,在家庭出身、个人性格和革命经历上都有很多相似。在政治认识上,他们志同道合、矢志不渝;在理论观点上,他们相互启发、相互促进。从《社会学大纲》的出版到《实践论》《矛盾论》的问世,再到《"两论"解说》的出版发行,他们以学术交流与革命友谊共同推进着马克思主义哲学的中国化。

一、李达与毛泽东的家世背景及交往经历

（一）相似的家世，一致的理想

1893 年，毛泽东出生在湖南省湘潭市韶山的一个农民家庭，祖辈世代务农。同毛泽东一样，1890 年，李达出生在湖南永州市冷水滩区一个小山村的一户普通农民家庭。他们都出身于农民家庭，从小都经历了艰苦的农村生活，他们的童年求学经历也非常类似，这造就了两位共产党创始人的相似的共同理想、相似的农民情怀和相似的文化底蕴。

童年求学时期，毛泽东与李达有一个共同特点，即他们都非常聪明好学、刻苦勤奋，都接受过良好的私塾教育，为此打下了坚实的古文功底和传统的中国文化烙印。他们所接受的启蒙教育深受湖湘文化及孔孟思想的影响。湖湘文化中蕴含的"淳朴重义、勇敢尚武、经世致用、自强不息"精神，使得二人都非常重视理论联系实际和解决现实中的实际问题，都具有强烈的爱国主义精神和博采众家、敢为天下先的独立创新精神。正是这种相同的思想基础和文化功底，使得他们在后来的成长过程中，能较好、较快地运用所学接受、汲取新思想、新文化。

青年时代的李达和毛泽东人生经历也非常类似，他们都读过师范，并且都曾在中小学任过教。1913 年，毛泽东进入湖南省立第四师范深造，后第四师范合并到第一师范。湖南省第一师范在当时是一所比较开明的学校，云集了湖南省当时教育界的一批精英人士，对毛泽东的影响非常深远，对他后来的世界观的转变产生了重大的影响。与毛泽东相同的是，李达早年也以优异的成绩考入当时全国最著名的高等师范学堂——京师优级师范学堂。但当时的京师学堂却思想僵化、陋习沉积，京师学堂的学习经历使李达认识到中国教育状况的落后，唤起了他强烈的教育救国思想，成为他后来留学日本的重要动力。

李达和毛泽东作为我国早期的马克思主义者，二人几乎在同一时间在世

界观上由爱国主义者转变为马克思主义者。五四运动爆发之后，虽然李达在日本留学，毛泽东在国内工作，但强烈的救国救民思想和深厚的家国情怀，促使二人不约而同地参加了这场影响中国革命走向的伟大的爱国运动，并先后成为五四运动的领导者和组织者。1918 年 6 月，毛泽东经老师杨昌济的介绍和推荐被安排在北京大学图书馆当助理员，正是这个看似不起眼的职业，使毛泽东有机会汲取大量的新知识，并直接接受了时任北京大学图书馆馆长李大钊的马克思主义思想影响，参加了李大钊等人组织的各种新思潮活动，阅读了一系列歌颂十月革命和宣传马克思主义的文章，逐步清除了毛泽东早期所受到的无政府主义思潮和唯心主义的影响。1936 年，在毛泽东同斯诺谈话时回忆说，当年他在北京大学图书馆当助理员时，李大钊任北京大学图书部主任，受李大钊的影响，使得他开始迅速地朝着马克思主义的方向发展。后来五四运动的洗礼以及与陈独秀的会面和谈话对毛泽东也产生了重要的影响。回到湖南后，他主办了《湘江评论》，创办过长沙文化书社等，促使毛泽东的世界观彻底发生了改变。到 1920 年夏天，毛泽东已经由一个爱国主义者彻底转变为马克思主义者。对此，他回忆道，1920 年夏天，他的世界观发生了巨大的改变，无论在理论上还是在行动上，"我已成为一个马克思主义者了，而且从此我也认为自己是一个马克思主义者了。"①

　　差不多在同一时期，在日本留学的李达深受十月革命的影响，把探求救国的真理从西方转向了东方，并开始系统研究马克思主义学说，从中得到了重要的启迪。1919 年 10 月后，李达发表了《什么叫社会主义》《社会主义的目的》《女子解放论》等一系列文章，初步运用历史唯物主义原理分析和观察了中国的社会和历史。1920 年夏，李达翻译并介绍了马克思主义的三大组成部分，分别为《唯物史观解说》《马克思经济学说》《社会问题总览》，这为我国先进的知识分子直接学习马克思主义理论起到了重要的推动作用。由此可见，

---

　　① 中国社会科学院现代史研究室编：《"一大"前后（二）中国共产党第一次代表大会前后资料选编》，人民出版社 1980 年版，第 224 页。

1919 年至 1920 年,随着李达一系列重要文章的发表,证明了他不但已经接受了马克思主义,而且标志着他由一个爱国主义者转变为真正的马克思主义者。

总的来看,在向马克思主义者的转变过程中,李达与毛泽东可以说是同一时期发生转变的,但相较于当时的学术水平和学术地位而言,李达比毛泽东还是先行了一步,对毛泽东产生了重要的影响。李达与毛泽东的早期历程充分说明,中国早期共产主义知识分子的思想转变,都是在经历了痛苦的求索后才找到了马克思主义,才实现了世界观的根本转变。

（二）相同的信念,共勉的岁月

在创建中国共产党的那段日子里,毛泽东和李达虽然一个在长沙,一个在上海,但他们都在为中国共产党的建立做着不懈的努力。1920 年秋,毛泽东与何叔衡等人在湖南长沙正式成立共产主义小组。毛泽东十分重视工人运动和马克思主义的宣传,创办了工农子弟补习班,教授文化知识和宣传马克思主义基本原理,进行启蒙教育;同时,毛泽东还把组建党的后备力量——社会主义青年团作为一项重要工作,并说服新民学会的会员统一思想,放弃走改良的道路,使学会中的大多数成员后来成为湖南共产主义小组的成员。

在毛泽东领导湖南创建共产主义小组的同时,李达也积极在上海筹备创建党的组织。1920 年 7 月,从日本留学回国的李达与陈独秀会面并受邀商讨在上海建党的事宜。1920 年 8 月,陈独秀、李达、李汉俊等人在上海《新青年》编辑部开会,宣告上海共产主义小组成立。同年 11 月,李达参与制定了《中国共产党宣言》,旗帜鲜明地提出要组织一个革命的无产阶级政党——中国共产党。1921 年 2 月,李达接替李汉俊担任了中共上海发起组的代理书记,直至中国共产党第一次全国代表大会,李达一直担任党的发起组的领导工作。

李达和毛泽东真正的相识相知,应该是在李达主持编辑《共产党》月刊之后。上海成立共产主义小组后,李达在陈独秀的支持下创办了《共产党》,在此之前他对主编《湘江评论》的毛泽东早有耳闻,因此,《共产党》月刊刚一出刊,李达首先就寄给了毛泽东。后来,这本刊物成为李达与毛泽东相识的"信物"。读了《共产党》月刊创刊号的所有文章后,毛泽东立即被吸引住了,他第二天就给李达回信,感谢他送来的精神食粮,并希望以后多加强联系。其后,李达与毛泽东邮寄和通信逐步增多,二人虽然从未谋面,但他们彼此相交已久,这也是他们后来几十年一直能保持交往的一个重要原因。

1921年,中共一大前夕,李达寄信给毛泽东通知他到上海开会,由于当时处于秘密状态,所以使用的全是暗语。收信后,毛泽东与何叔衡一起如约来到上海,神交已久的李达与毛泽东终于在中共一大上会面了,初次的会面李达对毛泽东印象非常深刻,他后来回忆说:"我初见润之就觉得他言出有理。"①中共一大的相见,为李达与毛泽东的深厚友谊奠定了坚实的基础。此后,李达作为党中央第一任宣传部部长,为党的思想理论宣传工作做出了不懈的努力;毛泽东成为中共湖南省支部第一任书记,为湖南省党组织的发展壮大作出了卓越贡献。

1921年9月,毛泽东同何叔衡等人创办的湖南自修大学正式公开招生,学校开办后,毛泽东深感学校的马克思主义理论教育跟不上形势要求,于1922年5月,特别邀请李达到湖南自修大学讲授马克思列宁主义,李达受邀欣然前往。11月,毛泽东邀请李达出任湖南自修大学第一任学长,李达欣然接受并赴任。李达就任湖南自修大学学长4个多月后,学员越来越多,学校各项工作都走上了正轨,学校学习以自由研究、共同讨论为主。自修大学汇集了湖南最早的一批共产党员,成为湖南革命的摇篮。在这里学习或工作的学员、职员,后来大都成为中共革命的中坚力量。在此期间,李达与毛泽东毗邻而居。据李达的第一任夫人王会悟回忆说:"那时,毛泽东一想起什么问题,就来找李达,常常是深更半夜敲门,把李达叫起来商谈。"②从那时起,他们之间建立了非同寻常的革命友谊。

---

① 宋镜明:《李达传记》,湖北人民出版社1986年版,第61页。
② 宋镜明:《李达传记》,湖北人民出版社1986年版,第62页。

　　1923年4月,毛泽东和李达还创办了自修大学校刊《新时代》,由李达任主编。截至7月,共出版了4期,每期印刷发行2000份。《新时代》不同于普通刊物,正如刊名一样,他们立志要开创一个新的时代,他们的目的在于"努力研究致用的学术,实行社会改革的准备"。① 即要改造中国社会,不仅要加深对马克思主义理论的研究,而且要把这一研究同中国的实际情况结合起来,为如何改造社会提供具体的主张。为此,李达和毛泽东都撰写了重要的文章。在《马克思学说与中国》一文中,李达以唯物史观为指导,分析中国社会的性质和政治、经济的特点,并初步提出马克思主义与中国实际相结合的问题,成为当时代表中国马克思主义水平的标志性文章。由于客观原因的恶化,《新时代》杂志虽然存在时间不长,但在李达的主持下,依然在革命青年中产生了巨大的影响,特别是对于宣传马克思主义、宣传党的纲领与政策,帮助干部提高理论水平上起了很大的作用,因此,它的历史功绩不能低估。

　　1923年,李达到上海会见陈独秀,商谈国共合作问题,但由于二人在党内合作还是党外合作的问题上产生了严重分歧,双方不相让②,李达一怒之下脱党而去。但李达脱党后并未脱离革命,更没有像一些脱党人士脱党后离经叛道③,在脱党后他依旧参加革命活动,并且集中精力研究和传播马克思主义与著作,成为我国研究和宣传马克思主义的一代宗师。然而,脱党显然是他人生中所犯的一个重要的政治错误,也成为李达的终身遗憾,为此,李达在后来与毛泽东谈话中多次反省自己,不能原谅自己当时的轻率举动。

　　1926年底,毛泽东在武昌办起了农民运动讲习所,讲习所开办后不久,李

---

　　①　《艾思奇全书》第3卷,人民出版社2016年版,第83页。

　　②　陈独秀见李达拒不接受他"共产党员全部加入国民党"的主张,便大发雷霆。他将茶碗一下子摔到地上,拍着桌子指着李达说:"这是共产国际的主张,也是党的主张! 你要违反党的主张,我就有权开除你!"李达也是个宁折不弯的人,他倔强地说:"为保住无产者的革命政党,被开除不要紧,原则性决不让步!"他就起身朝外走去。当走到门口时,他回过头来对着仍然气哼哼的陈独秀又补了一句:"我也并不重视你这个草莽英雄!"

　　③　如陈公博、周佛海、张国焘等人背信弃义叛党投敌。

达便应毛泽东的邀请到农民运动讲习所讲授马克思主义理论。这一时期,毛泽东与李达除了在农讲所接触外,他们还经常在国民革命军总政治部农民问题委员会的有关会议上见面,他们之间还经常保持着相互探讨与交流。1927年春,由于革命斗争和形势的变化,李达与毛泽东在武汉正式分别,至此,一别20多年,一直到 1949 年 9 月,这两位老友才在北京又一次相见。

二、李达对毛泽东马克思主义中国化的影响

20 世纪 30 年代的李达专心于理论研究,在此期间他学术研究硕果累累,其中,尤以他译著的《辩证法唯物论教程》与个人所著的《社会学大纲》影响最为巨大。毛泽东在延安期间特别阅读了这两本著作并作出了积极的反馈,正是在此基础上,他们中断的交流才得以继续和延伸。回顾这段历史,我们可以看到,李达的哲学思想在较长的时间影响了毛泽东的哲学思想,同时,毛泽东在阅读李达著作的基础上归纳、总结和发挥了李达的思想。这成为毛泽东思想的初步形成和马克思主义中国化重要的哲学基础。

(一) 李达译著对毛泽东哲学思想的形成提供了启示

红军长征到达延安后,毛泽东开始有时间去学习马克思主义著作,但是,由于主客观条件的限制,他能接触到的马列原著较少,马列译著便成为毛泽东当时学习马克思主义哲学的一条重要途径。这一时期,恰好是李达理论研究的鼎盛时期,他的译著和著作对毛泽东哲学思想的形成产生重要的影响。20世纪 30 年代,由于唯物辩证法运动在中国的广泛兴起和推广,极大地促使了李达的唯物辩证法研究。李达和雷仲坚合译的《辩证法唯物论教程》于 1932年 9 月在上海出版。[①] 全书共六章内容,27 万余字,它是我国第一部在 20 世

[①] 此书原著出版于 1931 年,由苏联共产主义学院列宁格勒分院哲学研究所西洛可夫、爱森堡等六位少壮派哲学家集体分工编撰而成。

纪 30 年代所译的苏联哲学名著①,是在我国传播马克思主义哲学影响深远的辩证唯物主义教材,风靡一时,它不仅影响了中国马克思主义哲学的风貌,而且对毛泽东的哲学思想的形成也产生了重要的影响。毛泽东在延安期间认真地阅读了此书,并做了大量的批注。1936 年 8 月,毛泽东在给易礼容的信中曾提及此事,说他读了李达的译著后深有同感,希望能与李达建立通信联系。1936 年 11 月至 1937 年 4 月半年内,毛泽东阅读了李达的《辩证法唯物论教程》第三版。毛泽东对第二章《当作认识论看的辩证法》和第三章《辩证法的根本法则——由质到量及由量到质的转变法则》做了大量批注,多集中在认识论和辩证法问题上,尤其是对对立统一规律批注了约 6000 字。《辩证法唯物论教程》是毛泽东最早接触的苏联教科书译本,这使他第一次系统地学习了唯物辩证法的范畴及内容,他的批注有不少是联系中外历史以及当时中国抗日战争的实际而进行分析比较得出的结论,同时,毛泽东在批注中还提出了一些在当时历史条件下有重要价值的政治问题,并对一些哲学问题提出了自己的见解,发展了马克思主义哲学理论。毛泽东后来的《实践论》与《矛盾论》吸收了它的部分思想观点,"这些旁批,后来就逐步发展成为他的光辉著作《实践论》"②。

　　由此可见,一方面毛泽东通过阅读《辩证法唯物论教程》吸收了其中的辩证法唯物论积极成果;另一方面,在学习研究该著作的基础上毛泽东也进一步发展了马克思主义哲学理论。客观来讲,李达虽然只是《辩证法唯物论教程》的翻译者,但这在一定程度上反映了李达对这本著作的认可与推荐,尤其是李达在文中特别概括总结了《辩证法唯物论教程》的核心内容,展示了他自己对

---

　　①　其他两部一是 1936 年 6 月出版的米丁等著艾思奇译的《新哲学大纲》,一是先后于 1936 年 12 月和 1938 年 7 月分上下两册出版的米丁等著沈志远译的《辩证法唯物论与历史唯物主义》。

　　②　中共中央文献研究室编:《毛泽东传(1893—1949)》,中央文献出版社 2004 年版,第 460 页。

本书的理解,也表达了他一定的哲学思想和译著目的,这对毛泽东阅读译著起到了一定的帮助作用。因此,可以说,毛泽东借鉴李达译著中的积极成果,联系中国实际加以发挥,促进了马克思主义中国化的形成和发展。

(二)《社会学大纲》加速了毛泽东哲学思想的形成

作为李达的代表作,《社会学大纲》对毛泽东哲学思想影响最大。1937年5月,《社会学大纲》出版后,李达第一个想到的就是他的老朋友毛泽东,一拿到书后,他立即用牛皮纸包了一本寄给远在延安的毛泽东。毛泽东收到《社会学大纲》后,非常高兴,认真地阅读了10遍,同时在《读书日记》中记载了自己阅读此书的进度,并且做了许多批注。曾任延安中央书记处图书资料员的王子野回忆道:"经毛主席批注的书很多,书名记不清了。但是李达同志的《社会学大纲》划线最多,批得最详细,至今记忆犹新。可惜这些批注的版本在战争年代都已散失,要能找到多好呀!"①毛泽东还向抗大和延安哲学会推荐此书,在中共六届六中全会上还号召党的高级干部学习此书。艾思奇在延安编辑出版《哲学选辑》一书时,将李达的《社会学大纲》与三部苏联哲学著作并列。艾思奇在此书所附的《研究大纲》中所列的"参考书目"除马克思、恩格斯、列宁、斯大林和普列汉诺夫的著作外,中国人的著作只有毛泽东的《辩证唯物论讲授提纲》和李达的《社会学大纲》。具体来看,《社会学大纲》对毛泽东哲学思想的形成影响主要表现在两个方面。

1. 毛泽东归纳、转述和深化了《社会学大纲》的基本内容

在《批注集》中,毛泽东对《社会学大纲》作了大量的批注,批划处有87页,约3700字批语,仅次于对《辩证法唯物论教程》的批注,特别是对第一章第一节的批注最为集中,更具有代表性。在批注过程中,毛泽东实际上也是在对《社会学大纲》的内容进行进一步的归纳与深化,如对第一段的概括与论

---

① 王子野:《学习毛泽东认真读书,不耻下问的精神》,中国哲学编辑部:《中国哲学》第一辑,生活·读书·新知三联书店1979年版,第38页。

述:"找出法则、指示实践、变革社会——这是本书的根本论纲。"①同时,他还把原著中的一些表述进一步条理化,如对为什么唯物主义哲学只能出现于希腊而不能在其以前这一问题的总结,他在原著的基础上作了五个方面的归纳与论述,使对这一问题的回答更具有逻辑性。

2. 毛泽东进一步发挥了《社会学大纲》的基本理论

《社会学大纲》中,李达对实践意义的强调等为毛泽东理解马克思主义哲学提供了新的视角。《社会学大纲》以实践为核心,构建了一套完整的马克思主义认识论体系,这对毛泽东后来的《实践论》的形成具有重要的影响。在《社会学大纲》中,李达还建构了关于矛盾学说框架体系。虽然还不够系统完整,还比较粗糙,但他关于两种发展观、内因和外因、矛盾的普遍性、具体的矛盾和本质的矛盾、矛盾的同一性和斗争性等的论述已初步形成。这对毛泽东后来写作《矛盾论》具有显而易见的影响。1939年冬至1940年春,李达曾多次应邀去八路军驻桂林办事处讲授唯物辩证法,他曾对办事处的同志说:"学习唯物辩证法最好的老师是毛润之。"②李达与毛泽东的理论交流与交往,进一步促进了他们之间的友情。1939年,毛泽东对《社会学大纲》给予了高度的评价,毛泽东认为,该书"是中国人自己写的第一本马克思主义的哲学教科书"。毛泽东在给李达的致信中称赞李达是"真正的人"。直至24年后的1961年,在庐山上,毛泽东见到李达时,依然高度赞誉《社会学大纲》,他建议李达对《社会学大纲》进行修订、再版。李达欣然答应,随后组织编写了《马克思主义哲学大纲》。

新中国成立初期,李达积极参加思想文化领域的斗争,其中也反映了他思想上的哲学政治化倾向。虽然如此,李达依然是一个敢于坚持真理、极具个性的马克思主义者。1956年,毛泽东提出了"百花齐放,百家争鸣"的方针,李达

---

① 中共中央文献研究室编著:《毛泽东哲学批注集》,中央文献出版社1988年版,第209—210页。

② 曹瑛:《杰出的马克思主义理论家李达同志》,《人民日报》1981年4月28日。

表达了竭诚拥护的态度,与此同时,他也鼓励教师发表自己的学术见解,不能盲从权威。在武汉大学哲学系会议上,李达提出政治上我们绝对服从毛泽东的领导,但在学术上我们可以同毛泽东争鸣,体现了一个真正的马克思主义者的学术品格和学理性追求。

总的来看,李达哲学思想对毛泽东哲学思想的影响是重要的、积极的。李达的译著和《社会学大纲》为毛泽东提供了两种形式的哲学体系。毛泽东第一次通过《辩证法唯物论教程》了解了苏联的哲学体系;同时,又阅读了当时最严谨、最完整的中国版的马克思主义哲学著作《社会学大纲》,这两本著作分别从不同的角度启发了毛泽东对整个哲学体系的思考,使毛泽东联系中国实际,并借鉴李达译著中的积极成果加以发挥,为马克思主义中国化的形成和发展奠定了基础。从这点意义上来讲,毛泽东的哲学思想有一部分源于李达、却高于李达。

三、毛泽东对李达马克思主义哲学中国化的影响

李达与毛泽东的交往大致可以分为四个时期:1920年冬至1921年春天,湖南自修大学时期,抗日战争爆发前后,新中国成立以后。可以说,在前三个时间段里,李达思想对毛泽东产生了较大的影响,特别是在学术领域。而在新中国成立后,随着毛泽东政治地位和哲学思想主体地位的确立,李达则多受毛泽东的影响,他们在这一时期的互动很多,有直接的当面争论,也有间接的书信往来,所讨论的问题基本上都涉及对社会主义新中国建设的哲学思考,由于毛泽东晚年的错误认识,最终致使二人渐行渐远,也由于"文化大革命"的混乱与无序,导致了李达悲剧的结局。

(一)毛泽东影响了李达的研究方向,由理论研究转向大众宣传

新中国成立以后,李达与毛泽东在学术上的交往与交流互动很多,主要是通过书信或面谈形式来讨论新中国大众哲学的通俗宣传。这一阶段,在毛泽东

的倡导和影响下,李达的研究方向也发生了改变,他开始更加注重把理论研究与社会主义实际建设结合起来进行思考。新中国成立初期,针对当时人们落后的封建残余思想,毛泽东提出全面学习和宣传社会发展史,为此,李达积极响应号召编写了《社会发展史》一书,为普及和宣传历史唯物主义起到了积极的作用。

1950 年至 1952 年,毛泽东的"两论"重新发表,全国兴起学习"两论"的热潮。李达也投入了极大的热情对毛泽东的《实践论》与《矛盾论》作了解说,并为毛泽东的其他一些著作写了阅读指导。李达在解说《实践论》时向毛泽东提出了建议,认为"《实践论》中将太平天国放在排外主义一起说不妥",毛泽东接受了李达的意见,复信中说道:"出选集时拟加修改。"①在《关于正确处理人民内部矛盾问题》发表之前,毛泽东将书稿寄给李达征求意见。李达认真阅读,并写了学习心得。总之,在这一时期,李达积极发挥了一名马克思主义理论家、宣传家、教育家的作用,理论研究始终围绕着人们关切的社会问题进行。期间,他写的文章由大部头著作转向短小精悍,这些短小、通俗的文章和小册子充分体现了党中央精神的号召,积极推动了新中国马克思主义哲学中国化。

1961 年夏天,李达与毛泽东在庐山畅谈了近两个小时,毛泽东再次提到《社会学大纲》,并建议李达修改后重新出版。在李达去世之前,修改稿《马克思主义哲学大纲》已经完成了上册。我们可以从李达的修改稿中看到,新中国成立后毛泽东的哲学思想对李达产生了重要的影响。特别是在认识论和辩证法部分,李达借鉴了毛泽东《实践论》和《矛盾论》的理论体系,比之前《社会学大纲》的论述更加完整与准确。一直以来,毛泽东对形式逻辑很感兴趣,受30 年代苏联的影响,李达在形式逻辑的问题上主张形式的正确和内容的真实必须完全一致,在庐山谈话中,毛泽东提出了他对这一问题的新看法,他认为,

---

① 《毛泽东文集》第 6 卷,人民出版社 1999 年版,第 154 页。

形式逻辑只管形式,如果从错误的前提推出错误的结论,在形式上也可以是正确的。毛泽东的观点是他在长期的实践和研究中得出的。李达对毛泽东这一观点表示赞同,改变了以前的认识,这在《马克思主义哲学大纲》中也有所体现。

(二) 毛泽东哲学思想影响了李达哲学思想的实现路径

1939 年至 1949 年之间,毛泽东曾多次邀请李达赴延安,但由于种种原因,一直未能成行,直到 1949 年 5 月,李达才与毛泽东在北京香山的住所会面,这是两位老友分别 20 多年后的又一次会面。毛泽东认为,分别期间李达一直从事马克思主义理论宣传和研究,在思想上从未离开马克思主义,因此可以重新入党,不要候补期,并愿意做他的历史见证人。1949 年 12 月,经党中央批准,李达重新成为中共正式党员。

新中国成立以后,李达响应毛泽东马克思主义哲学大众化的要求,积极地转变了他的哲学研究方向和实现路径:一是组织开展了马克思主义理论学习,推进马克思主义哲学大众化。50 年代初期,全国百废待举,党的领导干部作为建设国家的中坚力量迫切需要提高理论水平和文化修养。因此,如何统一领导干部的思想和认识成为当时马克思主义理论工作者首要面对的问题。李达指出,毛泽东同志是我们的榜样,他不仅自己重视加强革命理论的创造,而且他还要求党员必须重视理论学习与创造,他说共产党员凡是注重理论研究的都一般地"要研究马克思、恩格斯、列宁、斯大林的理论,都要研究我们民族的历史,都要研究当前运动的情况和趋势"①,并在具体的工作实践中自觉地教育文化水平比较低的党员。受毛泽东影响,李达积极组织开展了系列马克思主义理论学习活动,培养了党员马克思主义理论素养。二是结合群众的实际情况,注重语言的通俗宣传。李达在解说毛泽东的"两论"时,有意识地应

---

① 《李达全集》第 4 卷,人民出版社 1988 年版,第 95—96 页。

用了通俗的形式,通过很多革命战争中的实例和经验来说明问题。有历史文化典故,也有现实的生产劳动实践。这种解说形式使"两论"的语言更加通俗易懂,毛泽东对此作了很高的评价,认为李达的"两论"《解说》极好,体现了在唯物论的宣传上通俗语言的魅力和作用。

1958 年后,国家经济建设出现了严重的"左"倾倾向,对于毛泽东提出的"人有多大胆,地有多大产"这一口号,李达与毛泽东在思想上出现了严重的分歧。恰逢当年毛泽东出行武汉,两人会面后对这一问题各执己见,争论激烈。李达事后讲道:《实践论》《矛盾论》讲的多好啊! 主观、客观,主观要符合客观;实践理论,理论实践⋯⋯讲的多好啊! "现在连润之也认为人有多大胆,地有多高产是讲人的主观能动性,我们国家要大祸临头了!"①争论由经济建设中的具体问题引起,涉及的是哲学问题,李达认为这就是主观与客观、理论与实践的关系问题,并指出,毛泽东肯定"人有多大胆,地有多大产"这个口号,片面地强调了人的主观能动性,忽视了事物发展的客观规律,违背了毛泽东自己提出的实事求是的原则。为此,李达尖锐地指出:"如果不顾客观规律,违背实事求是原则,共产主义就会搞成破产主义,大跃进就会变成大倒退,人民公社就会变成人民空社。"②1959 年,李达发表《正确认识由社会主义到共产主义过渡的问题》等文章及其讲话,着重论述了共产主义与社会主义的区别以及社会主义阶段发展商品经济的必要性。对党内的"左"倾主义进行了一定的批评。1961 年 8 月,在庐山与毛泽东畅谈时,李达直言不讳地表达了对党内"左"倾错误的看法。之后,国内"左"倾错误日益严峻,李达坚持自己的政治观点和学术意见,不参加"左"的政治批判与学术批判。1966 年 3 月,李达公开反对"教育革命""顶峰论",受到湖南原省委和武大工作队的政治迫害,1966 年 8 月 24 日,风烛残年的李达在身患重病得不到救治的情况下

---

① 赵云献:《毛泽东建党学说论》下,北京大学出版社 2003 年版,第 766 页。
② 权宗田:《中国共产党对实现共同富裕的探索与制度设计创新研究》,人民出版社 2014 年版,第 88 页。

与世长辞。

虽然毛泽东与李达在政治上和经济建设上产生了严重的思想分歧,导致他最终在政治上远离了李达。但李达的去世,毛泽东感到非常难过。林彪事件发生后,毛泽东在与湖南同志的谈话中懊悔地表达了对李达的追忆,并对李达反对"顶峰论"表示了认可。

第二节　艾思奇与毛泽东哲学思想的交流与碰撞[①]

延安时期是艾思奇人生的重要转折阶段,更是其马克思主义中国化思想得到深化发展的一个重要历史阶段。艾思奇与毛泽东的真正交往开始于延安时期。艾思奇积极参加毛泽东组织领导的哲学学习小组,与毛泽东就理论问题沟通交流。毛泽东作为一个伟大的无产阶级革命家和马克思主义哲学家,对艾思奇后来的哲学道路及理论研究都产生了巨大而深远的影响,决定了艾思奇后半生的研究方向。与此同时,毛泽东思想的形成和发展也受到艾思奇哲学新见解和新观点的影响。

一、艾思奇与毛泽东交往的历史背景

（一）时代的需要,领袖的召唤

1.延安对马克思主义理论者的迫切需求

进入 20 世纪以来,中国社会思想激荡频仍,尤其是新自由主义、保守主义与处于社会主导思想的马克思主义之间的交锋异常激烈。刚刚进入延安的中共中央,在思想战线的前沿迫切需要一批理想信念坚定、理论素养较高、革命

---

①　本部分内容参见该项目阶段性成果:冯飞龙、王红梅:《延安时期艾思奇与毛泽东推进马克思主义中国化之比较研究》,《理论导刊》2014 年第 7 期。

意志坚强的理论战士,勇于捍卫马克思主义的科学性与真理性,这是时代的呼唤与期盼。延安虽然地处偏远的西北地区,但是随着抗日统一战线的日渐形成,它已然成为全国抗日救国的革命圣地,越来越多的革命志士涌入这里。而此时,党内的领导干部文化素质参差不齐,马克思主义理论水平整体偏低,这种情况更需要对党员干部进行马克思主义理论的系统学习和培养。刘少奇指出:"中国党有一极大的弱点,这个弱点,就是党在思想上的准备、理论上的修养是不够的,是比较幼稚的。"①这突出强调了加强党的马克思主义理论学习与教育的迫切性。

2. 毛泽东提高自身理论修养的急切需要

红军胜利到达延安后,党内还有一部分教条主义者认为毛泽东没有系统地学习过马列主义,理论水平不够高,不能算作真正的马克思主义者,他们甚至指责毛泽东是狭隘的经验论者,是山沟里的马克思主义者。对此,毛泽东也有深刻的认识和体会,他指出,"在全党中提高马克思列宁主义的理论水平是完全必要的,因为只有这种理论,才是引导中国革命走向胜利的指南针。"②强调指出没有革命理论的指导,就没有革命胜利的到来。因此,毛泽东下定决心要提升自己和全党的理论水平,他开始系统地学习和研究马克思主义理论,特别是研究和学习马克思哲学。在艾思奇到达延安之前,他的《大众哲学》就深受毛泽东的青睐,毛泽东给在苏联留学的毛岸英邮寄了一本,嘱咐他要好好拜读。毛泽东自己也多次阅读《大众哲学》,并提出一些修改意见和建议。为了进一步加强党员干部的马克思主义理论水平,毛泽东还拜托叶剑英在西安尽量多买一些《大众哲学》带回延安,供广大党员干部学习研究。因此,抗日战争刚一开始,艾思奇就成为第一批选调的理论工作者奔赴延安开展理论研究。

毛泽东思想成熟于延安时期。正是在这个关键时刻,艾思奇来到延安,来

---

① 《刘少奇选集》上卷,人民出版社 1981 年版,第 220 页。

② 《毛泽东选集》第 1 卷,人民出版社 1991 年版,第 264 页。

到毛泽东身边。虽然毛泽东比艾思奇年长，但是在研究哲学的深度和广度上，艾思奇并不亚于毛泽东。在毛泽东大量研读各类哲学经典著作之前，艾思奇就已成为哲学界一颗闪烁的新星了。毛泽东初到延安的两三年时间里主要学习了研究马克思主义理论，尤其重视学习马克思主义哲学理论。在党的六届六中全会上，毛泽东特别号召全党干部深入学习研究马克思列宁主义基本理论，同时，他自己也率先垂范，不但组织广大党员干部开展学习运动，而且亲自组织"六人哲学小组"，主要讨论《矛盾论》《实践论》中的哲学问题。此外，毛泽东还组织召开哲学座谈会，让更多的人在讨论中学习哲学理论。在这类哲学讨论会中，艾思奇通常承担讨论提纲的起草工作，是组织讨论和学习的核心人物。这类讨论和学习活动少则十余人，多则上百人，涉及党中央各个机关和部门，在延安的理论学习和哲学学习中起到了重要的推动作用，也使艾思奇成为毛泽东学习和研究哲学的主要参谋和助手，更为后来开展整风运动奠定了重要的理论基础。

延安时期，毛泽东认真研读了艾思奇的一些哲学著作和文章，并对一些论点、观点进行了批注。查阅《毛泽东哲学批注集》①，可以看到他对艾思奇《思想方法论》《哲学与生活》《哲学选辑》的批注。其中，毛泽东对《思想方法论》的批注，只有短短的40个字，这是他在延安时期读书批注中最少的，但是这本书对毛泽东的影响却非常重大，它让毛泽东了解了"思想方法论"这个重要的概念。虽然之前瞿秋白也曾经指出哲学是"综合各科学的思想方法论"，虽然我们无法考证毛泽东是否读过瞿秋白的书，而艾思奇的《思想方法论》毛泽东多次阅读是确信无疑的，它促使毛泽东加深了对"思想方法论"的认识，这对他后来研究及应用哲学产生了极大的启迪作用。艾思奇主要从学理方面研究思想方法论，他从感觉、知觉、表象、概念、判断、推理、分析与综合、归纳与演绎

---

① 中共中央文献研究室：《毛泽东哲学批注集》，中央文献出版社出版1987年版（主要收集了毛泽东在延安时期研读的8本哲学书籍，其中对艾思奇文章的研读及批注的就有3篇，分别是：《思想方法论》《哲学与生活》与艾思奇主编的《哲学选辑》）。

等人类认识的形成过程进行论证和说明问题。而毛泽东有效地把思想方法论的基本原理同中国革命实际相联系、相结合，以实践为中介，把主观与客观、理论与实际紧密结合起来。他特别强调要用马克思主义的立场、观点、方法指导中国革命实践。与哲学教科书中的纯理论概念相比较，"思想方法"这一概念最大的优点就是比较通俗易懂，便于理解掌握。在整风运动中，毛泽东使用频率最高的词汇之一就是"思想方法"。同时，鉴于艾思奇对这个问题认识比较深刻，且著有《思想方法论》一书，毛泽东特别批示由艾思奇负责编辑《马克思、恩格斯、列宁、斯大林思想方法论》（1942 年），明确规定将其作为整风运动的"干部必读"本。整风运动不但使广大党员干部了解了"思想方法"这一名词，而且认识到了思想方法在实际工作中的重要意义和作用。由此可见，艾思奇的《思想方法论》对毛泽东思想的形成作出了贡献，而且有利于提高党员干部的思想认识和解决实际问题的能力。

　　1937 年，毛泽东认真阅读了艾思奇的《哲学与生活》，对文中的一些观点做出批注与评价，也做了较为细致的读书摘录。为此，毛泽东专门致信给艾思奇说，读了《哲学与生活》"得益很多"，比如他对艾思奇主张的"差别的东西不是矛盾"提出了异议。由此可见，毛泽东不但认真研读了这本哲学著作，同时也得到很多思想启发。在读《哲学选辑》时，毛泽东对辩证法问题做了许多批注。艾思奇等人把当时在延安所能找到的新哲学著作的精华部分选编成《哲学选辑》，使人们能便捷集中地学习和了解马克思主义哲学的基本原理。该书内容选自苏联几位著名哲学家的相关哲学著作，后面附有两个附录，一个是斯大林的《论辩证唯物主义和历史唯物主义》，另一个就是艾思奇自己写的《研究提纲》，全书共 37 万字。毛泽东十分重视这本著作，前后曾批读三遍，其中大多数集中在艾思奇写的《研究提纲》部分。毛泽东所做的这些批注及意见充分表明了他努力钻研哲学的求真精神，同时也反映了当时艾思奇的哲学著作对毛泽东的多方面影响。

（二）艾思奇与毛泽东推进马克思主义中国化共性基础

毛泽东与艾思奇作为同一时代的马克思主义理论家,他们除了同样具有坚定的马克思主义信仰以外,二人在生活经历、兴趣爱好等很多方面也具有相似性,这是他们后来能够相互欣赏、相互学习、相互促进并实现马克思主义中国化的一个重要基础。

1. 二人都具有良好的传统文化底蕴

艾思奇生活在一个中西文化并包的、比较开明的"双文化"家庭,深受父亲李曰垓"民主革命思想"及哥哥李生庄对西方哲学研究的影响,客观上引导和培育了艾思奇对中国革命道路的探索和对哲学思想研究的兴趣,培育了艾思奇的世界眼光和开放视野,使得艾思奇在日后研究中能够轻松做到贯通中外、旁征博引。艾思奇从小就接受了良好的中国传统文化教育,他在私塾读书时就聪明过人,好学上进,表现出良好的素养。青年时的艾思奇对中国古代哲学产生浓厚兴趣,他尤为喜欢阅读中国朴素唯物主义思想的书籍,也阅读过大量的古代文学,使得艾思奇具有深厚的中国传统文化学养,这为他日后开展马克思主义理论研究奠定了扎实的基础。

与艾思奇一样,毛泽东年少时也曾接受过多年的私塾教育,尤其喜欢阅读一些中国古史文籍,这些传统文化教育使毛泽东对历史和哲学产生了浓厚的兴趣。毛泽东尤为善于思考,他在阅读中自觉汲取了优秀传统文化的精华,并将一些经典名句作为自己劝学、立志、修身的座右铭。青年时期的毛泽东,在湖南长沙求学时,有意识地广泛涉猎中国传统文化典籍,这对青年时代的毛泽东产生了深远的影响。由此可见,毛泽东与艾思奇之所以能够在后来的马克思主义哲学中国化中,娴熟、自如地运用中国传统文化中的历史典故、经典素材,对马克思主义哲学进行通俗生动的解释,并与时俱进地赋予马克思主义哲学民族化的形式,这与他们相似的教育背景和良好的中国传统文化修养是密不可分的。这也为他们二人推进马克思主义中国化创造了良好的条件。

2.二人都具有深厚的马克思主义哲学功底

少年时期的艾思奇就好奇心强,勤奋好学,深受父兄的影响,较早就对哲学产生浓厚的兴趣,经常就一些朴素的唯物主义思想和父兄进行交流。上中学期间,尽管日常功课很忙,但他依然想尽一切办法抽出时间学习钻研哲学问题,对于一些思辨问题他有着自己的见解和看法。虽然国内有关马克思主义哲学经典著作非常匮乏,但他依然从兄长那里、从一些进步报刊上学习和了解了一些西方哲学思想。留学日本后,艾思奇结识了一批哲学爱好者,认真学习德语和日语,阅读了大量的马列主义经典文献和苏联的一些哲学著作。这一时期,艾思奇学习范围涉猎广泛,他利用一切机会学习了西方哲学的一些流派、学习了西方文艺作品,为其日后的学习研究打下扎实的基础。特别是艾思奇对马克思主义哲学著作和经典文献的学习,促使他坚定了马克思主义信念,确立了马克思主义世界观,积累了深厚的马克思主义哲学功底。

毛泽东是同时代人中好学的典范。他曾说过,"我一生最大的爱好是读书。"①少年时期的毛泽东就与众不同,他对读书有一套非常实用的方法。青年时期,他来到长沙求学,广泛涉猎了近代西方自然科学与社会科学,他阅读了亚当·斯密的《原富》(严复译),阅读了达尔文的《物种起源》②,孟德斯鸠的《法意》、卢梭的《民约论》,以及一些西方的历史、地理书籍,包括一些古希腊的文艺作品。在领导中国革命的繁忙时期,他也非常重视学习,尤其是对哲学及马克思主义基本理论的学习。但由于他是革命领袖,他不得不把更多的时间和精力用在了领导革命斗争及解放事业中去,没有时间系统地专门地学习马列主义的经典著作和相关文献,因此,在红军到达延安后,毛泽东利用一切时间努力学习马克思主义理论,弥补自己理论上的缺陷。毛泽东在仔细研

---

① 张贻玖:《毛泽东读书史》,中国友谊出版公司 1992 年版,第 14 页。
② 《物种起源》是英国生物学家达尔文系统阐述生物进化理论基础的生物学著作。全名《论依据自然选择即在生存斗争中保存优良族的物种起源》(On the Origin of Species by Means of Natural Selection, or the Preservation of Favoured Races in the Struggle for Life)。1859 年 11 月 24 日在伦敦出版。

读马克思主义哲学经典的同时,号召全党全军共同学习和掌握马列主义的基本精神和相关原理,有效地提升了党员干部的马克思主义理论素养,推动了马克思主义哲学中国化的发展。

3. 二人都特别注重理论联系实际的学习方法

毛泽东与艾思奇既是理论家、又是实践家,二人都非常重视理论对实践的指导。艾思奇认为,马克思主义哲学的生命之源在于理论联系实际,他特别反对"把理论和实际当作分离两个东西去理解",他始终坚持应该把理论和实践两者统一起来理解。他指出,缺少理论指导的实践是盲目的、脱离实践检验的理论是空洞的,"理论指导实践的作用就在于它可以帮助我们避免行动中的盲目性和发挥自觉的能动性"。① 这就是理论的优势和作用。延安整风期间,艾思奇在《怎样改造了我们的学习》一文中讲道,"我们的理论必须是'与实际密切联系着的理论','是从实际中抽出来,又在实际中得到证明'的理论。"② 指明了理论要避免空洞就必须紧密联系实际,理论与实际的正确的联系,就在于理论能够正确解决实际斗争中存在的问题。为了进一步说明理论联系实际的重要性,艾思奇认真研究、总结了中国革命和社会主义改造与建设中的经验和教训,提出许多重要观点:如关于社会主义社会基本矛盾辩证关系问题;关于生产力发展规律问题;关于社会主义发展的曲折性问题等。除了在理论研究上强调理论联系实际的重要性外,在实践工作学习中,艾思奇也是身体力行地贯彻了理论联系实际,如,艾思奇在上海时期举办了夜校活动,延安时期参加了学习竞赛以及积极投入整风运动,北京时期参加了土改团的学习工作等。

1930年,在《反对本本主义》一文中,毛泽东指出,教条主义在本质上是反马克思主义,他严厉批判了教条主义。他指出:"有书本知识的人向实际方面发展,然后才可以不停止在书本上,才可以不犯教条主义的错误。有工作经验

---

① 《艾思奇全书》第6卷,人民出版社2006年版,第759页。
② 《艾思奇全书》第3卷,人民出版社2006年版,第355页。

的人，要向理论方面学习，要认真读书，然后才可以使经验带上条理性、综合性，上升成为理论，然后才可以不把局部经验误认为即是普遍真理，才可不犯经验主义的错误"。① 在这里，毛泽东指出了知识分子重视实践才能避免教条主义的错误，实践经验只有上升到理论才能避免经验主义的错误。为此，毛泽东多次号召党员干部，要树立科学的马克思主义态度，即从马克思主义理论中寻找解决中国革命理论和策略问题的立场和方法，他把这种态度称之为有的放矢的态度。这里的"矢"就是马克思列宁主义，"的"就是中国革命，中国共产党人的历史使命就是用马克思主义之"矢"，射向中国革命这个"的"。在毛泽东看来，要认识和利用客观规律就必须深入社会亲自去实践，而且他还认为实践在人的认识发展过程中是比理论更为重要的东西。"然而马克思主义看重理论，正是，也仅仅是，因为它能够指导行动。如果有了正确的理论，只是把它空谈一阵，束之高阁，并不实行，那末，这种理论再好也是没有意义的"。② 正是这个原因，毛泽东特别反对本本主义，指出教条主义害死人，强调了马克思主义的"本本"只有与中国的具体实践相结合，回应和解答中国革命和建设中存在的问题，才能显示出强大的生命力。

二、艾思奇对毛泽东马克思主义哲学中国化的影响

应中国革命形势的召唤，艾思奇到达延安，义无反顾地投入到革命实践的洪流中，积极开展理论研究与宣传工作。这一时期，艾思奇实现了从马克思主义哲学通俗化与大众化向中国化与现实化的转变，为毛泽东思想的形成作出了积极贡献。

（一）加速和催化了毛泽东马克思主义哲学中国化形成和发展

当然这得益于艾思奇自身良好的哲学修养和悟性，同时也得益于延安当

---

① 《毛泽东选集》第 3 卷，人民出版社 1991 年版，第 818—819 页。
② 《毛泽东选集》第 1 卷，人民出版社 1991 年版，第 292 页。

时富有朝气的研究氛围和倡导学习哲学的风气,得益于与毛泽东就哲学问题进行的深入交流。可以说,艾思奇在延安初期与毛泽东在哲学上交往甚密,彼此影响很深,加上他们在教育背景、思想观念及哲学理论上的一些共同认识,因此,艾思奇成为国内第一个提出马克思主义哲学"中国化"的学者并非纯属偶然,而是有着必然的因素。

为声援抗日救亡革命斗争,艾思奇在《哲学的现状与任务》(1938 年)一文中,率先提出并倡导马克思主义哲学中国化、现实化,这是马克思主义哲学由通俗化、大众化走向更高层次的中国化、现实化的必然,与毛泽东马克思主义中国化思想不谋而合。在《哲学的现状与任务》一文中,艾思奇提出三个基本观点:一是马克思主义哲学中国化,是其通俗化的继续与深化,二者并不矛盾;二是马克思主义哲学的中国化不是书斋课堂里的运动,不是滥用公式的运动,是对哲学有兴趣的都应努力完成的运动;三是对马克思主义哲学、对辩证唯物主义的研究是马克思主义中国化的核心问题。受艾思奇的影响和启发,毛泽东在六届六中全会上结合自己多年的理论与实践经验,较为系统、全面地论述了马克思主义中国化。在毛泽东这一思想理论的指引下,艾思奇全身心投入马克思主义哲学中国化这场运动中去,他兢兢业业,笔耕不辍,为推动和发展马克思主义哲学中国化作出了重要的贡献。

(二) 研究和诠释、宣传了毛泽东马克思主义哲学中国化成果

从 20 世纪 30 年代末起,毛泽东先后创作了《中国革命战争的战略问题》《论持久战》等经典著作,实现了军事思想与哲学思想的完美融合。最能体现毛泽东马克思主义哲学中国化的当属《矛盾论》《实践论》。毛泽东非常重视"两论"的创作,他在"两论"初步创作成稿后,广泛征集各方意见,在哲学六人小组讨论研究了"两论"的具体内容,强化了宣传和研究最新哲学成果意义,艾思奇作为其中主要成员,对"两论"进行了广泛深入的研究与宣传。为了进

一步加快和推进马克思主义中国化运动,艾思奇于1940年2月发表了《论中国的特殊性》一文,此文的发表体现了艾思奇对马克思主义中国化的认识又有了进一步的深化。他指出马克思主义中国化的问题关键不在于从名词上来争执什么叫作"化",什么不是"化"的问题,而是在于正确地研究和把握中国社会的客观现实,并相应地做出正确的目标任务及战略决策。在这里,艾思奇把马克思主义哲学中国化,置于中国革命的现实大环境下、置于整个马克思主义中国化来考虑,科学定位了马克思主义哲学中国化。艾思奇的论证与努力为毛泽东马克思主义哲学中国化作了有益的补充,贡献了自己的力量。

1938年4月,艾思奇从国内抗日战争的大形势出发,著文主张"哲学要进行一场中国化、现实化的运动"。同年9月,毛泽东在六届六中全会上提出了"使马克思主义在中国具体化"的命题。富有哲学家的敏锐和洞察力的艾思奇,立即意识到这一问题的现实意义。于是,在随后的革命工作中,无论是在他的课堂教学中,还是他的哲学论著中;无论是讲哲学问题还是讲文化问题;无论是在他的理论评介还是时评杂文中,他都会利用一切有利时机宣传和阐发毛泽东的这一重要观点。从延安时期他所写的著作来看,基本上都贯穿着这一思想主题。

此外,艾思奇利用一切可能的时机,认真领会并阐释了毛泽东思想,认真学习了毛泽东《改造我们的学习》一文的基本精神,他在《"有的放矢"及其他》等文中,对毛泽东这一观点进行了更深入的阐释和解说,也从哲学层面批判了主观主义、教条主义与形式主义的错误。1942年10月,艾思奇在延安中央研究院的学习总结报告中,详细地阐述了在整风运动中如何来"改造我们的学习",如何树立正确的学习态度,如何才能走上马列主义正确的学习道路,及理论为什么是行动的指南等问题进行了总结和概括。由此可见,艾思奇对毛泽东的"实事求是""有的放矢"等思想的阐发和论述是非常细致深刻的,这些朴素的论述蕴含了丰富而又深刻的哲学思想,为推动延安整风运动及宣传毛泽东马克思主义中国化作出了积极而有益的贡献。

（三）启发和影响了毛泽东《实践论》《矛盾论》的创作

艾思奇对《实践论》的贡献与影响主要是通过毛泽东阅读《大众哲学》后吸收与借鉴的。尤其是在认识论这一方面艾思奇的论述非常具有特色，给了毛泽东很大的启发。艾思奇的《大众哲学》对认识论的阐述主要是四个方面：一是论述了感性认识与理性认识的辩证关系；二是阐释了实践在认识中的基础地位；三是精辟地阐述了认识的发展过程；四是在结构上新颖独特。《大众哲学》对认识论的阐释，深刻地影响和启发了毛泽东，一定程度上，促成了毛泽东《实践论》的形成。当然，毛泽东在一些理论的论证上既源于艾思奇，但又高于艾思奇，比如，在对认识总规律的概括和总结上毛泽东的理论阐释就比艾思奇精深得多。

艾思奇对《矛盾论》的贡献及影响同样具有积极作用，但在方法方式上与对《实践论》的贡献有所不同。艾思奇到达延安后，毛泽东组织"六人哲学小组"，主要内容之一就是对《实践论》与《矛盾论》中的哲学问题进行讨论研究及修订，毛泽东从中吸取了很多意见和建议，在后来修改"两论"时基本上把大家的意见都概括进去了，而作为在会上发言较多的艾思奇的一些观点，虽然没有被记录下来，但不可否认他的发言和其他同志的发言对毛泽东的《矛盾论》的修改和定稿有着重要的影响和作用。同时，因艾思奇等人深受苏联哲学的影响，曾经也把形式伦理学等同于形而上学加以全盘否定，他们把形式伦理学看作是与辩证法的矛盾观相对立的东西，这对毛泽东产生了影响，使得《矛盾论》初稿中有了"形式伦理学的同一律与辩证法的矛盾"的内容，从1939年艾思奇发表的《形式伦理学和辩证法》一文中，可以明显地看出他们在这一问题上受到的影响是十分明显的。解放后，在全国哲学座谈会上，创建本体论和知识论哲学体系的金岳霖先生，提出了形式逻辑不是形而上学的意见，引起了与会学者们的热烈讨论，并达成一致的共识。艾思奇也诚恳地接受并承认了自己过去观点的错误,这在学界传为一段佳话,"金岳霖为形式逻辑正名,坚持真理,艾思奇虚怀若谷的风格深为哲学界称道"。① 1952 年,《矛盾论》发表时,"形式伦理学的同一律与辩证法的矛盾"的内容被删除。

《实践论》与《矛盾论》是毛泽东对马克思主义哲学的伟大贡献,也是毛泽东马克思主义哲学中国化的重要标志,凝聚了以毛泽东为代表的众多马克思主义理论工作者的智慧。艾思奇不仅在毛泽东"两论"的写作过程中起到了推动和催化作用,而且在宣传与诠释"两论"上也作出了突出的贡献,这从艾思奇在延安时期的一些论著中可以得到不同程度的体现。解放后,《人民日报》公开发表了《实践论》《矛盾论》,掀起了全国学习毛泽东哲学思想的高潮。艾思奇适时地撰写了系列文章,系统地阐释了毛泽东"两论"的精神及核心要义;举办了多场报告会,系统宣讲了毛泽东的"两论",有力地帮助了人民群众学习和领会"两论"的精神实质。艾思奇的文章和报告内容非常丰富,可惜许多都未公开发表。有关资料表明,艾思奇对"两论"的宣传并非是简单的注解式的说明,而是在阐释"两论"的基本精神之上,对它加以转换和发挥。如,艾思奇在阐述《实践论》时,概括了"认识路线"这一提法。而在阐释毛泽东关于认识规律的思想时,他使用了"人类认识的总规律"这一经典表述,显然,这一提法相比毛泽东前面的提法而言更简明扼要。在宣讲《矛盾论》时,艾思奇特别指出,列宁虽然提出了对立统一规律是辩证法的实质和核心,但是他没有进行详细说明和发挥。而毛泽东在《矛盾论》中比较出色地完成了这一任务,把马克思主义哲学的唯物辩证法提升到更高的一个层次。艾思奇的这一总结概括,有力地说明了《矛盾论》的伟大意义及重要贡献。

---

① 艾思奇同志纪念文集编辑组编:《人民的哲学家——艾思奇纪念文集》,云南人民出版社 1997 年版,第 35 页。

三、毛泽东对艾思奇马克思主义哲学中国化的影响

（一）影响和指导了艾思奇的理论研究

延安时期，毛泽东曾经组织过三种类型的哲学学习研究活动：一是"六人哲学小组"①。这是毛泽东亲自组织的学习小组，当时延安哲学界的精英们都参加了小组学习，主要任务是讨论、研究马克思主义中国化、现实化问题。二是哲学座谈会。毛泽东参加并主持会议，参会人员范围较大，主要是一些高级干部和理论研究者，主要任务是讨论唯物辩证法的基本原则。三是学习小组。主要由各中央机关自行组织，参加人员多为各中央机关干部，主要任务是学习马列主义毛泽东思想。在毛泽东的倡导下，艾思奇担任了"新哲学会"的负责人，直接参加了以上三种类型的哲学学习活动，尤其是在与毛泽东的哲学交往中，艾思奇学到了很多的哲学思维与哲学智慧，极大地影响和提高了艾思奇的理论研究水平。

在抗日战争的关键时期，艾思奇到达延安，配合党组织积极开展理论研究，开展整风运动，切实解决党内存在教条主义与主观主义的错误。艾思奇撰写了大量文章。如，《反对主观主义》《论中国的特殊性》《不要误解"实事求是"》《哲学"研究提纲"》《抗战以来的几种重要哲学思想评述》《"有的放矢"及其他》等，批判了党内存在的教条主义和经验主义的错误，教育了党内一些受各种反（非）马克思主义错误思潮影响的党员干部。尤其是艾思奇的《反对主观主义》一文，撰写于整风运动前，充分体现了他的敏锐洞察力和前瞻性。通过延安整风运动实践，锻炼和提高了艾思奇的理论水平和认识问题的能力，使他很快成长为一名成熟的马克思主义理论家、哲学家。他在整风运动时期所发表的文章和宣讲的课程大都与毛泽东的哲学思想保持着高度的一致，为

---

① 六人哲学小组成员有：毛泽东、艾思奇、何思敬、杨超、和培元、陈伯达。参见卢国英：《智慧之路——一代哲人艾思奇》，人民出版社 2006 年版，第 241 页。

阐释、宣传和发扬毛泽东思想起到了积极的推动作用,也使得他成为"党的理论战线上的忠诚战士"。①

(二) 加速了艾思奇的哲学思想的成熟

对于毛泽东哲学思想,艾思奇给予了很高的评价,他指出,"毛主席的哲学是从革命斗争中概括出来的,有实际、有理论、深入浅出,是我们学习的榜样"。② 事实上,产生于革命斗争实践的毛泽东哲学思想,是全党集体智慧的结晶,艾思奇在其中也作出了一定的贡献。但相比较而言,毛泽东的哲学理论水平高于艾思奇,毛泽东对一些问题的认识比艾思奇更准确、更深刻,影响和指引了艾思奇的哲学理论研究。相较于艾思奇而言,毛泽东不但年长十多岁,而且作为中国共产党的最高领导人,一名马克思主义理论家,毛泽东具有比艾思奇更为丰富的革命斗争经验,特别是经过延安时期的系统学习和研究以及对中国革命斗争丰富实践经验的总结,极大地提升了毛泽东的哲学素养及马克思主义理论水平,使得毛泽东对一些理论与现实问题的认识更加深刻与成熟。随着党的七大的胜利召开,马克思主义基本原理与中国具体实际相结合,产生了第一次历史性飞越的理论成果——毛泽东思想,成为全党和全国人民的行动指南,指引着中国人民从胜利走向新的胜利。作为科学世界观和方法论的毛泽东哲学思想,贯穿于毛泽东思想的方方面面,从各个方面影响着艾思奇等一大批党的理论家,加速了艾思奇的哲学思想的成熟。

1.艾思奇吸收和借鉴了毛泽东的哲学观点

早在 1939 年,受毛泽东的《论持久战》《论新阶段》思想的启发,艾思奇就在《哲学研究提纲》一文中提出,要注意"总的量变过程中的部分质变"。③ 在

---

① 艾思奇逝世后,毛泽东审阅悼词时亲笔加了"党的理论战线上的忠诚战士"一语。
② 艾思奇文稿整理小组编:《一个哲学家的道路——回忆艾思奇同志》,云南人民出版社1981 年版,第 82 页。
③ 李君如:《艾思奇概括了毛泽东哲学思想的新贡献》,《探索与争鸣》1986 年第 3 期。

对《大众哲学》修订时，艾思奇直接引用了毛泽东提出的"没有调查，就没有发言权""有的放矢""无的放矢""从群众中来，到群众中去""甘当小学生""把马克思主义的普遍真理与中国革命的具体实践相结合"①"全部绝对真理乃是无数相对真理的总和"②等用语。他坦言，中国革命运动在毛泽东同志的领导下得到空前的发展，"中国的马克思主义理论知识也大大提高了，并且也因此使我们看见，辩证法唯物论的哲学，是如何在中国得到了新的发展"③。显然，从艾思奇对毛泽东哲学观点的引用和转述中可以看出，艾思奇深信毛泽东哲学思想代表着马克思主义哲学在中国的新发展。

2. 毛泽东的批注促使艾思奇的哲学思想走向成熟

著名作家周而复回忆，"毛主席视艾思奇为老友，常常见面交谈，讨论哲学上的问题"④，二人相处融洽，交谈甚欢。毛泽东曾摘录艾思奇的《哲学与生活》，字数多达3000字，并常常邀请艾思奇一起探讨哲学问题。艾思奇撰写的文章和著作，毛泽东大多都亲自读过并做了批注。在阅读《哲学与生活》时，毛泽东对书中阐述的"差别的东西不是矛盾"⑤产生质疑。毛泽东给艾思奇送去阅读的摘录稿，并附信说："其中有一个问题略有疑点（不是基本的不同），请你再考虑一下，详情当面告诉。"⑥在读艾思奇的《哲学选辑》时，毛泽东引用了李达的一句原话，即"辩证唯物论，从现实出发，在其发展上把捉现实，在现实当中发现某一现象的发生与死灭，所以是最彻底的唯物论"。⑦ 毛泽东在"现实"和"发展"两个词的下方各打了两道横杠，并批注道："辩证唯物论就是

---

① 《艾思奇全书》第4卷，人民出版社1991年版，第620、652、661、664页。
② 《大众哲学》，人民出版社2011年版，第120—121页。
③ 《艾思奇全书》第1卷，人民出版社1991年版，第609—610页。
④ 艾思奇同志纪念文集编辑组编：《人民的哲学家——艾思奇纪念文集》，云南人民出版社1997年版，第62页。
⑤ 《毛泽东哲学批注集》，中央文献出版社1988年版，第201页。
⑥ 《毛泽东哲学批注集》，中央文献出版社1988年版，第204页。
⑦ 《李达全集》第10卷，人民出版社2016年版，第10页。

这两语。"①在读艾思奇的《哲学选辑》时,毛泽东对选入的其中的《辩证法唯物论教程》做了批注,该文里西洛可夫等阐释了第二国际伯恩斯坦改良主义,毛泽东批注为:"最重要方面是能动性。提高中国人民的能动性、热情,鼓吹变革现时的中国是可能的。"②在学习研究艾思奇的《研究提纲》时,毛泽东提出了较多意见,并对提纲做了不少注解,其中大多是补充与修正。当然,毛泽东所做的批注与修正,纯属对哲学问题的研究与讨论,实际上并不涉及个人关系。可见,延安时期的毛泽东对艾思奇的哲学研究与影响是非常深远的,可以说对艾思奇的后半生的理论研究起到了根本性的导向作用。

---

① 《毛泽东哲学批注集》,中央文献出版社 1988 年版,第 307 页。
② 《毛泽东哲学批注集》,中央文献出版社 1988 年版,第 311 页。

第四章　李达、艾思奇马克思主义哲学
中国化实现路径及特点之比较

李达与艾思奇的一生，为研究和传播马克思主义作出了突出的贡献。他们以实事求是、求真务实、科学客观的治学态度与精神开辟了马克思主义哲学中国化的道路，他们以谦虚谨慎、坚持不懈、不畏险阻的信念为推进马克思主义哲学中国化、本土化作出了杰出的贡献。基于此，我们将在归纳、总结李达、艾思奇马克思主义哲学中国化实现路径的基础上，分析和比较二人推进马克思主义哲学中国化过程中所体现的主要特点和风格，为新时代进一步推进马克思主义哲学中国化提供有益的借鉴和参考。

第一节　李达、艾思奇马克思主义哲学
中国化实现路径之比较

一般来讲，马克思主义哲学中国化能否有效实现，需要从三个层面进行努力：一是理论文本的中国化。即文本研究者、解读者是否能深刻领会文本的根本要义与基本精神，能否在译著过程中体现"理论满足这个国家的需要的程度"。二是组织路径的有序性。从一定意义上来讲，中国化的过程是一种自上而下，由精英到大众的一个政治灌输与思想引导的过程，在这一过程中，组

织力量与学术影响发挥着主导作用,这两种力量形成合力是保障马克思主义哲学中国化顺利推进的前提。三是传播路径的有效性。即马克思主义哲学能否有效实现中国化,需要通过多种类、多渠道、多层次的传播。李达、艾思奇以文本路径为前提、组织路径为保障、传播路径为方法,在推进马克思主义哲学中国化的进程中,做了大量的努力,取得了相当的成就。

一、李达、艾思奇马克思主义哲学中国化的文本路径

在理论认识转化为实践活动的过程中,文本研究与理论转化贯穿始终。一方面对研究者自身而言,研究什么内容? 怎样研究是前提;另一方面对读者而言,如何转述研究内容? 采用什么方法是关键。在文本研究与语言转化的过程中,研究者应根据受众对象确立自己的研究内容与叙述方法。在这一方面,李达、艾思奇率先垂范作出了表率。一方面,他们从"质"与"量"两个方面入手,狠下功夫钻研马克思主义经典原著和文本,"质"的定性即通过文本的分析和研究,理清楚马克思主义学说的本质是什么? "量"的把握即对马克思主义文本研究范围的深化程度;另一方面在文本著述、翻译和转化过程中二人特别关注读者的接受能力,率先采用中国化、大众化的语言形式传播马克思主义真理,为马克思主义在中国的生根、发展奠定了坚实基础。

(一)深入研读文本,坚定马克思主义理想信仰

马克思主义研究的前提在于对"什么是马克思主义?"的理解,虽然这一问题蕴含在博大精深的马克思主义创始人的经典论著中,但对于这一问题的理解仍然会受到理解者个人主观认识的影响。因此,要真正理解和学习马克思主义,必须深入地学习研究马克思主义文本。

1909 年,19 岁的李达考取了北京公费的京师优级师范,求学期间,他亲眼目睹了中国社会的积贫积弱,从此就萌发了"教育救国"的理想。辛亥革命失败后,李达又受到孙中山"大办实业,以利国富民强"思想的影响,决定改学理

工,旨在"实业救国"。心怀"实业救国"理想的李达,先后两次东渡日本学习,主攻理科,刻苦攻读英文、德文、日文,学习西方以图通过"大办实业"达到"救国"之目的。李达的这一理想因国内北洋政府的腐败无能而再度破灭,使得他陷入了极大的痛苦与迷茫之中,他"就象在漫漫长夜里摸索道路的行人一样,眼前是黑暗的,内心是极端苦闷的"①。1917 年,俄国十月革命爆发,诞生了世界上第一个社会主义国家,这对于苦苦摸索救国出路的李达而言,无异于朦胧中发现了祖国未来的发展方向,他"对于这样一个国家感到无限的喜悦,就留心看报纸上这一方面消息,才知道所谓'过激派'和'过激主义'就是布尔什维克和布尔什维主义,而布尔什维主义就是列宁主义,列宁主义又是马克思主义,这才知道马克思主义、列宁主义的名称"。② 从此,李达开始从日本的各种报纸杂志中搜集有关马克思主义的报道与论述,开始初步学习、研究马克思主义学说。1918 年夏季,李达第三次留学日本进行学习,此时,他改变了"实业救国"理想,放弃理工科,跟随日本著名的马克思主义学者河上肇,专门学习马克思主义理论。在一年多的时间里,李达深入地钻研了唯物史观、剩余价值学说等马列主义思想。此时的李达虽然对马克思主义的理解还不够深刻,但已成长为坚定的马克思主义信仰者和宣传者。

艾思奇比李达小 20 岁。1925 年,艾思奇考入云南省立一中。在此期间,他曾担任图书管理员之职,当时,国内对马克思主义的传播已经比较普及,艾思奇等一批进步青年经常可以借阅到一些马列主义著作,如陈望道翻译的《共产党宣言》《共产主义 ABC》等。与此同时还可以看到李大钊的《新青年》等进步刊物。艾思奇通过阅读这些革命书刊和报纸,思想认识逐渐发生了转变。1927 年,在父亲"工业救国"的主张下,艾思奇东渡日本学习工科。当时的日本各种思潮汇集,艾思奇在这里有机会大量浏览、阅读马列主义著作。1928 年,艾思奇由日本回国,秘密运回了大量的马列主义著作,如《共产党宣

---

① 《李达文集》第 4 卷,人民出版社 1988 年版,第 732 页。
② 《李达文集》第 4 卷,人民出版社 1988 年版,第 534 页。

言》《反杜林论》《费尔巴哈论》《唯物论与经验批判论》《论列宁主义基础》等。为学习这些著作,他不但努力学习日文,还自修德文。在此期间,艾思奇在《云南民众日报》上发表了大量的反帝反封建的杂文、译文和评介类文章。1929 年,艾思奇再渡赴日本留学,考取了福冈高等专业学校冶金专业,19 岁的艾思奇通过对马列主义著作和共产主义学说的学习和研究,已经对马克思主义哲学的辩证唯物主义和历史唯物主义有了比较系统和完整的了解,进一步加强和巩固了他对马列主义的信仰,基本上确立了共产主义的世界观和人生观。

由此可见,相似的留学经历和对马克思主义学说的热切渴望,促使李达、艾思奇对马列主义经典著作进行深入研究,同时,扎实的日文和德文基础也为二人开展马克思主义学习与研究提供了方便,使得李达和艾思奇不同于国内的许多进步青年只能通过他人的译文来学习马列主义著作,他们二人对马列主义著作的学习和钻研更加贴近原著本身,更加科学客观。相较于艾思奇,李达在研究过程中更加注重文本研究的整体性和学术性,这在他后来的学术研究中逐步体现出来。

(二) 广泛著书立说,积极推进马克思主义理论宣传

1. 开展译书论战,捍卫、宣传了马克思主义

1919 年,五四运动爆发后,第三次留学日本的李达受到了极大的鼓舞。6月,经过思考和研究学习,他分别撰写了《什么叫社会主义》《社会主义的目的》等文章,通过邮寄的方式寄回到国内,在上海的《民国日报》"觉悟"副刊上发表。不久,李达还发表了《战前欧洲社会党运动的情况》等 9 篇短文,介绍了欧洲各国社会主义政党的情况,初步萌发了建党的思想和理念。李达说道:"今日世界里面的国家,若是没有把'新思想'来建设改造了'新国家',恐怕不能够立足在二十世纪!"①1920 年 8 月,30 岁的李达完成了第三次日本留学,

---

① 《李达文集》第 1 卷,人民出版社 1980 年版,第 8 页。

回国参加创建中国共产党,带回了他在日本留学期间翻译的考茨基的《马克思经济学》、高畠素的《社会问题总览》及郭泰的《唯物史观解说》,并在筹建中国共产党过程中相继出版和发行,系统地介绍了马克思主义哲学、政治经济学和科学社会主义,为马克思主义在国内的传播,使更多的仁人志士了解和认同马克思主义发挥了重要作用。中国共产党成立后,李达主持创办了人民出版社,担任主编,主持出版了《共产党宣传》《国家与革命》等15种书籍。

1920年底,李达撰写并发表了一系列论文,比如,《张东荪现形记》《社会革命的商榷》《讨论社会主义并质梁任公》等文章,对梁启超、张东荪所持的改良社会主义和发展资本主义的"救国"思想进行了系统的清算和批判。李达的文章思想深刻,一针见血指出改良社会主义和发展资本主义的"救国"思想在中国是行不通的,逐渐使得他成为"救国"思想论战的主将。之后,李达还对无政府主义思潮进行了猛烈的回击。1921年5月,李达发表了《无政府主义之解剖》,批判了无政府主义实质上是"极端的个人主义"。同年6月,李达在《新青年》上发表了《马克思派社会主义》,阐述了无产阶级专政的基本原理。1922年的秋天,李达脱党后,他应毛泽东之邀出任湖南自修大学学长,开始心无旁骛地、全身心地投入到马克思主义理论研究与教学当中。1923年4月,毛泽东与李达创办了《新时代》月刊,李达担任主编,先后发表了一系列文章,如《何谓帝国主义》《为收回旅大运动敬告国人》《马克思主义学说与中国》等。这些文章用马克思主义理论阐明反帝、反封建的民主革命纲领,有很强的理论性和针对性。1923年底至1927年间,李达在联系中国社会现实的基础上开始集中研究唯物史观,完成了《现代社会学》一书。该书结合当时中国社会与革命的实际全面系统阐述了唯物史观,是当时宣传唯物史观著作的最高水平。为此,1928年反动当局对李达进行通缉,罪名是:"著名共首,曾充大学教授,著有《现代社会学》,宣传赤化甚力。"[1]1928年到1932年间,李达

---

[1] 汪信砚:《范式的追寻:作为范式的马克思主义哲学中国化研究》,人民出版社2014年版,第167页。

在上海以惊人的精力翻译和著述了系列马克思主义著作。他根据中国革命实践对方法论的需求,集中宣传研究了马克思主义唯物辩证法。其中有德国塔尔海玛的《现代世界观》(又名《辩证唯物论入门》)、日本河上肇的《马克思主义之哲学基础》、德国卢波尔的《理论与实践的社会科学根本问题》等。以上译著的发表,对当时中国传播和发展唯物辩证法产生了重大的影响,也为李达日后撰写《社会学大纲》奠定了坚实的基础。

1932 年初至 1937 年 8 月,留学归来的艾思奇一直生活、战斗在上海。这一阶段,艾思奇开始走上革命道路,也是他传播马克思主义崭露头角的重要时期。从 1933 年开始,艾思奇在《中华日报》上发表了《现象·本质》等 4 篇短文,初步阐述了自己对现象与本质、自由与必然的认识。同年 6 月,艾思奇在《正路》创刊号上发表了第一篇完整的哲学论文,题目为《抽象作用与辩证法》(上、下篇),文章比较和分析了中国哲学史和西欧哲学史的异同,对概念的内在矛盾问题进行了分析,阐释了抽象的主要作用,论证了唯物辩证法的科学性及正确性。文章最后,艾思奇用马克思主义的科学方法作了结语,有力地宣传了马克思主义哲学的真理性。《抽象作用与辩证法》一文的发表,引起了理论界的高度重视,艾思奇被正式吸纳成为党直接领导的"社联"成员。在进入"社联"前后,艾思奇连续发表了很多文章,如发表在《中华日报》上的《现代自然科学的危机》《内战的阴影》《从"洋八股说起"》以及《中国戏剧与武生》等,揭露和抨击了当时中国社会的现实和统治阶级的腐败。同年 7 月,艾思奇在《正路》上发表了《捍卫进化论》,这篇文章以他丰富的哲学知识和扎实的自然科学功底捍卫了马克思主义进化论,初步显露了艾思奇理论上的战斗才能。随后,艾思奇连续在《中华月报》上发表了几篇批判论战性文章,分别是《直观主义与理知主义》《理知与直观的矛盾》《二十二年来之中国哲学思潮》等。这些论战性文章,是用马克思主义唯物论和辩证法作为方法论,不但对西方非马克思主义哲学思进行了批判和驳斥,而且也对中国几千年来的中庸观念也进行了深刻的剖析,这在中国哲学史上也是史无前例的,凸显了年仅 24 岁的艾思奇扎实的哲学功底和天才的哲学思维。

由此可见,由于李达与艾思奇在日本留学期间,有机会系统地学习、研究马克思主义,特别是马克思主义哲学,加之二人都熟练地掌握了德文、日文、英文,使得二人对马克思主义的阐述和认识也最为准确和深刻,也使得他们二人最终都成长为当时中国传播马克思主义和推进马克思主义哲学中国化的领军人物。

2.广泛著书立说,阐释、宣传了马克思主义

1932 年,李达到达北平任国立北京大学教授,联系了一批马克思主义学者和进步学者,广泛进行爱国主义宣传和马克思主义教育,李达因此被称为"红色教授"。北平期间,李达研究成果丰硕,理论创作达到鼎盛。1935 年,李达撰写的 47 万余字的《社会学大纲》出版。《社会学大纲》规模宏大、结构完整,堪称李达一生最具代表性的作品,是李达对马克思主义哲学在中国传播的总结性著作,就其写作的全面性、完整性和深刻性来讲,在当时中国理论界无人可以与之比肩。著名史学家侯外庐认为:"抗战前,在北平敢于宣讲马克思主义学说的学者,党内外都有,大家都是很冒风险的。但是,就达到的水平和系统性言之,无一人出李达之右。""我自得识李达同志,仅半年交往,便宜终生师事。"①《社会学大纲》这部力作,是李达从中国革命实践的需要出发,运用马克思主义基本原理特别是哲学理论,系统地阐述辩证唯物主义和历史唯物主义,比起在当时已经出版和翻译的苏联、日本著作而言,《社会学大纲》体系的完整性、理论的深刻性都已大大超越了前者,这不能不说是中国马克思主义哲学史上的一次伟大创新,它的发表不但对中国马克思主义哲学发展史具有重要的意义,对后来毛泽东哲学思想的形成起到了重要借鉴意义。

新中国成立后,李达先后任湖南大学和武汉大学校长,也迎来了他学术创作的又一个鼎盛期。此时,已步入晚年的李达撰写了大量的著作,其中,对

---

① 侯外庐:《韧的追求》,三联书店 1985 年版,第 36 页。

毛泽东"两论"的解说成为他的代表作。此后,他还在毛泽东的建议下主持编写了《唯物辩证法大纲》,为新中国推进和宣传马克思主义哲学作出了积极的贡献。

由于坚定的无产阶级信念和出色的理论工作才能,艾思奇逐渐成为党的马克思主义理论工作者和传播者,哲学战线上的一名尖兵战士。1935 年 10 月,经周扬、周立波介绍,他正式加入中国共产党,入党后的艾思奇在工作上投入了极大的热情,研究成果越来越多。从 1936 年开始,艾思奇连续出版了《新哲学论集》《实践与理论》《论中国特殊性及其他》《大众哲学》《思想方法论》《民族解放与哲学》以及《如何研究哲学》等著作及文章。此后,艾思奇还与郑易里合译出版了《新哲学大纲》。1937 年,艾思奇出版了《现代哲学读本》与《哲学与生活》等。这一阶段艾思奇产出的著作和文章非常丰富,是他哲学创作的一个高峰时期。其中,《大众哲学》的发表获得了巨大的成功,成为艾思奇一生的代表作品。《大众哲学》的成功主要在于它第一次把哲学从高高的神坛上拉了下来,用生动通俗的语言将哲学与生活紧密结合起来,它不但开辟了马克思主义哲学大众化的道路,更重要的是启蒙了大批青年走上了革命道路。原中共中央政治局常委宋平回忆说:"我最早接触艾思奇同志的著作,是 60 年前开始走上革命道路的时候。当时,读了艾思奇的《大众哲学》。这本书将深刻的哲理寓于生动的事例之中。通俗易懂,使我从中受到了马克思主义哲学的启蒙教育。"[1]将军莫文骅回忆自己在延安时期的学习,说道:"听了哲学课又通过阅读艾思奇同志的《大众哲学》,使我们有一种别有洞天之感,好似在思想深处点亮了一盏灯。"[2]法国神学家、哲学家皮埃尔在《中国哲学 50 年》(1898—1948)一书中,指出:"艾思奇是一位杰出的'哲学通俗化家'、中

---

[1]　宋平:《在艾思奇哲学思想研讨会上的讲话》,见艾思奇同志纪念文集编辑组编:《人民的哲学家——艾思奇纪念文集》,云南人民出版社 1997 年版,第 1 页。

[2]　莫文骅:《哲学大众化的尖兵》,见艾思奇同志纪念文集编辑组编:《人民的哲学家——艾思奇纪念文集》,云南人民出版社 1997 年版,第 5 页。

国共产党的'官方知识分子';'在他的著作中最受欢迎的无疑地是《大众哲学》这一通俗化著作'"。① 韩树英教授认为《大众哲学》"这本书当时对求知若渴的青年的思想解放和理论启蒙作用,一似围困于广袤无垠的沙漠之中突然遇到清冽无比的甘泉,那种茅塞顿开、醍醐灌顶似地接触到真理的喜悦,不是亲身经历过的人是很难想像的。"②肖前教授指出,"我自己正是在这本书的启迪下,才引起对哲学的爱好,并开始学习马克思主义哲学的。艾思奇同志是我终生难忘的启蒙老师"。③

《大众哲学》的巨大成功是哲学大众化开拓性尝试的成功,是时代的需要,充分显示了马克思主义真理性,是马克思主义与中国革命实际结合的典范,并使马克思主义不断的中国化、大众化、时代化。《大众哲学》的成功进一步鼓舞了艾思奇的创作热情,在此后的岁月中,他一如既往地把研究宣传马克思主义,把致力于马克思主义哲学大众化放在第一位,试图用马克思主义的方法论来解决中国的实际问题。后来,他出版的《哲学与生活》一书,就是针对当时读者提出的许多现实问题进行解答,把哲学生活化、生活哲学化,并受到了毛泽东的称许。

到达延安后,由于受延安特殊的政治环境和毛泽东的影响,艾思奇的理论研究发生了一定的转向,开始转向研究和宣传毛泽东思想。在这期间,他曾任《解放日报》主编,发表了大量的作品,特别是在延安整风运动期间他汇集和出版了《"有的放矢"及其他》,写作了哲学《研究提纲》等大量文章及著作。北京时期,艾思奇继续坚持以宣传毛泽东思想,推进马克思主义中国化、大众化为目标,结集出版了《历史唯物论、社会发展史》一书,并为《学习》杂志社撰写了大量的论文。同时,编写了新中国成立后第一本高等院校马克思主义哲

---

① 《智慧之路——一代哲人艾思奇》,人民出版社2006年版,第115页。
② 韩树英:《哲学要大众,走向实践》,见艾思奇同志纪念文集编辑组编:《人民的哲学家——艾思奇纪念文集》,云南人民出版社1997年版,第83页。
③ 艾思奇文稿整理小组编:《一个哲学家的道路:回忆艾思奇同志》,云南人民出版社1985年版,第154页。

学教科书。总的来看,艾思奇的一生为我们留下了700多万字的作品,在理论战线上,他以开拓创新的勇气和精神为我们留下了宝贵的精神武器,为宣传毛泽东思想,推进马克思主义哲学中国化作出了突出贡献。

李达、艾思奇的代表作《社会学大纲》与《大众哲学》均发表于20世纪30年代,发表时间前后相差无几,可以说,他们开辟了马克思主义哲学中国化的文本路径。从时代背景上来看,两部代表作品的发表是时代的需要;从个体条件上看,是李达、艾思奇长期以来对马克思主义文本进行深入研究的必然结果。值得肯定的是,他们对马克思主义哲学中国化的文本路径都有着清晰规划,他们推进马克思主义哲学中国化的文本路径虽有差异,但他们的逻辑起点都是从文本研究开始,通过不同的研究特点和推进路径最终落脚在大众化的传播上。

二、李达、艾思奇马克思主义哲学中国化的组织路径

李达、艾思奇作为马克思主义哲学中国化的先行者,他们不仅刻苦钻研马克思主义经典著作,而且积极翻译和介绍他人的马克思主义著作,并且结合中国实际创作了大量的马克思主义作品。在这个过程中,他们借助组织的力量自上而下、自我实践地"把社会主义思想和政治自觉性灌输到无产阶级群众中去"①。同时,他们依托组织的支持发动广大知识分子积极参与研究宣传工作,实现由精英到大众的马克思主义理论成果的转化和普及。

(一) 由上至下积极向人民群众宣传马克思主义理论

马克思主义在中国的普及和发展是在自上而下的有序组织中实现的,是在马克思主义理论工作者的宣传和灌输中实现的。马克思、恩格斯早年就注重马克思主义理论教育的灌输与宣传,1880年,恩格斯在《社会主义从空想到

---

① 《列宁选集》第1卷,人民出版社1995年版,第285页。

科学的发展》中指出:"真正的理性和正义至今还没有统治世界,这只是因为它们没有被人们正确地认识。"①但关于如何在实践中开展这种宣传教育,马克思恩格斯并未明确指出。列宁在俄国社会主义革命的过程中,对如何开展马克思主义宣传教育进行了深入的思考和系统的阐述。列宁认识到,要使工人在社会主义革命中真正发挥主体作用,必须使更多的工人群众掌握科学的理论武器,必须要求我们马克思主义理论家从外部灌输给工人阶级科学的理论和认识。1902 年,列宁在《怎么办》一文中明确指出:"工人本来也不可能有社会民主主义的意识,这种意识只能从外面灌输进去,各国的历史都证明:工人阶级单靠自己本身的力量,只能形成工联主义的意识",②在这里,列宁不仅指出了工人自身的先天缺陷,同时指出了对工人阶级进行理论"灌输"的重要意义。在这基础上,列宁还为如何真正实现"灌输"提供了实践的方法:"应当到居民的一切阶级中去,应当派出自己的队伍分赴各个方面。"③

建党前后,李达高举科学社会主义思想,不断向广大工人阶级和人民群众进行宣传和灌输。李达依托《新青年》和中国共产党第一个党刊《共产党》月刊发表了系列介绍列宁建党学说和介绍俄国十月革命的文章,特别是在《共产党》月刊创办期间,李达一人担负着从写稿、编辑到发行的全部工作。《共产党》月刊发表的文章涉及党的建设和中国革命斗争的各个方面,对当时进步青年和学生产生了巨大的吸引力,其发行量一度达到 5000 份,这在当时传媒不发达的情况下是非常难得的。1921 年 9 月,作为中国共产党中央局宣传主任的李达,在上海创办了"人民出版社",任务是出版和宣传马克思主义著作。出版社创办后,从编辑、校对到发行均由李达一个人承担。经过一年的努力,先后出版了 15 种马克思主义书籍。在此期间,李达还专门研究了妇女问题,撰写了很多宣传妇女解放的文章。1922 年 5 月 1 日,为了配合张国焘倡

---

① 《马克思恩格斯文集》第 9 卷,人民出版社 2009 年版,第 21 页。
② 《列宁选集》第 1 卷,人民出版社 1995 年版,第 317 页。
③ 《列宁选集》第 1 卷,人民出版社 1995 年版,第 363 页。

导的鼓动工人运动,李达发表了《对于全国劳动大会的希望》一文。① 9 月,面对国内工人运动遭受迫害惨杀的事实,李达进一步发表了《劳动立法运动》(《民国日报》"觉悟"副刊),抨击劳动立法问题。中共二大召开后不久,由于和陈独秀在国共合作的方式上发生分歧,且与陈独秀的工作作风不合,李达脱离了他参与创建的中国共产党,退出具体的政治活动,专门从事马克思主义研究、宣传和著述。这一决定使外界对李达一生而言可谓毁誉参半,一方面体现了其在政治上有待于进一步成熟,李达说"这在我是平生所曾犯的最严重、最不能饶恕的大错误"。② 另一方面,脱党也为其专心致志地开展马克思主义研究提供了条件,可以说在李达一生中具有转折意义,也促使他最终成为卓越的马克思主义理论工作者。此后,应毛泽东邀请李达返回上海,后又辗转到湖南任湖南自修大学③校长,主持教务。湖南大学被封停④后一直到新中国成立前,在 20 多年时间里,李达到处讲学、颠沛流离,但仍然与党组织保持着密切的联系,而且曾受党组织委托做了大量的实际工作。在此期间李达更专注于理论研究、翻译,撰写了大量的马克思主义著作,其中最为著名的是《社会学大纲》。新中国成立后,回到党组织怀抱的李达开始了新的工作与生活。一方面,作为理论家,他积极向广大干部群众灌输宣传毛泽东思想和马克思主义理论;另一方面,作为教育家,他坚持理论与实践相结合,努力把湖南大学和武汉大学办成学术型的社会主义新型大学。晚年时期的李达,作为一名中国共产党员,他坚持党性,在原则面前不低头。作为一名理论家、教育家,他的学术成就、教育业绩赢得了广大群众的认可。

---

① 该文发表于《先驱》,1922 年五一纪念号,现收录于《李达文集》第一卷(上),人民出版社 1980 年版,第 140—142 页。

② 《李达全集》第 17 卷,人民出版社 2016 年版,第 399 页。

③ 1921 年 8 月,毛泽东与何叔衡、易礼容为了学习马列主义,训练革命骨干和进步知识分子,利用船山学社的社址和经费创办了湖南自修大学,它是中国共产党历史上第一所研究、传播马克思主义,培养革命干部的新型学校。后附设补习学校,创办校刊《新文化》月刊。

④ 1923 年 11 月,军阀湖南省省长赵恒惕以"所倡学说不正,有害治安"的罪名封停了湖南自修大学。

艾思奇到达上海时尚未加入中国共产党,由于他具有坚定的马克思主义信念和良好的哲学理论素养,艾思奇被党组织吸收加入"社联"(中国社会科学家联盟)①。在"社联"期间,年轻的艾思奇发表了多篇有分量的文章,坚持走马克思主义理论大众化道路,积极向广大群众进行灌输和宣传,并且对反马克思主义的错误思潮进行了彻底的批驳和批评,逐渐在马克思主义理论战线上崭露头角。1935 年 10 月,入党后的艾思奇正式成为党在理论战线上的一名战士,在党组织的有力支持和引导下,他的理论研究和宣传也步入了新阶段。自 1936 年开始,艾思奇结集出版了很多著作,如《新哲学论集》《实践与理论》《论中国特殊性及其它》《大众哲学》《思想方法论》等。其中,《大众哲学》成为艾思奇一生推进马克思主义哲学中国化、大众化进程中的里程碑。1937 年夏秋之季,艾思奇奉命到达延安,被分配到抗日军政大学担任主讲教员,主要向干部群众讲授马克思主义哲学课程,由于他讲课理论联系实际、风格新颖、清楚流畅,很快成为抗日军政大学知名度很高的教员。与此同时,艾思奇还兼职了一些延安的群众文化工作,业余时间还为《解放日报》等报刊撰写文章。1938 年 5 月,为了适应革命的需要,培养更多的理论人才,提高党员干部的队伍素质,延安成立了马列学院,艾思奇被调任到马列学院,担任哲学教研室主任一职。马列学院的学员,一般是从抗大、中央党校等校吸收而来,具有较高的文化理论水平,艾思奇不仅给学员讲课,还参加学员的讨论并做具体的辅导。1938 年 9 月,为了更好地向广大革命干部灌输马克思主义理论,使哲学成为广大群众手中的锐利武器,毛泽东提议成立"新哲学会",由艾思奇和何思敬负责筹建。新哲学会的成立对于马克思主义哲学的研究和传播起到了积极的作用。1943 年初,为了进一步加强党员干部的党性和群众性工作,艾思奇被党组织派任《解放日报》副刊部主任。为了办好副刊,艾思奇做了充分的调查研究。在一次调研会议上,艾思奇指出:"过去四版和群众联系

---

① 社联,即中国社会科学家联盟,主要宗旨是以革命的马克思主义为指导,从事革命理论的研究与宣传,在群众中普及马克思主义。

不够,反映的问题不够生动活泼。四版的方向是干部的文化、理论教育的场所。对于一些问题,可以登载有关争论的文章。在内容分配上,通俗读物、理论、文艺各占三分之一。"①在《解放日报》期间,艾思奇坚持一贯的工作作风,亲自回答群众所关心的问答稿件,从根本上克服了报刊脱离群众的现象,因而很受读者欢迎。

1945 年 8 月,抗战胜利前夕,毛泽东针对思想理论教育工作指出:"我们要在人民群众中间,广泛地进行宣传教育工作,使人民认识到中国的真实情况和动向,对于自己的力量具备信心。"②为了呼应毛泽东的号召,艾思奇采取多项措施加强对人民群众的宣传教育。1948 年,艾思奇调入马列学院(后中共中央党校)工作,直到 1966 年过世,始终没有离开哲学理论教员的岗位。期间,艾思奇开展了多场次、多层次的理论讲座,他的讲座内容从讲授社会发展史到唯物辩证法,再到西洋哲学史、辩证逻辑、毛泽东哲学思想等。他不但为高等院校培养了大量的理论教员,而且坚持撰写讲稿和文章,为推进新中国马克思主义理论教育和宣传作出了突出的贡献。

(二) 由精英到大众推动马克思主义理论的转化与普及

为使更多的进步青年和知识分子学习和掌握马克思主义理论,以李达、艾思奇为代表的马克思主义理论家积极致力于马克思主义的传播与发展,他们从学理层面深入研究马克思主义理论与中国国情,并通过向广大群众大力宣传与教育,从实践层面上推动了马克思主义理论成果在中国的转化与应用。

1921 年 10 月,陈独秀与李达在上海创办了平民女学,由李达任校长,这是中国共产党创办的第一所培养妇女干部的摇篮,学校共有学生 30 人,针对学生文化程度的不同分设为初等班和高等班,李达等人亲自为学员讲授马克思主义、政治时事和妇女切身问题。此外,李达还经常组织学生参观调查工厂

---

① 《解放日报》1943 年 3 月 1 日。
② 《毛泽东选集》第 4 卷,人民出版社 1991 年版,第 1131 页。

女工生活,鼓励学员撰写文章,向工人宣传党的主张,支持工人罢工运动,使上海平民女校成为一所培养新型妇女干部的摇篮。1922年秋,在毛泽东的邀请下,李达离开上海赴湖南任湖南自修大学学长。湖南自修大学在创立宣言中宣称:要打破贵族垄断学校的旧的教育制度,使自修大学"成为一种平民主义的大学"。湖南自修大学以研究马克思主义、探讨中国革命问题为中心组织教学。在此期间,借助湖南自修大学和《新时代》月刊,李达一方面向学员们讲授宣传马克思主义基本理论,另一方面发表了一系列的马克思主义理论文章,可以说,当时的湖南自修大学汇集了湖南最早的一批共产党员,为党培养了一大批革命干部,为中国革命理论的发展作出了突出贡献。1929年至1932年,李达在上海法政学院和暨南大学任教,主要讲授马克思主义哲学和政治经济学,他授课时总是联系中国革命实际问题,循循善诱、浅显易懂,因此受到广大学生的欢迎。1932年8月,李达应聘为国立北京大学法商学院教授,主讲马克思主义哲学、经济学、货币学和社会进化史。在北平的5年时间里,李达还担任了其他大学的教员,李达渊博的知识、深厚的造诣影响了一大批学生,促使他们走上了革命道路。

七七事变爆发后,李达开始了颠沛流离的生活,一直坚持写作,创办学校,并支持各类学生爱国运动。新中国成立后,李达主动请命任湖南大学校长。1951年,全国开展了轰轰烈烈的思想改造运动,李达成立了以他本人为首的政治课委员会,对湖南大学师生员工开展了广泛的马克思主义理论与思想政治教育。期间,李达主编了《社会发展史》一书,简明阐述了人类起源和社会发展的一般规律,并说明了知识分子改造思想的必要性。他讲道:"所谓思想改造,就是要用马列主义和毛泽东思想的武器武装起来,确立五大观点,打垮这思想上的三大敌人,做一个光荣的劳动知识分子。"①通过对马克思列宁主义毛泽东思想的理论学习和思想改造,湖南大学师生政治觉悟得到了普遍提

---

① 《李达全集》第16卷,人民出版社2016年版,第79页。

高,精神面貌焕然一新。1953 年,李达调任武汉大学校长,成为武汉大学校史上任期最长的一位校长,对武汉大学的发展产生了重要的影响。他认为,办好一所大学,必须以思想政治教育为基础,为此,李达组建了由他本人担任主任的马列主义教研室,创办了马列主义夜大,对广大教职工进行系统的马列主义理论教育,培养了一大批坚定的高校理论战线人才,为把武汉大学办成国内一流的大学奠定了扎实的基础。

为适应抗日战争形势的需要,中国共产党在延安时期采取了一系列措施和方法,吸引来自国内外的大批知识分子和爱国人士奔赴延安。1938 年,初到延安的艾思奇担任抗日军政大学教员,为奔赴延安的革命青年和知识分子讲授马克思主义哲学。由于抗日战争形势的发展,奔赴延安的志士青年越来越多,为此,中央决定再创办一所新学校,即"陕北公学"(简称"陕公"),艾思奇被派往"陕公"兼任哲学教员。毛泽东对陕北公学评价很高,他说:"陕公是代表着全中国的统一战线,是中国进步的一幅进步的缩图。"①"陕公"四年时间培训出一万多名干部。② 当时,由于条件的限制和战争形势的发展,绝大部分干部文化程度低,且只能以在职教育为主,边工作、边学习。在"抗大"和"陕公"任教期间,艾思奇从学员实际状况出发,讲课深入浅出、通俗易懂,深受学员们的欢迎。此后,艾思奇被调任马列学院兼任哲学教研室主任,后又兼任中央宣传部文化工作委员会秘书长。与此同时,中央专门抽调了一部分精通外语、理论水平较为扎实的学者,成立了马列学院编译室,并由毛泽东、艾思奇、范文澜等组织编辑马列著作论集,为广大干部群众提供经典学习材料。

为加快提高边区干部队伍素质和马克思主义理论水平,毛泽东曾多次指出:"每个根据地都要尽可能地开办大规模的干部学校,越大越多越好。"③一

---

① 《毛泽东文集》第 2 卷,人民出版社 1993 年版,第 104 页。

② 中共中央文献研究室编:《毛泽东传(1893—1949)》,中央文献出版社 1996 年版,第526 页。

③ 《毛泽东选集》第 2 卷,人民出版社 1991 年版,第 769 页。

时间各种学术团体和研究会如雨后春笋般在延安这片黄土地上发展起来,整个延安形成了学习马列主义的高潮,各项教育教学进入了有组织的轨道,培养了一大批马克思主义的理论骨干。为进一步广泛宣传党的纲领、方针和政策,中央开展了各种形式的思想政治教育活动,如组织民众参加重大节日庆典或纪念日集会,创作民族形式的文艺作品等。艾思奇在中央文委工作时,主持并参加了许多文化艺术界的活动,如 1939 年参加了清明节祭奠黄帝陵,1940 年 4 月 14 日参加了文化界召开的蔡元培追悼大会等。上述活动对普及宣传党的方针政策起到了很好的动员宣传作用。新中国成立后,为了在更大范围普及马克思主义理论教育,全国掀起了开展社会发展史学习运动,艾思奇在这场教育运动中担当了主要角色。除了编写授课提纲外,他在全国总工会学校、中央人民广播电台及各类机关部门系统讲授社会发展史。此后,在全国开展的思想改造运动中,他先后进入北京大学、清华大学等高校系统为学生讲授马克思主义哲学等课程,改造和影响了一大批唯心主义学者走上了唯物主义道路,为培养青年理论教员,普及宣传马克思主义作出了重要贡献。

由上可知,马克思主义自传入中国以来,从只被少数进步学者和精英人才所了解发展到成为全国广大工人群众手中的理论武器,这其中离不开李达、艾思奇等一大批马克思主义理论家不遗余力的努力,他们在党组织的领导下,大胆尝试、创新性通过各种实践方式普及和传播马克思主义理论,实现了马克思主义与中国大众的结合,使得马克思主义逐渐由精英向大众推动。

三、李达、艾思奇马克思主义哲学中国化的传播路径

在推进马克思主义哲学中国化的进程中有多种实现路径,通过比较研究,我们可以看到李达选择的是从"文本研究—建构体系—大众传播"的路径,即从理论建构出发寻找指导社会实践的路径。而艾思奇选择的是"文本研究—实际调研—大众传播",即从现实问题出发回到理论中去寻找答案。不同的实现路径,使他们在理论研究的侧重点和传播路径的选择上有所不同,两种不

同研究特点和传播方式,都为推进马克思主义哲学中国化作出了有益的探索和贡献。

(一) 利用报纸、杂志等大众媒介传播马克思主义

报纸、杂志作为 20 世纪初我国最普及的大众传媒,在宣传新思想、新文化上发挥了巨大的作用。作为 20 世纪初的马克思主义理论传播者,李达、艾思奇也曾广泛借助报纸、杂志的媒介力量有力地宣传和推动了马克思主义在中国的传播和发展。但由于报纸、杂志是借助文字进行传播的,要求读者必须有一定的文化基础,这在一定程度上限制了受众的范围。因此,李达、艾思奇马克思主义理论的传播,面对的主要受众是具有一定文化基础、思想进步的年轻人,而这些热血沸腾的年轻人最终都将成长为引领中国未来发展的主力军。

在李达一生的理论研究与宣传中,报纸、杂志发挥了举足轻重的作用。1919 年 6 月 16 日,《民国日报》创办了副刊《觉悟》报,由邵力子担任主编。当时的上海共产主义小组运动风起云涌,在中国共产党的影响下,《觉悟》报积极支持进步文化运动,揭露和批判反动军阀的黑暗统治,介绍俄国十月革命的胜利,宣传马克思主义,成为"五四"时期新文化主要阵地之一。6 月 18 日,李达依托《觉悟》报发表了一系列介绍社会主义的文章,向劳动者和工人灌输科学社会主义理论。中国共产党成立前后,他在《共产党》《新青年》等刊物上继续介绍马克思主义与俄国社会主义,为创建中国共产党进行广泛的宣传。此外,他还在《先驱》《妇女声》《妇女杂志》等报刊上用唯物史观研究宣传中国国情、产业问题及妇女问题等。1923 年,李达创办了《新时代》,并在发表了许多有影响的文章。1924—1935 年间,李达集中主要精力著书立说,减少了在报纸、杂志上发表文章的次数。1935 年到新中国成立前,李达转向研究经济学和法学,在《法学专刊》等报刊上发表了系列法学研究成果。新中国成立后,李达先后担任湖南大学和武汉大学校长,为改造"旧湖大"和"旧武大",调

动广大知识分子教学研究的积极性,李达身体力行地进行了一系列新的实践改革。先后在《人民湖大》《新湖南报》等报刊上发表了系列文章,号召广大教师干部以马克思主义理论为指导,从实际出发积极投入到科研和教学中去。1951年后,李达在《人民湖大》《人民日报》上发表了系列解说学习《实践论》的文章。1953年,李达调入武汉大学,先后在《新建设》《新武大》等报刊上发表了解说学习《矛盾论》的系列文章。1955年后,李达先后在《理论战线》《哲学研究》《武汉大学人文社科学报》《人民日报》《光明日报》《新武大》《长江日报》等报纸、杂志上发表了系列文章,宣传马克思主义辩证唯物主义与历史唯物主义。

与李达一样,报纸、杂志在艾思奇理论研究与宣传中也具有重要意义。1933年,从日本留学归来不久的艾思奇,在《中华日报》副刊上发表了《现象·本质》的署名文章,初步展现了其深厚的哲学功底。随后,艾思奇在《正路》创刊号上发表了第一篇比较完整的哲学论文《抽象作用与辩证法》,并在《中华月报》上发表了系列抨击腐朽文化与黑暗现实的文章,其中最为著名的是1933年底发表的《二十二年来之中国哲学思潮》。1934年,艾思奇为了向人民大众讲授科普知识的重要性,在《新语林》《太白》《读书生活》等杂志上发表了系列科普文章。文章写得很生动、很通俗,解答了现实生活中人们普遍关心的问题,向广大群众普及了科普知识。1935年,艾思奇针对叶青的反马克思主义论调写了一系列批判论战性文章,分别发表在《新中华》《读书生活》等杂志上,有力地抨击和批判了叶青的假马克思主义真面目。艾思奇在编辑《读书生活》杂志的过程中,写出的最有意义的,影响最大的文章就是《大众哲学》(原名《哲学讲话》)。

《读书生活》为半月刊,连载一年,共24期,1935年底汇集成册,由读书生活出版社出版。1937年,艾思奇《哲学与生活》由读书生活出版社出版,这本书也摘选了《读书生活》杂志上的十几篇文章,回答的都是读者提出的具体问题,此书得到毛泽东的称赞和长篇摘录。1937年下半年,艾思奇奔赴延安,到达延安后不久就开始为《解放周刊》等报刊撰写文章。1938 年,艾思奇在《解放》发表了《孙中山先生的哲学思想》《共产主义者与道德》,同年,还在武汉《自由中国》创刊号上发表了《哲学的现状与任务》一文。1939 年至 1941 年,艾思奇在《新中华报》《中国青年》《解放》等报刊上发表了许多有分量、有影响的文章。1940 年,在毛泽东的号召下创办了《中国文化》杂志,艾思奇担任主编,发表了《论中国的特殊性》等文章。整风运动期间,艾思奇担任《解放日报》副刊部主任,连续发表多篇文章,如著名的《不要误解"实事求是"》《"有的放矢"及其它》等,全面总结了干部及知识分子在整风运动中的收获,对当时的整风运动起到了积极的推动作用。中共七大后,艾思奇被任命为《解放日报》副总编辑,为《解放日报》撰写了多篇社论,不断为马克思主义传播贡献力量。新中国成立前后,特别是新中国成立后,艾思奇继续发扬马克思主义理论工作者的热情,先后在《人民日报》《中国青年报》《学习》杂志、《红旗》杂志发表了大量文章,认真履行并积极发挥了一名马克思主义理论工作者的神圣使命和引领作用。

(二) 依托相关机构和学术团体宣传推广马克思主义

建党初期,刚刚从日本留学归来不久的李达担任了中国共产党创办的第一个党刊——《共产党》月刊的主编,同时还参加了《新青年》的编辑工作。依托这些新创办的进步机构,李达发表了一系列宣传社会主义与马克思主义的文章,引起社会广泛的关注。1921 年 10 月,为开展妇女运动,党在上海创办了平民女校,由李达兼任校长,学校创办后李达为学员们讲授马克思主义理论课程。同时,为了鼓励妇女运动,李达还指导学员们为《妇女声》刊物撰稿,并亲自进行修改审阅。1922 年秋,李达担任了由毛泽东创办的湖南自修大学学长,在校期间,李达向学员大力推行学习研究马克思主义原著,并亲自讲授相关主干课程。在此期间,李达与毛泽东合办了《新时代》月刊,发表了许多文章,着力探讨宣传党的革命纲领,具有很高的理论性和现实性。1928 年底,李达在上海,为了让更多的人了解马克思主义,李达与熊得山、邓初民等人合力创办了昆仑书店,旨在专门出版马克思主义的经典著作和研究书籍,以供广大民众阅读。1932年,李达创办了笔耕堂书店,继续出版、宣传马克思主义。在上海期间,李达在上海法政学院和暨南大学讲授马克思主义理论课程,受到爱国青年的热烈追捧。九一八事变后,李达辗转北平,受聘为北平大学法商学院教授、经济系主任等职,这为他能向更多的知识青年宣传、传播马克思主义提供了更为广阔的舞台。后来,他还兼任了中国大学和朝阳大学教授。由于李达渊博的学识和深厚的马克思主义理论功底,在大学讲坛上如鱼得水,游刃有余,成为当时红极一时的教授和最负盛名的左翼理论家,被进步报刊和学生们亲切地称为"红色教授"。1947年2月,李达结束了颠沛流离的生活,经友人介绍到湖南大学法学院任教,李达以鲜明的政治态度冲破了各种限制,积极支持学生运动。新中国成立后,李达先后任湖南大学和武汉大学校长,在此期间,他一方面投入精力努力办学,为新中国教育事业孜孜不倦的工作;另一方面,继续进行马克思主义理论和毛泽东思想的宣传,积极解说毛泽东"两论",得到了毛泽东的认同和赞赏。

1932年,艾思奇从昆明来到上海,加入"社联",年轻的艾思奇得到了组织和领导的帮助,进步很快,研究成果大大增加。1934年6月,艾思奇由"社联"安排进入《申报》流通图书馆指导部,参加编辑《申报》副刊《读书生活》杂志。《读书生活》是以问答形式解答读者关心的普遍性问题,深得广大读者的喜爱与支持,为艾思奇提供了观察中国现实问题的窗口和大量的写作素材,为《大众哲学》的写作创造了先决条件。1936年夏,艾思奇发起成立了"哲学研究会"和"自然科学研究会",积极推动马克思主义哲学和自然科学的普及。1937年8月,艾思奇到达陕北延安。当时的延安为宣传普及马克思主义理论,创办了一系列文化教育专门机构,汇集了一大批知识界、学术界的精英,为广大干部群众讲授、传播马克思主义。1938年5月5日,在张闻天同志的发起下,延安马列学院正式成立,艾思奇被任命为马列学院哲学教研室主任,他一边讲课,一边挤出时间从事学术研究。为深入推进马克思主义的研究与传播,当时的延安还举办了有研究社会科学的,有研究时政问题的,还有研究抗日战争问题的各种学术研究团体,其中有艾思奇与何思敬 1938 年秋负责成立的"延安新哲学会"。之后,艾思奇还负责了马列主义研究会和哲学研究会的相关工作。借助这些学术团体的研究与实践活动,艾思奇充分发挥了一名理论战士的带头作用,培养了马克思主义理论队伍,有力地促进马克思主义哲学的传播与发展。1949 年,艾思奇被聘请为北大哲学系教授,并三进清华大学,主讲社会发展史与马克思主义哲学,深受学员们的欢迎。1956 年,整风反右运动席卷全国,艾思奇在这场大的运动中,几经沉浮,下放河南,但他依然不忘从事马克思主义哲学的普及和宣传工作,举办了各种训练班和培训班,推动广大党员和农民群众学哲学用哲学。

(三) 在批判论战中捍卫和传播马克思主义

作为 20 世纪党在理论战线上坚定的唯物主义战士,李达、艾思奇倾其一生致力于研究宣传马克思主义。他们不但是马克思主义中国化、大众化道路的开辟者和先行者,同时也是捍卫马克思主义理论战线上的先锋军,为普及宣传马克思主义作出了积极的贡献。

五四运动后,由于马克思主义在中国的影响越来越大,反封建的新文化阵营逐步分化,出现了几场著名的论战。其中,针对当时流行的改良社会主义与发展资本主义的思潮,陈独秀、李大钊、李达等早期中国共产党人与他们展开了论战。1920 年底至 1921 年 5 月,李达依托《新青年》《共产党》月刊发表了《张东荪现形记》《社会主义底商榷》《讨论社会主义并质梁任公》等文章,展开了对梁启超、张东荪等人宣扬的基尔特社会主义的批判。在《张东荪现形记》一文中,李达尖锐地批判了张东荪自身的理论矛盾;在《讨论社会主义并质梁任公》一文中,李达从理论和现实两个方面对梁启超所谓的社会主义进行了驳斥。他一语中的地指出了梁启超之所以误解社会主义在于把社会主义看作是"在奖励生产的范围内分配平均之运动"①。在这里李达从本质上指出了梁启超对社会主义的理解还停留在中国社会长期以来小农经济基础上的平均主义思维方式上,对这一观点的批判在今天看来依然具有重要的意义。与此同时,李达还对当时的一些无政府主义思潮进行了批判。1921 年 5 月,李达撰写了《无政府主义之解剖》,系统地对无政府主义各个流派进行了剖析与批判,他尖锐地指出:"无政府党何以没有绝灭资本主义的手段,何以反不免姑息那资本阶级? 就是因为他们所信奉的无政府主义在理论上事实上都有许多矛盾的缘故。"②在文章的结论部分,李达指出:"能够成为无政府主义的,只有个人主义。"③与此同时,李达还撰写了《马克思还原》(1920 年 12 月)与《评第四国际》(1922 年 4 月)等文章,对修正主义等观点进行了批判。

由于李达深厚的马克思主义素养和对社会问题的深刻认识,使得李达在论战中脱颖而出,很快成长为在中国传播马克思主义的主将。中共二大召开后,李达为了论证中共二大对当时中国情况判断的正确性,撰写了《马克思主义学说与中国》一文,对充斥当时的反对马克思主义的声音进行了严厉的批驳和澄清。1923 年 8 月,湖南《大公报》上发表了李达的《社会主义与江亢虎》一文,他对冒牌社会主义者江亢虎的假社会主义思想进行了彻底的批判。新中国成立后,李达继续从事理论工作和高教研究。大跃进时期,怀揣着对党负责和对祖国的热爱,李达与毛泽东就经济建设问题展开了争论。晚年时期,李达公开反对林彪鼓吹的"顶峰论"而受到批判和冲击,最终含冤去世。

1933 年底,年仅 23 岁的艾思奇站在中国社会历史发展的高度,运用他清晰的逻辑思维和扎实的哲学功底,从纵、横两方面剖析了代表中国哲学 22 年来的发展思潮,撰写了《二十二年来中国之哲学思潮》一文。他认为近 22 年来中国哲学出现了三种代表性思潮,影响着国人对马克思主义的正确认识,必

---

① 《李达文集》第 1 卷,人民出版社 1980 年版,第 63 页。
② 《李达文集》第 1 卷,人民出版社 1980 年版,第 78 页。
③ 《李达文集》第 1 卷,人民出版社 1980 年版,第 90 页。

须对它们进行批判。它们分别是：一是批判了反马克思主义及非马克思主义思潮。这是以国民党反动御用文人叶青为代表的一种思潮，艾思奇认为这种思潮是"披着辩证法外衣的唯心论"，在当时具有很大的欺骗性。艾思奇曾与叶青展开了几次针锋相对的论战，彻底地揭露和批判叶青假马克思主义的真面目，以澄清真正的马克思主义理论所持的基本观点。比如，对叶青的"外烁论"、歪曲、丑化和攻击马克思主义中国化运动的批判等，这些对叶青等人的批判，使广大民众对马克思主义理论有了更为深刻的认识和了解。1941 年，在《抗战以来的几种重要哲学思想评述》一文中，艾思奇系统地批判了陈立夫的唯生论和蒋介石的力行哲学，指出其本质上属于极端唯心论。论战中，他不但使叶青等人"伪马克思主义"的真面目公之于世，而且对蒋介石、陈立夫等人的"反马克思主义"思潮进行了沉重的打击。二是批判了"实用主义"哲学思潮。1955 年，为了在学术领域中对资产阶级唯心主义思想及代表人物进行批判，艾思奇撰写了《胡适的实用主义批判》一文，他指出：实用主义在本质上是主观唯心主义的体现，并对胡适的主观主义真理论进行了尖锐的批判。他指出，在真理问题上，永远只有客观真理，没有主观真理。此外，艾思奇还在《胡适实用主义哲学的反革命性和反科学性》中对实用主义的反科学方法论做出了剖析，揭露了实用主义方法论的实质："实用主义的方法根本不是能够帮助我们发现事物发展规律性的真正科学的方法，它实际上是主观唯心主义的虚构事实的方法，是帮助反动派应付环境进行垂死挣扎的方法。"[1]三是批判了"文化保守主义"思潮。1934 年 10 月，艾思奇撰写了《中庸观念分析》，一开篇艾思奇从中国人的最高教义"中庸"观念出发，指出了中庸虽然具有一定的合理性，但它并不是真理。他多方面论证并批判了这一观点，他指出："中庸主义之主张不偏不倚，只证明它是保守的意识形态而已。"[2]由此可见，艾思奇通过对各种思潮的清算和批判，不但使马克思主义与各种非马克思主

---

① 《艾思奇全书》第 5 卷，人民出版社 2006 年版，第 777 页。
② 《艾思奇全书》第 1 卷，人民出版社 2006 年版，第 155 页。

义和反马克思主义思想之间划清了界限,而且也有力地打击了这些反动思潮的错误影响,坚决的捍卫和宣传了马克思主义。

第二节　李达、艾思奇马克思主义
哲学中国化特征之比较

马克思主义哲学中国化过程中,李达、艾思奇的贡献在推进方式上,既有相同之处,又表现出差异。第一,李达、艾思奇作为马克思主义哲学家,他们都曾生活在中国,随后又去国外留学,有着相似的中西方教育背景;他们都对马克思主义经典著作作了深入的研究,具有相似的理论研究基础;他们都被马克思主义哲学的科学理论所折服,有着共同的理想信念等,这些诸多相似之处,为他们二人在推进马克思主义哲学中国化进程中能够坚持马克思主义的基本立场、观点、方法奠定了基础。第二,由于个人性格、研究的风格和学术的素养的不同,他们在马克思主义经典文本的解读方法上、话语体系如何转换上、研究的侧重点上、推进道路上等方面有着不同的面向,使得他们在推进马克思主义哲学中国化进程中呈现出不同特点,各有千秋。

一、李达、艾思奇马克思主义哲学中国化的共性特征

(一) 始终坚持马克思主义的科学性

科学性是指马克思主义从诞生以来就一直注重从实际出发,始终站在人类自然科学、社会科学优秀成果之上,运用科学的态度和方法研究分析人类社会历史领域根本性问题,正确地揭示客观事物的发展规律,是无产阶级实际斗争经验的概括和总结,是时代的产物。正是基于以上的认识,早年留学日本的李达和艾思奇都选择了马克思主义,并最终成为坚定的马克思主义信仰者、传播者和捍卫者。可以说,始终坚持马克思主义的科学性是贯穿李达、艾思奇一

生的一条红线。在马克思主义传播的过程中，他们秉持主观同客观相符合的真理性追求，愿为马克思主义而献身的大无畏精神。对于马克思主义哲学科学性的认识，李达认为马克思主义哲学是世界观与方法论的统一，是马克思主义的理论基础。马克思主义哲学"不是朴素的经验，而是严整的科学"①。在《社会学大纲》中，李达进一步指出：唯物辩证法是唯一的科学的世界观，就其内涵而言，包括对自然界和人类社会的科学认识。

早年，艾思奇留学日本时就对哲学有着独特的青睐，"我总想从哲学中找出一种对宇宙人生的科学真理，但古代哲学都说不清楚，很玄妙，最后读到马克思、恩格斯的著作，才豁然开朗，对整个宇宙和世界的发生发展，有了一个比较明确的认识、合理的解释。"②如何正确对待马克思主义，怎样坚持它的科学性和真理性，李达有着深刻的认识，他指出："固守师说的人则拘泥不化，自作聪明的人就妄加修改，把一个马克思的真面目弄湮没了。"③

总之，从学习背景、接触马克思主义过程中可以看出，李达、艾思奇他们始终坚持马克思主义的真理性、科学性和革命性，始终坚持马克思主义的实践性，运用科学的世界观和方法论观察中国实际问题，始终立足和维护广大人民群众的根本利益；始终坚持马克思主义的开放性，是随实践的发展而发展，不断修正、不断丰富和完善马克思主义理论，在中国大地上使马克思主义不断地中国化、本土化。他们对马克思主义科学性、真理性、实践性的坚持和忠诚，将不断为后来马克思主义理论学者在推进马克思主义哲学中国化的道路上注入不竭的动力。

（二）　始终坚持马克思主义的大众性

为了把深奥的理论转化为广大人民群众手中的锐利武器，李达与艾思奇

---

① 陶德麟：《陶德麟自选集》，学习出版社 2012 年版，第 371 页。
② 陆万美：《回忆艾思奇同志在〈云南民众日报〉片断》；艾思奇文稿整理小组编：《一个哲学家的道路——回忆艾思奇同志》，云南人民出版社 1981 年版，第 27 页。
③ 《李达文集》第 1 卷，人民出版社 1980 年版，第 31 页。

做出了积极而富有成效的探索。自中国共产党创建时起,李达就广泛参与和领导了党的早期宣传教育工作,翻译、撰写了很多通俗易懂的著作和文章。在《唯物史观解说》一文中,李达指出:"这部书是荷兰人郭泰为荷兰劳动者作的,解释唯物史观的要旨,说明社会主义必然发生的根源,词义浅显,解释周到。"①《唯物史观解说》译著一经出版立刻受到中国读者的欢迎,先后再版了14次。1923年离开党组织后,李达专心于理论研究,出版、译著了大量的马克思主义著作,系统宣传和介绍了马克思主义。20世纪30年代,李达在北平的几所高校授课,他讲课非常注重学生的接受能力,"如谈家常,而又娓娓动听,把深奥的道理讲得浅近易懂"②,被当时评为"最叫座的红色教授"。新中国诞生以后,李达积极推进马克思主义第一个理论化成果——毛泽东思想,他说道:"马克思主义哲学的通俗化、群众化、大众化,是一项极其重大而艰难的任务。"③1951年,毛泽东曾给李达回信中说道:"这个《实践论解说》极好,对于用通俗的言语宣传唯物论有很大的作用。"④可见,毛泽东对李达所作出的贡献,给予了充分的肯定。

在推进马克思主义哲学大众化过程中,艾思奇被称为第一人。早在青少年时期就多次参加革命运动,深刻了解中国社会底层的现实状况和广大民众的社会心理,对如何从理论上解决中国人的思想问题有着独到的理解,并且有着丰富的基层教学研究经验。艾思奇不顾学界质疑的眼光,努力写成了《大众哲学》,这是对哲学通俗化、大众化的最初尝试。这部巨著以独特的眼光,揭开了哲学的神秘感和敬畏感的面纱,使得广大人民群众能够主动地拿起哲学这个锐利的思想武器来思考和解决中国的实际问题。艾思奇写作《大众哲学》的目的不是为大学校园的学子们提供一本教科书,也不是为上层社会提

---

① 《李达全集》第1卷,人民出版社2016年版,第477页。
② 宋镜明:《李达》,河北人民出版社1997年版,第126—127页。
③ 《李达全集》第20卷,人民出版社2016年版,第1335页。
④ 《毛泽东书信选集》,人民出版社1983年版,第407页。

供一个饭后的谈资,而是旨在送给广大人民的一块"干烧大饼"。

《大众哲学》的出版,标志着艾思奇哲学研究道路,就是通俗化、大众化的风格。在他后来的绝大部分著作和文章中,都一以贯之坚持了这种风格。在他列举的大量事例中不仅来源于广大人民群众日常生活中,而且他的表述方式具有中国广大人民群众更容易理解和接受的风格和气派,这些都为马克思主义哲学的大众化产生了积极的作用。

由此可见,李达与艾思奇在推进马克思主义哲学中国化的过程中,都很注重用通俗化、大众化的方式表达精深的哲学道理,无论从内容还是到形式上都贴近老百姓的日常生活,呈现出大众性的特点。正是基于这点,马克思主义哲学逐渐成为人民群众能够接受的,并自觉拿起这个锐利的理论武器认识问题和解决问题的重要原因之一。

(三) 始终坚持马克思主义的实践性

"马克思主义哲学只有为广大革命群众所掌握,才能变成强大的物质力量。"[1]李达与艾思奇之所以能成为马克思主义哲学中国化进程中的领军人物原因之一,就是他们始终坚持马克思主义哲学实践性特征,把马克思主义运用到实际当中,来解决中国的实际问题。李达认为,马克思主义哲学并非是书斋中的空谈,而是具有以解决实际问题为导向的实践性特点。他指出:"所以实践的唯物论,由于把实践的契机导入于唯物论,使从来的哲学的内容起了本质的变革。"[2]"当我们说到实践的时候,主要地是指千百万人民群众的革命实践。"[3]在《社会学大纲》中李达指出,"实践"是马克思主义哲学区别于一切旧哲学的关键。从李达的著作中我们不仅可以看到他对马克思主义哲学实践性特点的理解,也可以从他一生的社会活动中发现他对马克思主义哲学实践性

---

① 《李达全集》第20卷,人民出版社2016年版,第133页。
② 《李达文集》第2卷,人民出版社1981年版,第60页。
③ 《李达全集》第20卷,人民出版社2016年版,第359页。

的践行。纵观李达一生的革命历程，从建党前后到新中国成立后，他不仅专注于马克思主义的研究与传播，而且一直坚持在教学革命的第一线，身体力行地向广大群众、学生传播马克思主义；他一生的哲学理论创作就是为了帮助广大民众确立科学的世界观和方法论，使广大民众能够应用马克思主义哲学的理论武器分析中国社会的实际问题，改变中国的现实状况。从这个意义上来讲，李达是马克思主义哲学中国化"实践的唯物论"的开创者。

艾思奇的哲学也非常注重学理性与现实性的密切联系，无论在革命年代还是解放以后的和平岁月，艾思奇始终坚持自己这一学术研究的基本特点，他关注群众、联系大众、注重实践。在理论研究工作中，他始终坚持运用马克思主义的科学世界观、方法论去说明中国的实际问题，总结社会主义革命与建设事业中的历史经验。对马克思主义哲学的学习和研究必须与中国实际问题相结合，不是待在象牙塔里学子们的自说自演，也不是市井文人的饭后谈资，目的就是为普通大众提供一个自我解放的光明道路，从而帮助他们解决现实中存在的疑惑和困难问题。艾思奇反对空洞的说教和争论，他特别重视把马克思主义哲学应用到实际当中，提供给普通大众容易掌握科学的方法，自觉运用哲学思维解决所遇到的客观现实问题。这些在他的《大众哲学》《哲学与生活》等著作中都较好地体现出来。由此可见，李达和艾思奇对马克思主义哲学的实践性都有着深刻的理解与准确的践行，为后来从事马克思主义理论研究者产生积极的作用和影响。

（四）始终坚持马克思主义的批判性

马克思指出："辩证法在对现存事物的肯定的理解中同时包含有它的否定的理解，即对现存事物的必然灭亡的理解；辩证法不崇拜任何东西，按其本质来说，它是批判的和革命的。"①"破"中有"立"，"立"中有"破"，"破""立"

---

① 《马克思恩格斯选集》第2卷，人民出版社1972年版，第218页。

结合,并非一般意义上的批判,是一种辩证的否定和批判。李达与艾思奇充分发挥了马克思主义哲学的批判精神,富有特色。李达成为马克思主义者以后,始终坚持与各种反马克思主义、非(假)马克思主义的各种错误思潮作坚决的斗争。他在宣传和传播马克思主义中国化过程中,批判过无政府主义、第二国际修正主义、第四国际极左思潮、江亢虎所谓新社会主义与新民主主义、假马克思主义、胡适的实用主义,30年代他批判了托派和国民党御用文人的思想。直到晚年,李达还与林彪的反动思想和社会主义建设上的极左思潮作坚决斗争。

艾思奇的一生批判特征鲜明,从上海时期对叶青哲学思想的批判、及对中庸思想的批判,到延安时期为捍卫唯物辩证法的科学真理性,艾思奇对陈立夫的唯生论、蒋介石的力行哲学、阎锡山是"中"的哲学等几种反动哲学思想进行了批判,一直到建国后对社会主义建设中的主观主义的批判,以及与杨献珍的三次哲学争论等,很好地诠释了艾思奇的马克思主义批判精神。总之,李达与艾思奇有效地把批判精神和科学分析紧密地结合起来,对各种反马克思主义和非(假)马克思主义进行了坚决的批判和驳斥,使马克思主义哲学在中国大地上不断地实现中国化、本土化。

二、李达、艾思奇马克思主义哲学中国化的个性特征

(一) 文本研究的侧重点不同

李达侧重整体性、系统性研究,艾思奇侧重通俗化、大众化研究。李达早年求学意志坚定,终有所成。他知识鸿博,学贯中西,精通五国语言,这些主观条件为他后来被誉为"最叫座的红色教授"提供了坚实的基础。纵观李达一生,他在马克思主义哲学方面的研究最为系统和完整,著述颇丰。20世纪初,马克思主义哲学的唯物史观最先被介绍到中国大地上并得以传播。究其原因而言,唯物史观是被称为马克思"天才式"最伟大的科学发现。唯物史观实现

社会历史观的伟大变革,直接为当时的中国革命提供了理论上的指导。正如李大钊所讲:"高等教育机关里的史学教授,几无人不被唯物史观的影响,而热心创造一种社会的新生。"①李达的研究也是从唯物史观发端的,特别是在新中国成立前,唯物史观一直是李达研究的重点。1926年出版的《现代社会学》,就是专门谈论唯物史观的哲学著作,共18章17万字。这部著作就是把唯物史观的方法论运用到中国革命的实际,全方位阐述了唯物史观,从片段到系统,从部分到整体使唯物史观在我国的传播达到了一个新的高度。

1937年,《社会学大纲》出版,这是一部篇幅庞大、内容丰富、结构完整,与中国实际问题相结合的中国化的马克思主义哲学著作。这本书是李达的代表性著作,共五篇12章,计42万字。李达也被称为传播马克思主义哲学的集大成者。这本书与当时国内出版和翻译的同类著作相比,在内容的深刻性、体系的完整性和系统性等方面都是无法比拟的。在这本书中,显示了李达深厚的哲学功底,既有对辩证唯物主义和历史唯物主义的系统介绍,又有在实践中创造性的丰富的一些基本观点。《社会学大纲》的一个基本特点就是对马克思主义哲学的整体性与系统性构建。在日后传播马克思主义过程中,李达强调:"唯物辩证法是科学的历史观与科学的自然观的统一。"②

在这部著作中,李达从马克思主义哲学理论来源与内在结构上,系统地论证了马克思主义哲学科学性和整体性,实现了历史与逻辑相统一。正如有学者说:"30年代,在众多的马克思主义哲学工作者中,李达的理论水平最高,取得的成绩最大。"③《社会学大纲》是李达多年研究马克思主义哲学的集中体现,它被称为中国人"第一部马克思主义哲学教科书",也标志着马克思主义哲学中国化初步形成。

1937年,中日抗战全面爆发,李达深感民族责任的重大,马克思主义的研

---

① 《李大钊全集》第3卷,人民出版社2006年版,第221页。
② 《李达文集》第2卷,人民出版社1981年版,第56页。
③ 许全兴等:《中国现代哲学史》,北京大学出版社1992年版,第250页。

究必须与中国革命问题结合。他说道："马克思主义的哲学基础，即是辩证法的唯物论，这是一个整个的宇宙观及人生观。"①1965 年，李达又讲道："自然辩证法和唯物史观同唯物辩证法是不可分割的。"②除此而外，李达一生还系统地阐述了社会主义思想，在同时期的马克思主义哲学家中，李达对社会主义的研究和探索贯穿于我国革命、改造和建设的不同时期，其中，他对社会主义思想的哲学基础的论述在同时代哲学家中是最完整、最深刻的。著名的马克思主义史学家、哲学家侯外庐指出："抗战前，在宣讲马克思主义学说的学者中，'就达到的水平和系统性而言，无一人出李达之右。'"③纵观李达马克思主义文本研究轨迹可知，他特别注重学术研究的系统性，不仅在唯物史观、哲学领域，还是在科学社会主义思想探究上都体现着这一特点，这在当时是难能可贵的，这也成为区别于其他马克思主义理论家在学术研究和文本研究上的鲜明特性。

艾思奇与李达有着同样的求学经历，都曾两度留学日本，学习并掌握了日语、德语，这为他研究马克思主义文本打下了坚实的语言学基础。与李达区别之处在于，艾思奇更注重如何使马克思主义哲学文本研究通俗化、大众化。正如中央党校邢贲思教授曾讲道："艾思奇同志不仅是一位热心为大众写哲学的哲学家，而且是一位热心让大众掌握哲学的哲学家。如果没有后一种热心，前一种热心就会落空。"④艾思奇在少年时，有着常人少见的为民情怀，他时刻关心、关注底层社会民众对理论大众化、通俗化的现实诉求，他也相信只有广大群众的共同参与、共同奋斗才能真正实现马克思主义的普及与推广。

1936 年，艾思奇在《大众哲学》第四版代序中讲道："我写这本书的时候，

---

① 《李达全集》第 15 卷，人民出版社 2016 年版，第 48 页。

② 李达：《唯物辩证法大纲》，人民出版社 1978 年版，第 61 页。

③ 中共中央党史研究室第一研究部：《李达与中国共产党的创建和马克思主义在中国的传播——纪念李达同志诞辰 120 周年学术研讨会论文集》，人民出版社 2013 年版，第 501 页。

④ 邢贲思：《马克思主义哲学大众化的先行者》，中国辩证唯物主义研究会：《马克思主义哲学论丛》第 1 辑，社会科学文献出版社 2010 年版，第 21 页。

自始至终,就没有想到要它走到大学校的课堂里去。……那我只希望这本书在都市街头,在店铺内,在乡村里,给那扮演者们解一解知识的饥荒,却不敢妄想一定要到尊贵的大学生们的手里,因为它不是装潢美丽的西点,只是一块干烧大饼。"①他清楚地认识到,要使广大人民群众自觉拿起哲学这个的锐利的思想武器,就必须化解哲学的神秘感和晦涩感。只有把马克思主义哲学与中国实际问题结合,用中国人能接受的话语来书写,人民才能自觉地、主动地了解哲学、运用哲学。可知,他试图把《大众哲学》书写成普通人的哲学,广大人民群众的哲学。《大众哲学》的出版再版,颇受人民群众的青睐。它的成功,坚定了艾思奇一生从事哲学研究的路线和基调,即关注广大人民群众的根本利益为出发点,在书写的语言上采用老百姓能够容易接受的、通俗的、浅显的话语来表达这些精深的哲学理论。把抽象的、难于理解的哲学理论与生动的、鲜活的实际问题相结合,使马克思主义哲学变得通俗化、更易于理解和接受。从这一角度上说,通俗化与大众化是艾思奇推进马克思主义哲学中国化显著的个性特点,这些对当下马克思主义中国化研究具有重要的指导意义。

(二) 话语体系转换方式不同

在马克思主义哲学中国化话语体系转换问题上,李达采用"运用式"话语转化方式,艾思奇采用"独创式"话语转化方式。任何思想的"内核"都是通过语言的"外壳"表现出来的,马克思主义哲学中国化建立在有效的话语体系的转换上。在文本的研究和内容的解读上,李达和艾思奇各有千秋,互有所长,使得他们二人在马克思主义哲学中国化话语体系转换方式上也各有特点。日本是马克思主义自欧洲传入中国的三条渠道(欧洲、苏联和日本)之一,中国先进的知识分子在日本学到了马克思主义,李达与艾思奇就是其中的两位代表。十月革命以后,"苏俄形态"的马克思主义哲学开始传入中国,并逐步成

---

① 《艾思奇全书》第1卷,人民出版社2006年版,第592—593页。

为马克思主义哲学在中国传播的范本和经典。当时国内理论界相当一部分学者在话语体系上直接套用和引用"苏式"哲学的话语表达方式，这种"引用式"的话语体系具有照抄照搬的特点，于是"苏式"革命理论和策略在中国大行其道，尤其是被王明等人全盘照搬于中国革命，给中国带来巨大的挫折和失败，以至于险些葬送了中国革命。在这样的情况下，如何把马克思主义理论与中国革命的实际问题有效结合，转化为人民大众手中的锐利思想武器，便成为当时一批革命家和理论家思考的重要问题。李达和艾思奇率先认识到革新话语体系的重要性，因而，他们积极推动马克思主义哲学中国化、大众化，也成为党内较早的马克思主义理论工作者、探索者。

在俄国十月革命和我国五四运动后，李达开始接受并传播唯物史观。1923 年初，李达的《马克思学说与中国》一文刊登在《新时代》杂志上，文章指出，"这样看来，马克思学说之在中国，已是由介绍的时期而进到实行的时期了。"因此，目前的主要工作任务是探讨"应用马克思学说改造社会"①。显然，此时的艾思奇已经开始尝试对马克思主义话语体系的转换，开始探索如何把"引用式"话语转化为"运用式"话语体系，如何把马克思主义与中国革命相结合的问题。鉴于当时的国内外发展形势，李达对中国的历史特点、社会性质和革命具体道路还缺乏明确的认识。在第一、二次国内革命战争期间，李达运用马克思主义的辩证唯物主义和历史唯物主义的方法论来认识和分析中国革命所遇到的实际问题，并进行了回答，成为最早运用马克思主义理论解决中国问题的典范。1926 年，在《现代社会学》一书中，他结合唯物史观基本理论指出了中国革命的对象、中国革命的领导权以及中国革命的前途等问题。1929年，李达在《中国产业革命概观》一书中，调查了中国近代经济统计资料，并对中国经济现状作了唯物史观的分析，他指出，"要发展中国产业，必须打倒帝国主义的侵略，廓清封建势力和封建制度，树立民众的政权，发展国家资本，解

---

① 《李达文集》第 1 卷，人民出版社 1980 年版，第 202 页。

决土地问题。"①1929年，在《社会之基础知识》一书中，李达分析了资本主义
的发展过程，分析了民族问题和中国革命的现状，指出了中国革命的出路。由
此可见，李达已经懂得了在分析中国社会现实问题中"运用"马克思主义原
理，已经开始了由引用、介绍马克思主义转向"运用"马克思主义。《社会学大
纲》（1937年）出版后，李达在这本巨著中结合中国国情，对如何传播马克思主
义进行了发挥。正如他所讲，"本书内容，虽没有新的创见，但基于数年的研
究，自信还有一些新的收获。"②仔细研究李达的《社会学大纲》，可以发现，李
达深刻而又精彩地发挥了马克思主义认识论和列宁的对立统一法则等问题，
真正实现了话语体系从"引用式"到"运用式"的转化，从而奠定了《社会学大
纲》成为马克思主义哲学中国化经典著作的地位。

中国哲学历来倡导"大道至简"，而深谙中国传统文化的艾思奇对于如何
构建中国化的马克思主义哲学话语体系，有着自己的理解和认识。上海时期，
艾思奇担任了《读书生活》杂志的编辑，致力于为广大读者答疑解惑，其中，他
解答了许多关于如何学习马克思主义的问题。在此过程中，艾思奇深切地体
会到，落后的中国国情和困苦的中国人民，文化基础非常薄弱，思想也比较落
后，迫切需要用他们能听得懂、且乐于接受的话语形式开展马克思主义理论武
装，加强思想指引。那么，群众能听得懂、且乐于接受的语言形式是什么呢？
在长期的研究工作中，艾思奇找到了答案，就是语言表达的通俗化、大众化。
艾思奇认为，规范化、理论化的话语固然有很多优点，虽然能说明和解释现实
问题，但过于严肃、僵化，不具体也不生动，会使群众产生距离感，晦涩的术语
不利于人民大众的理解和接受，无法有效解答大众的疑惑，也不利于马克思主
义哲学的传播和普及。为此，艾思奇进行了大胆的尝试，他运用生动、鲜活的
事例和通俗易懂的语言努力将马克思主义经典话语转化为大众化话语，对哲

---

① 《李达文集》第1卷，人民出版社1980年版，第495页。
② 《李达文集》第2卷，人民出版社1981年版，第5页。

学中抽象的术语和概念用通俗化、大众化的话语形式进行阐释,使之符合中国人的话语习惯和思想方式,最终实现马克思主义哲学的民族化、本土化和中国化。

对于理论表达的话语转换,国内外早有较为一致的认识。葛兰西(1891—1937年)这位意大利共产党创始人曾指出,如果哲学理论不懂得和群众结合在一起,就会沦落为少数知识分子的特殊文化,就失去存在的活力。1935年底,结集出版的《大众哲学》深受大众的欢迎,至1938年2月,短短2年时间读者达2万多人,已出至第十版,这在当时可谓是奇迹! 究其成功的原因,是在《大众哲学》的写作中,艾思奇以生动的语言形式,通俗化的生活事例,由浅入深,循序渐进地阐述马克思主义的基本理论。他以这种"独创式"的话语体系将晦涩难懂、深奥复杂的哲学术语转化为老百姓喜闻乐见的语言,这是破天荒的创举,在马克思主义哲学发展史上绝无仅有。德国哲学家海德格尔认为:"伟大思想家是这样的一个人:他能够倾听其他伟大人物的著作中最伟大的东西,并且能够以一种创造性的方式将它加以转换。"①艾思奇在哲学话语体系上就实现了这种"创造式"的转化,从这个意义上来讲,他堪称"伟大人物"。然而,对于《大众哲学》的成功,据王匡回忆,在延安他和艾思奇就风行一时的《大众哲学》交谈时,艾思奇谦虚地讲道,他只不过是用通俗的形式把马克思主义基本原理表达出来而已,没有什么特殊的创造。尽管《大众哲学》的出版发行,引发了众多非议与争论,但它的确很受欢迎,取得了巨大成功。《大众哲学》民族化的"本土式"的话语表达形式展示了强大的生命力,它的成功为理论工作者的研究提供了一种新的视角,开辟了马克思主义哲学中国化、大众化的新道路。

(三) 理论研究的关注点不同

李达注重文本的翻译解读,艾思奇注重大众心理研究。任何理论研究都

---

①　何卫平:《解释学之维——问题与研究》,人民出版社2009年版,第250页。

要受研究者自身思维方式的影响和制约。研究者的思维方式决定了理论研究的视角和方法,也奠定了研究者本人理论研究的风格和特点。李达与艾思奇也不例外。早年的李达在留学日本期间,就酷爱学习语言,通过刻苦钻研,熟练地掌握了英语、日语、俄语和德语四国语言。扎实的外文语言功底及厚实的文化基础为李达学习马克思主义著作奠定了基础,使得李达能够便利地阅读马克思主义经典著作原文,从而更好地探究马克思主义的本真内涵,这是其他马克思主义理论工作者所不具备的条件,也是李达的研究能够做到视野开阔、兼容并蓄的根本所在。

留学日本时期,李达开始了对马克思主义文本的学习和研究。尤其是在第三次留学日本时,好学上进的李达跟随著名马克思主义学者河上肇学习。在一年多的时间里,李达研读了大量的马列主义的经典著作,如《共产党宣言》《资本论》(第一卷)、《国家与革命》《〈政治经济学批判〉序言》等。李达深深地折服于马克思主义理论的革命性和科学性,促使他逐渐成长为坚定的马克思主义理论信仰者、传播者、探索者、实践者。李达对马克思主义文本的研究侧重点主要集中在对文本的翻译和解读上。李达与陈望道、吴亮平等人一样,在我国较早地翻译了马克思主义原著,是享有盛名的翻译家。1918 年至 1920 年期间,李达翻译了《唯物史观解说》《社会问题总览》《马克思经济学说》三部著作。1921 年是李达翻译著述颇丰的一年,这一年,李达的主要译著有 12 本之多,分别是:《俄国农民阶级斗争史》《劳农俄国的结婚制度》《日本文坛之研究》《从科学的社会主义到行动的社会主义》《唯物史观宗教观》《列宁的妇人解放论》《现代的斯干底那维亚文学》《女性中心说》《劳农俄国底妇女解放》《德国文学研究》《社会主义的妇女观》《马克思主义经济学》。1922 年到 1928 年,李达还翻译了《产儿制限论》(1922 年)、《德国劳动党纲领栏外批评》(1923 年)、《中国关税制度论》(1924 年)、《法理学大纲》(1928 年)。1929 年,李达翻译了《妇女问题与妇女运动》《社会科学概论》《现代世界观》。1930 年,李达翻译了一系列经济学方面的著作,主要有:《农业问题之理论》

《经济学批判》《经济学入门》《马克思主义经济学基础理论》《理论与实践的社会科学根本问题》《土地经济论》等。1932 年,翻译了《政治经济学教程》和《辩证法唯物论教程》。

综观 20 世纪二三十年代李达的译著,可以说是内容丰富、研究颇深,包括了马克思主义哲学、政治经济学和科学社会主义。李达认为,马克思主义的三大组成部分是一个完整而严密的科学体系。另外,李达的译著还涉及法学、史学、妇女学乃至文学各领域,范围极广,但不可否认的是,马克思主义哲学和经济学部分依然是他所有译著中贡献最大的部分。为此,30 年代郭湛波在其出版的《中国五十年思想史》一书中指出:"今日辩证唯物论之所以澎湃于中国社会,固因时代潮流之所趋,非人力所能左右,然李达先生一番介绍翻译的工作,在近五十年思想史之功绩不可忘记。"①由此可见,在 20 世纪早期,李达扎实的、数量颇丰的文本研究不仅准确完整地介绍了马克思主义理论学说,而且以更为开阔的视野和敢为人先的精神批驳众多反马克思主义和非马克思主义流派的错误,表现出高出常人的理论功底。他的译著和论著为马克思主义哲学在中国的早期传播作出了重大贡献,他对马克思主义文本学习和钻研的精神也是今天理论工作者学习的楷模和典范。

与李达一样,艾思奇也很注重马克思主义哲学文本的学习与研究,但是,由于两人在马克思主义哲学中国化进程中理论研究的关注点有所差别,使得二人所肩负的责任和走的道路各不相同。上海期间,担任《读书生活》栏目主编的艾思奇,每天接触的是来自中国各阶层的大量读者的提问,帮助他们解答最关心和困惑的社会问题和心理问题。长期的工作经历和积累使艾思奇萌发了尝试用通俗化、大众化的语言方式,从哲学视角解答读者们的困惑和问题。1935 年底,经过一年多的努力,艾思奇的《大众哲学》出版发行,它是中国第一本以现实问题为导向,运用通俗化的语言回应和解答人民大众心理和思想上

---

①　汪信砚:《范式的追寻:作为范式的马克思主义哲学中国化研究》,人民出版社 2014 年版,第 284 页。

疑惑,进而撰写完成的马克思主义哲学著作,不仅成为马克思主义大众化的成功范例,也成为中国人民运用马克思主义理论解决中国问题的最初尝试。通览全书,《大众哲学》始终运用中华民族的思维方式及广大人民群众容易接受的"独创式"话语风格来表达晦涩的哲学道理,这也是《大众哲学》一经出版,即受到广大人民群众欢迎的一个重要原因。

美国密执安大学历史系教授泰瑞·博登赫恩,作为中国近现代史研究的外国专家,他就艾思奇的《大众哲学》进行专门研究,形成了独到的见解。1994年,他的博士论文《艾思奇和重新建构1935年前后的中国身份》在《现代中国》第一期上发表。泰瑞认为《大众哲学》之所以受到人民大众的热烈欢迎,主要是因为艾思奇不仅广泛深入地研究了中国读者群体,而且充分地了解中国人的思维方式,对国内读者的社会心理有着非常精准的把握,使得艾思奇的作品普遍具有浓厚的本土风格。泰瑞·博登赫恩进而指出:第一,艾思奇的《大众哲学》的行文方式符合中国人的思维方式,并以中国化、本土化方式呈现出来。从东西方思维方式比较来看,西方人惯于线型思维,而东方人惯于圆形思维。因而,艾思奇在写作时不是直奔主题,而是采用"起、承、转、合"的迂回方式,在开篇提出,边叙述边论证,在结尾得到很好的解答,这种圆形思维方式,不但符合中国人思维习惯,而且更贴近中国实际。第二,艾思奇深谙中国读者的社会情感和心理特征,能把哲学的基本原理和人民大众的现实生活结合起来。泰瑞认为,艾思奇正是基于对中国1935年社会状况的深刻理解,《大众哲学》的魅力来自对当时普遍存在沮丧和悲观的情绪的回应和解答,满足了中国人民的情感,"艾的论证的确是有道理、合乎逻辑的,然而他所传达的范围广泛的信息之所以有影响却是由于它的情感因素"。[①] 在这里泰瑞指出:艾思奇《大众哲学》正是对当时社会状况的一种回应,给国人以精神的鼓励和自信支持,也解决了国人心理上的迷茫。第三,"艾利用人们对经济(生活)的

---

① 李金山:《大众哲学家——纪念艾思奇诞辰百年论集》,中共党史出版社2011年版,第373页。

恐惧和对日本人(或其他外国人)的怨恨,从而引起读者对他们的注意。……他描述中国人被外来力量不公正地对待时,他是利用的怨恨心理",①促使人民大众"采取这种'新哲学',人们就能更好地掌握自己的生活,他们会成为历史的合作者而不是奴隶。在一个痛苦、失落的朝代,这种观念在感情上的魅力是显而易见的"。② 在这里,泰瑞对艾思奇如何利用马克思主义哲学的魅力去和广大民众进行沟通交流,以此打动国人,让大众相信、运用马克思主义哲学作了深刻的剖析。由此可见,作为理论联系实际的光辉典范,《大众哲学》更关注的是群众的社会心理和接受能力,并力求用哲学来说明和回答人们所关注的社会问题和心理困惑,让人民大众了解、运用马克思主义哲学,使得从理论的力量上真信、真懂。

(四) 哲学道路演进形态不同

李达、艾思奇马克思主义哲学中国化道路有着不同的演进形态。韩庆祥教授指出,由于马克思主义哲学在问题领域、基本内容、指向主体、运思方式及表述形式上具有相对的独立性,"基于这样的界定,我们在相对的意义上,把马克思主义哲学区分为大众形态、学术形态和政治形态"。③ 正是基于以上划分原则,我们试图对李达和艾思奇哲学道路的演进形态做如下划分,即李达马克思主义哲学中国化道路演进从政治形态,到学术形态,再到大众形态;艾思奇与李达略有不同,他的中国化道路是从大众形态,到政治形态,再到学术形态。

1. 李达马克思主义哲学中国化道路演进形态

作为理论界的"急先锋",李达在长期的革命、建设实践中扮演了"三种角

---

① 李金山:《大众哲学家——纪念艾思奇诞辰百年论集》,中共党史出版社 2011 年版,第372 页。

② 李金山:《大众哲学家——纪念艾思奇诞辰百年论集》,中共党史出版社 2011 年版,第370 页。

③ 韩庆祥、张艳涛:《马克思哲学的三种形态及其历史命运》,《中国社会科学》2010 年第4 期。

色",即马克思主义理论家、教育家和宣传家,不同角色担负着不同历史任务,使得李达马克思主义哲学中国化道路,因"三种角色"划分为"三个阶段"、"三个形态":政治形态—学术形态—大众形态。

第一阶段,指的是1918—1922年,李达扮演着马克思主义理论家的角色,其马克思主义哲学中国化主要以政治形态为主。这是李达人生的一个黄金时期,李达从一个爱国主义者转变为一个马克思主义者,并积极参与了中国共产党的创建。1920年11月,《共产党》月刊在上海创刊,主编为李达。1921年9月,中央局在上海创办了人民出版社,委任李达主持人民出版社工作。这一时期,李达撰写了系列马克思主义著述,一方面,他旗帜鲜明地批驳了各种反(非、假)马克思主义的错误思潮,有力地捍卫了马克思主义真理,在国内理论界获得巨大的影响;另一方面阐释、宣传和推介了马克思主义,提高了革命同志的马克思主义理论素养。这一阶段,作为中国共产党创始人之一的李达,他的理论研究和学术思想始终围绕着党的建设这个中心,始终服务于中国革命斗争这个实践,肩负着革命家与理论家的双重任务,因此,打上了明显的政治烙印,使得这一时期李达马克思主义哲学中国化更多地凸显出政治形态。

第二阶段,指的是1923—1949年,李达扮演着马克思主义教育家的角色,其马克思主义哲学中国化主要以学术形态为主。1923年秋,性格倔强的李达因不同意陈独秀的政见,二人发生多次争吵后愤而离开了他所参与创建的心爱的中国共产党,由此开始逐渐地转变为一名马克思主义理论家、教育家。从脱党到新中国的成立,李达心无旁骛地开展着马克思主义研究与教育。一方面,李达系统地研究了马克思主义,撰写、著译并发表了《现代社会学》《社会学大纲》等,系统阐发了马克思主义理论,产生了巨大的反响;另一方面,他积极从事教育工作,积极开展马克思主义教育教学工作。1922年任湖南自修大学校长。1923年担任《新时代》月刊主编,1923年任湖南法政专门学校学监兼教授。1927年,任中央军事政治学校政治教官,任中山大学文学院教授。此后,李达先后任上海法政学院教授、暨南大学教授,北平大学法商学院、朝阳大学教授,广西大学教授,湖南大学教授等。这一阶段是李达哲学研究集大成阶段,也是李达开展教育教学的主要时期,更是李达学术生涯成果最为丰硕的阶段,表明李达的哲学体系和学术思想都已走向成熟,因而其马克思主义哲学中国化更多地凸显出学术形态。

第三阶段,指的是1949—1966年,李达扮演着马克思主义教育家、宣传家的角色,尤其是宣传家的角色定位,使得李达马克思主义哲学中国化主要以大众形态为主。这一阶段是李达马克思主义哲学中国化的最后一个时期。1949年,李达任北京政法大学副校长,兼任政务院文化教育委员会委员,中科院哲学社会科学部委员。1950年以后,李达离开北京,先后主持湖南大学、武汉大学工作,并兼任中南军政文教委员会副主任,中国哲学学会会长等职,积极开展马克思主义理论教育和宣传。这一阶段,李达主编了《社会发展史》一书,并通过创办夜校等,向基层人民群众宣讲马列主义、毛泽东思想。出于对哲学的热爱,李达在武汉大学创办了哲学系,开展哲学人才的培育工作,造就了一大批后来影响中国哲学界的专家学者。由此可见,李达在新中国成立后,把主要精力投入宣传毛泽东思想和培养师生员工上,为马克思主义哲学中国化作出了重要贡献,使得李达马克思主义哲学中国化在这一阶段更多地凸显出大众形态。

2.艾思奇马克思主义哲学中国化道路演进形态

作为马克思主义哲学"大众化第一人"的艾思奇,毕生致力于马克思主义哲学中国化事业,仔细梳理他一生的理论研究和实践,可以发现艾思奇马克思主义哲学中国化主要体现在"三个时期"的"三种形态",即上海时期的大众形态、延安时期的政治形态、北京时期的学术形态。

第一阶段又称为上海时期(1932—1937年),这一阶段艾思奇马克思主义哲学中国化主要以大众形态为主。艾思奇到达上海以后,开始在《申报》做读书问答工作,随后担任了《读书生活》半月刊主编。主编的工作性质使艾思奇有大量的时间与读者进行交流,在交流的过程中,艾思奇深刻认识到在中国社会处于救亡图存的关键时期虽然有很多青年志士仁人革命热情很高,但浅薄的文化水平和理解能力制约了他们的思想和行动。要把握中国的前途命运,就必须对广大民众进行思想上的启蒙,而传统的思辨哲学远离百姓的现实生活,不能承担和解决这一问题,只有实践的马克思主义哲学才能成为广大民众的理论武器,才能为广大民众提供科学的理论指导。在这种情况下,艾思奇从马克思主义哲学原理出发,尝试性地运用通俗化、大众化的语言解答青年们对社会问题和心理问题的关注和疑惑。通过近一年的积累,艾思奇把与青年交谈、问答的内容整编成册,出版了《大众哲学》,成就了一部脍炙人口的通俗哲学读本。《大众哲学》的巨大成功,不在于它有高深的理论体系、不在于它有深奥的哲学思想,而在于它第一次把哲学从神坛上拉下来,让哲学褪去晦涩的外衣,走出了书斋,走向了人民大众,这不能不说是哲学史上一种开天辟地的创新。为此,上海时期艾思奇马克思主义哲学中国化更多凸显出大众形态。

第二阶段又称为延安时期(1937—1946年),这一阶段艾思奇马克思主义哲学中国化主要以政治形态为主。延安时期,中国的抗日战争形势更加复杂,艾思奇积极响应党组织的号召奔赴革命圣地延安。在延安人民的革命激情和毛泽东的影响下,艾思奇的哲学研究方向开始发生了转变,具体来说,艾思奇马克思主义哲学研究出现了由通俗化、大众化逐步转向中国化、现实化。作为一名政治家,毛泽东虽然也很热衷于研究哲学,但他更关注哲学如何为政治服务,他的哲学研究包含着丰富的政治哲学和学理性思想,在实践中发挥了巨大的作用。毛泽东这种思维方式和研究特点对艾思奇产生了巨大的影响,促使艾思奇马克思主义哲学中国化,从理论研究为主向政治研究为主转变,其理论研究的政治性色彩逐渐浓厚,并且积极地战斗在理论战线的前沿阵地,实现了由理论形态向政治形态转变,最终成长为一位名副其实的理论家与革命家。为此,延安时期艾思奇马克思主义哲学中国化更多地凸显出政治形态。

第三阶段又称北京时期(1949—1966年),这一阶段艾思奇马克思主义哲学中国化主要以学术形态为主。新中国成立后,艾思奇一直奋战在党的理论工作的第一线。在中央党校工作期间,艾思奇担任过哲学教研室主任、学校副校长等职务,但他始终没有离开过教学第一线,他一方面坚持为学员们讲授历史唯物论、社会发展史课程;另一方面,积极撰写并公开发表和出版了系列文章,在宣传马列主义、毛泽东思想的同时,继续对唯心主义和各种反马克思主义、非(假)马克思主义的错误思潮进行批判。50年代中期,艾思奇系统总结了多年来的授课经验编撰了《辩证唯物主义讲课提纲》,该书的结构体系非常完备,被称为中国人自己运用马克思主义基本原理所编撰的第一本马克思主义哲学教材。60年代初期,本着对马克思主义哲学的热爱,艾思奇组织了一批具有共同志向和乐于奉献的马克思主义理论骨干教员,经过多方论证和辛劳工作,主编完成了《辩证唯物主义历史唯物主义》一书,被全国各高等学校普遍作为学生教材使用,堪称第一本高校马克思主义哲学教材。总之,艾思奇的《辩证唯物主义讲课提纲》和《辩证唯物主义历史唯物主义》,对广大知识分子学习、普及、宣传马克思主义哲学发挥了至关重要的作用,也培养了一大批大学生、学者和领导干部,促使马克思主义哲学中国化不断深入。由此可见,新中国成立后的艾思奇始终站在教学研究工作的第一线,从实践和理论两个层面积极推动马克思主义哲学中国化,为我们留下了宝贵的学术资源。为此,北京时期艾思奇马克思主义哲学中国化更多凸显出学术形态。

任何马克思主义哲学都是基本形态与时代形态的辩证统一。党的十六大报告指出:"党的全部理论和工作要体现时代性,把握规律性,富于创造性。"①李达与艾思奇在推进马克思主义哲学中国化进程中,由于不同的社会背景、不同的认识角度和不同的选择,致使他们的哲学研究形态在不同的历史时期有着不同的侧重,作为马克思主义哲学与中国实际结合所体现的时代形态具有相对独立性的特征。与此同时,在马克思主义哲学道路演进过程中,李达始终坚持以学术形态为主线,艾思奇则是以大众形态为主线,这又说明相对独立的

---

① 《江泽民文选》第2卷,人民出版社2006年版,第146页。

哲学形态之间并非相互排斥、分离,而是始终统一于哲学基本形态之内。总之,在现实工作中,马克思主义理论工作者要想在学术上有所建树,就必须具有坚定的马克思主义信仰和对政治的高度敏感性,而只有得到政治上的关注和支持,马克思主义哲学大众形态才能得到顺利发展。当然,顺利贯彻马克思主义哲学政治形态,没有一批信仰坚定、基础扎实的理论工作者为之努力,也是无法实现的。因此,分析、总结和提炼李达、艾思奇马克思主义哲学中国化的演进形态,对于新时代马克思主义理论工作者构建中国化的马克思主义哲学新形态具有巨大的指导意义和借鉴作用。

第五章　李达、艾思奇马克思主义哲学中国化的基本原则、方法和经验

　　李达、艾思奇是党在理论战线上的忠诚战士,他们品质高尚、成就卓著,是近现代中国革命史上马克思主义哲学中国化之先驱。二人在推进马克思主义哲学中国化过程中,始终坚持"三结合"基本原则,即始终坚持理论研究与革命实践相结合、始终坚持正面教育与揭示错误思想相结合、始终坚持认识客观世界与改造主观世界相结合;采用"三种方法",即以研究中国社会实际问题为中心,以"古今中外"为主要研究内容,充分发扬党内民主和开展批评与自我批评;形成了独特而又宝贵的经验,即坚定的马克思主义信仰是保证,马克思主义文本研究、翻译和传播是基石,对中国国情及民众需求的准确把握是基础,多样化的普及方式是手段。这些原则、方法和经验,为推进马克思主义哲学中国化乃至新时代马克思主义哲学新形态的构建积累了经验。

第一节　李达、艾思奇马克思主义哲学中国化的基本原则

　　基本原则的正确性决定着马克思主义哲学中国化的成效。李达、艾思奇

在马克思主义哲学中国化方面所取得的丰硕成果,在于二人始终坚持将马克思主义普遍真理与中国革命和建设的具体实践相结合,形成了既符合实际需求,又具有时代特点的一系列原则方法,为马克思主义哲学中国化提供了弥足珍贵的科学指南。

一、坚持理论与实践相结合的原则

对理论与实践关系问题的回应和解答是马克思主义始终关注的焦点。1842 年,马克思和恩格斯在其理论建构的早期,在论述理论和实践相结合的根本原则时,马克思就明确而又坚定地指出,"任何真正的哲学都是自己时代的精神上精华,……同自己时代的现实世界接触并相互作用"①,强调指出回应和解答"时代课题"是哲学的历史使命。随后,恩格斯也开宗明义地指出,马克思主义同其他任何科学理论一样,都是建构在一定社会实践基础之上的科学认知,理论一定要走出"书斋",一定要与丰富的具体实践相结合,理论脱离具体实际情况,就会陷入主观主义的桎梏。列宁也多次强调理论是灰色的,而生活之树是常青的。毛泽东也很早就指出,马克思主义基本原理必须遵守,老祖宗的书,必须读,但是,我们要结合新的实践创造出新的理论,为当前的政治服务。当然,"任何思想,如果不和客观的实际事物相联系,如果没有客观存在的需要,如果不为人民群众所掌握,即使是最好的东西,即使是马克思列宁主义,也是不起作用的。"②在这里,毛泽东特别强调了与中国实践的紧密结合是马克思主义在中国存在和发展的前提这一思想原则。作为与毛泽东同时代的革命伙伴,李达、艾思奇马克思主义哲学中国化也始终坚持和遵循着理论与实践相结合的马克思主义根本原则。

在李达关于马克思主义哲学中国化的研究和著述中,充分展现了一个最为显著的特点,即非常关注并致力于对马克思主义理论与中国实践相结合的

---

① 《马克思恩格斯全集》第 1 卷,人民出版社 1995 年版,第 220 页。
② 《马克思恩格斯全集》第 1 卷,人民出版社 1995 年版,第 220 页。

研究。他在《辩证法唯物论教程》《社会学大纲》《理论与实践的科学根本问题》《辩证唯物论入门》《社会进化史》《〈实践论〉解说》等作品中都强调了理论与实践的统一，明确提出理论是行动的指导而不是教条，社会实践必须在科学理论的指导下才能沿着正确的道路前行。他指出，"历史唯物主义的任务不是各色各样的解释社会，而是变革社会"。① 强调了理论的作用就是对实践的指导，二者相辅相成、不可分割。李达以"实践的唯物论"来对马克思主义进行理解和阐释，正如斯大林所言的"历史唯物主义就是把辩证唯物主义的原理推广去研究社会生活，把辩证唯物主义的原理应用于社会生活现象，应用于研究社会，应用于研究社会历史"②，强调指出了在马克思主义理论中坚持"实践唯物论"的必要性。李达马克思主义哲学中国化非常注重将社会发展理论和科学社会主义原理运用于中国具体实际，传播革命理论，播撒革命火种，这是其理论的一大特色。为此，李达被侯外庐先生亲切地称之为"普罗米修式的播火者"，被毛泽东称之为"理论界的鲁迅"。其一贯遵循和践行的理论与实践相结合的科学态度和原则，影响并教育着一批又一批致力于推进马克思主义哲学中国化的践行者。

作为马克思主义大众化第一人，艾思奇始终如一地坚持和贯彻着理论联系实际这一马克思主义基本原则。早在 1938 年 4 月，艾思奇就明确提出"现在需要来一个哲学研究的中国化、现实化的运动"③。即结合中国革命斗争的客观实际开展马克思主义哲学研究，用以指导、解决中国革命面临的一系列问题。依据"哲学家们只是用不同的方式解释世界，而问题在于改变世界"④这一马克思主义观点，艾思奇进一步指出，把握了自然界、社会和思维发展客观规律的辩证唯物主义，"不仅仅能够说明世界，而且能够成为我们观察世界和

---

① 《李达文集》第 2 卷，人民出版社 1981 年版，第 305 页。
② 《斯大林选集》下卷，人民出版社 1979 年版，第 424 页。
③ 《艾思奇文集》第 1 卷，人民出版社 1981 年版，第 387 页。
④ 《马克思恩格斯选集》第 1 卷，人民出版社 2012 年版，第 136 页。

改造世界的科学工具,成为我们行动的指南。"①在这里,艾思奇突出强调了在实践中要坚持辩证唯物主义这一行动指南,强调了"只有把哲学研究经常指向实际工作的需要这一目标,这样的研究工作才有真正的生命,才能使辩证唯物论哲学得到生动的解释和发挥"②。实际上阐释了马克思主义哲学中国化、现实化的必要性。此外,艾思奇在《有的放矢及其他》《主观主义的来源》《〈实践论〉与关于哲学史的研究》《关于〈实践论〉和学习方法的一些问题》《〈实践论〉、〈矛盾论〉在党的历史发展中的作用和意义》《辩证唯物主义历史唯物主义》《辩证唯物主义讲课提纲》等著作中,也坚定地主张对新哲学的研究既要联系斗争实际,又要在革命斗争中总结实践经验和教训,进一步阐发了马克思主义哲学的党性就在于它是为广大人民群众获得彻底解放而服务的哲学,是为党所领导的伟大的革命和建设事业而服务的哲学。

二、坚持批判错误思想与正面教育引导相结合的原则

马克思主义理论坚持彻底的批判与自我批判。马克思主义诞生之初,马克思和恩格斯就将自己的理论诉诸批判,他们主张在用科学的理论启发无产阶级革命意识的同时,既要无所畏惧地批判错误思潮,又要毫不留情地开展自我批判。而归属于马克思主义理论层面的中国化的马克思主义哲学,同样也应该在坚持马克思主义正面教育的同时,以充分的说理方式揭发和批判错误思想,纠正并帮助人们澄清模糊认识,引导并武装人民,提高学习、掌握马克思主义理论的自觉性和主动性。

马克思主义哲学中国化需要着重解决好的一个问题,即对马克思主义理论的宣传、普及和对人民群众的理论武装,其根本目的就是推动人民群众通过对所掌握的马克思主义理论的运用,从而达到对自身主观世界和客观世界的

---

① 《艾思奇全书》第 6 卷,人民出版社 2006 年版,第 700 页。
② 《艾思奇全书》第 7 卷,人民出版社 2006 年版,第 83 页。

认识和改造。而要实现这一目标任务,就必须通过富有成效的正面教育和学习,获得马克思主义基本原理与科学的世界观和方法论,但与此同时,要时刻保持清醒的头脑,对以往或正在发生的错误思想及时进行揭发和批判。列宁指出:"一个政党对自己的错误所抱的态度,是衡量这个党是否郑重,是否真正履行它对本阶级和劳动群众所负义务的一个最重要最可靠的尺度。"①强调了开展自我批评的重要性。对此,毛泽东也明确指出:"郑重的党在于重视错误,找出错误的原因,分析所以犯错误的客观原因,公开改正。"②由此可见,革命领袖和伟大的政治家们也都明白并高度重视开展"批评和自我批评"的意义,他们在论述中进一步明确了勇于揭发错误思想、善于纠正错误,从"反面事例"中探寻事物发展的客观规律,在推动马克思主义哲学中国化进程中,这是我们党一把不可或缺的"金钥匙",也是我们党推进马克思主义哲学中国化,进而教育和训练群众的一种行之有效的方法和策略。

作为马克思主义理论战线上的优秀战士,李达始终坚持将批判错误思想与加强正面教育引导相结合,用以推进马克思主义哲学中国化。建党初期,被誉为"红色教授"的李达积极捍卫马克思主义真理,和早期的马克思主义者一同展开了与各种非马克思主义和反马克思主义错误思潮的论战。③ 与此同时,他先后在上海法政学院、暨南大学、北平大学法商学院、中国大学、朝阳大学、广西大学、中山大学任教,讲授马克思主义社会学、政治学及辩证唯物主义,积极宣传马列主义和进步思想,教育引导了广大有志青年勇敢投身于中国民主革命运动,踏上了探寻革命真理的道路。李达非常敬重毛泽东,主张要坚持、研究和宣传毛泽东思想,但他从不把毛泽东当神来崇拜,从不把毛泽东思想当作"洞察一切""亘古不变"的教条。他认为对待毛泽东思想正确的做法

---

① 《列宁选集》第 4 卷,人民出版社 1995 年版,第 167 页。
② 《毛泽东文集》第 8 卷,人民出版社 1999 年版,第 197 页。
③ 这一时期李达论战的作品主要有《张东荪现原形》《讨论社会主义并质梁任公》《什么叫社会主义》《社会革命底商榷》《无政府主义的解剖》等,成为当时批驳各种非(假)马克思主义、反马克思主义最有分量的战斗檄文。

是一要坚持,二要发展。从李达身上我们可以了解到,实事求是是其一贯的风格,作为杰出的马克思主义哲学家,李达始终坚持真理,"忠实于主义",批判和修正谬误时无私无畏的献身精神,这正是新时代我们始终不渝地坚持、继承、弘扬和推进马克思主义哲学中国化的关键所在。

艾思奇作为"党在理论战线上的忠诚战士",他在推进马克思主义哲学中国化的进程中也坚持批判错误思想与加强正面教育引导相结合的原则。抗日战争时期,围绕着马克思主义中国化问题,艾思奇同国民党反共理论家叶青展开了论战。艾思奇强调了坚持民族性并不是完全排除国际主义,坚持国际主义也不是要完全取消民族性,二者是相辅相成、密切联系的。艾思奇在论战中揭露和批判了叶青以"发展"为幌子,歪曲马克思主义中国化、取消和否定马克思主义,把马克思主义化为乌有的错误,客观上加强了马克思主义的正面教育。

艾思奇认为,唯物主义与唯心主义两种认识路线的斗争贯穿于整个哲学史。他指出:辩证唯物主义认识路线是掌握客观真理的正确的认识路线,它"是以主观和客观、精神和物质、认识和实践的密切结合和互相转化为特征,那么,唯心主义、主观主义的认识路线的特征,就是主观和客观、精神和物质、认识和实践的互相分裂"①。指明了唯物主义、唯心主义认识路线二者本质上的区别。艾思奇进而指出,坚持辩证唯物主义认识路线,"就必须反对主观主义的、唯心主义的错误认识路线,就必须大力提倡学习马克思主义的认识论,使之群众化,使之为广大干部和人民群众所掌握。"②同时他也强调了批判错误思想对于加强马克思主义正面宣传、教育和引导的必要性。对于思想界流行的实用主义,艾思奇也给予尖锐的批判,他认为实用主义披着科学的伪装,以假乱真,实际上是一种极端反科学的唯心主义,它是修正主义者和具有资产阶级思想者的世界观,革命民众必须对此进行坚决揭露和无情批判。艾思奇

---

① 《艾思奇全书》第 8 卷,人民出版社 2006 年版,第 165 页。
② 《艾思奇全书》第 8 卷,人民出版社 2006 年版,第 16 页。

对错误思想的揭露和批判,有利于广大群众和干部坚持和贯彻正确的政治路线和思想路线,为所有从事马克思主义哲学中国化的理论工作者树立了好榜样。

三、坚持认识客观世界与改造主观世界相结合的原则

认识客观世界主要是指人们认识自然界和认识社会。马克思主义作为人类历史上最为科学系统的思想体系,它本身就肩负着指导无产阶级及其政党认识客观世界和改造主客观世界的双重任务。实践性是马克思主义的本质属性,马克思主义随着实践的发展而发展。马克思和恩格斯毕生致力于发现真理和运用真理,并在此基础上发挥"主观"与"客观"相一致的能动性,因而,认识客观世界和改造主观世界相结合是他们始终坚持的基本原则之一。在《〈黑格尔法哲学批判〉导言》一文中,马克思强调人的"主观与客观相一致的能动性"对"物质构成体"的反作用时,他说:"哲学把无产阶级当作自己的物质武器,同样,无产阶级也把哲学当作自己的精神武器"①,在《马克思论费尔巴哈》一文中,马克思认为:"从前的一切唯物主义——包括费尔巴哈的唯物主义——的主要缺点是:对对象、现实、感性,只是从客体的或直观的形式去理解,而不是把它们当做人的感性活动,当作实践去理解,不是从主体方面去理解。"②在此,马克思指明了人类从事实践活动的最终目的是要改造主客观世界,而不仅仅是认识和解释世界。因此,共产党人不仅要按照客观世界的本来面目认识主客观世界,更为重要的是引导人们积极参与改造世界的客观活动,二者是辩证统一关系。

以毛泽东为代表的党和国家领导人在认识客观世界和改造主观世界的辩证统一关系上有着高度一致的认同。毛泽东指出:"社会的发展到了今天的

---

① 《马克思恩格斯选集》第1卷,人民出版社2012年版,第16页。
② 《马克思恩格斯选集》第1卷,人民出版社2012年版,第137页。

时代,正确认识世界和改造世界的责任,已经历史地落在无产阶级及其政党的肩上。"①"我们是马克思主义者,是革命的行动家,我们的认识,是为着实践,为着改变世界的,我们不需要为认识而认识,单单揭发事实,并不是我们的目的。"②强调了革命理论的价值不仅仅是帮助我们认识世界,更重要的是指导无产阶级的革命实践,达到改造和解放中国社会的目的。毛泽东进而指出,一个真正的中国的马克思主义者,他既懂得从认识中国中改造中国,又懂得从改造中国中去认识中国,而且会在具体的革命斗争实践中,在坚持改造客观世界的同时改造主观世界、改造自己的认知能力,因为他深信一个好的马克思主义者是懂得、也知道如何实现改造客观世界与改造主观世界的辩证统一。③ 刘少奇也曾指出:"革命者要改造和提高自己,必须参加革命的实践,决不能离开革命的实践;同时,也离不开自己在实践中的主观努力,离不开在实践中的自我修养和学习。"④由上可见,坚持与践行认识客观世界与改造主观世界相结合的原则,既是培育马克思主义哲学中国化理论工作者的行动指南,也是践行和弘扬马克思主义理论的内在要求,二者辩证统一、相互促进。

在推进马克思主义哲学中国化过程中,李达、艾思奇始终坚持认识客观世界与改造主观世界的辩证统一。李达指出:"精神是由一定方法组织了的物质出现了的时候,才会出现的东西。我们欲使精神出现,必需要有物质的条件组织而成的"⑤,革命战士们要完成民族解放的大业,要有效地开展斗争工作,就要把精神武装起来,运用科学的宇宙观和历史观去认识新生的社会现象,指导我们的斗争实践,从而解决我们在实践中所遇到的新问题。"一切革命的学说、思想或哲学,只是当时社会的物质生活的矛盾、阶级的斗争等社会变动

---

① 《毛泽东选集》第 1 卷,人民出版社 1991 年版,第 296 页。
② 《不要误解"实事求是"》,《解放日报》1942 年 4 月 22 日。
③ 《毛泽东选集》第 1 卷,人民出版社 1991 年版,第 296 页。
④ 《刘少奇选集》上卷,人民出版社 1981 年版,第 101 页。
⑤ 李达:《辩证唯物论问答》,上海进化书店 1937 年版,第 4 页。

的事实之观念的反映。这种学说、思想或哲学,无疑是革命的阶级的实践的契机,能够促进社会的改造。"①在此,李达指出马克思在唯物论中引入实践,这是哲学世界观的革命性变革,强调一切精神的出现必须以一定的物质为基石,主观世界的武装亦是为了解决客观实践中存在的问题,也促使实现对客观世界和主观世界的改造。

1941年,艾思奇发表了《反对主观主义》《谈主观主义及其来源》等文章,论证了脱离中国现状、历史和对中国实际情况不了解,对中国问题不搞调查的主观主义的危害,客观上强调了主观、客观统一的必要性。"大跃进"期间,艾思奇在禹县做思想方法问题的讲话中指出:唯物论的基本原则,就是要使主观能够反映客观,客观第一,主观第二,这是一个真正的马克思主义者必须要坚持的原则,凡是工作或做事,都要牢牢记住,都要始终把客观情况摆在第一位;当然,一个真正的马克思主义者也要懂得主观的努力也不能松懈,要加强对主观的指导。对于主观世界与客观世界的关系,艾思奇进一步指出,主观生活只是人类生活的一个方面,不是全部,而事实上人类生活又只是客观世界的一部分,也不是全部。因此,"主观必以客观世界为基础,它发生于客观世界里,作为客观世界发展的一定阶段上的产物。不是主观创造客观,而是客观产生主观。"②从艾思奇的论述中可以看出,正确认识客观世界是改造主观世界的前提,就如刘少奇同志所言,正确认识客观世界的目标是对主观世界的改造,进而又达到对客观社会的改造,这是每一位共产党人都要努力奋斗的历史使命③,主观世界改造不彻底,根源在于没有真正达到对客观世界的认识,要实现对客观社会的改造也只能是一种乌托邦式的臆想。

---

① 《李达文集》第2卷,人民出版社1981年版,第293页。

② 《艾思奇文集》第1卷,人民出版社1981年版,第91页。

③ "我们应该把自己看作是需要而且可能改造的。不要把自己看作是不变的、完美的、神圣的,不需要改造的、不可能改造的。我们提出在社会斗争中改造自己的任务,这不是侮辱自己,而是社会发展的客观规律要求。如果不这样做,我们就不能进步,就不能实现改造社会的任务。"见《刘少奇选集》上卷,人民出版社1981年版,第98页。

总之，推进马克思主义哲学中国化，说到底是一项改造人们主观世界的系统工程，必须坚持理论与实践相结合、批判错误思想与加强正面教育引导相结合、认识客观世界与改造主观世界相结合的"三原则"，这既是马克思主义的内在要求，也是新时代加强和推进马克思主义哲学中国化的必然选择。如果违背这三条原则，马克思主义哲学非但不能在中国落地生根，不能为中国人民群众所掌握，而且，马克思主义哲学中国化也势必会成为一种空谈，更谈不上教育、引导和武装人民群众。

第二节　李达、艾思奇马克思主义哲学中国化的基本方法

共性与个性辩证统一，个性是相对的，共性是绝对的，共性寓于个性之中。就个体而言，李达、艾思奇因所处的具体环境、面对的主客观条件及个性特征的不同，使得二人在推进马克思主义哲学中国化进程中所使用的具体方法有所不同。然而，在综合研究和比较二人推进马克思主义哲学中国化方式方法时，我们可以从中发现一些共性的方法，即二人都坚持以研究中国社会实际问题为中心，都坚持"古今中外法"，都坚持发扬党内民主和开展批评与自我批评相结合。新时代，总结李达、艾思奇在推进马克思主义哲学中国化过程中的基本方法，对于促进构建当代中国马克思主义哲学中国化新形态，教育和引导人民用科学的马克思主义武装自己具有重要的理论价值和现实意义。

一、坚持以研究中国社会实际问题为中心

马克思指出："人的本性是这样的：人只有为同时代人的完美、为他们的幸福而工作，自己才能达到完美。"[①]突出强调了理论研究者应以关注和解决

---

① 《马克思恩格斯全集》第1卷，人民出版社1995年版，第459页。

社会现实问题为己任。李达和艾思奇在他们数十年的战斗历程中,也深刻地认识到要想获得自己的完美就要努力为同时代人的完美和幸福而奋斗,就是要致力于研究、解决中国社会的实际问题,为民族谋解放,为人民谋幸福。20世纪二三十年代,中国所面临的实际问题是"中国社会向何处去"。李达、艾思奇正是在研究、解答这一社会实际问题中不断推进马克思哲学中国化。

"理论是解答实践的活动所提起的问题。"①李达将"唯物史观与中国历史命运相结合"来思考和剖析"中国社会向何处去"。通过对俄国十月革命所指向的社会主义道路的研究,李达认为,后发型的半殖民地半封建社会的中国,必须用马克思主义"新思想",建设"新国家",即走社会主义道路。李达指出,党内同志要下大功夫研究马克思学说,研究中国经济状况,目的在于对革命理论和中国实际有一个较为全面的了解。要全面获得社会基础知识,最主要的是真正了解并掌握社会进化的原理,学会应用社会进化的原理解剖现实社会,找到社会内部存在的病根,对症下药方才有效。李达认为,一个社会内部的病根,归根到底就是社会问题和民族问题,这是两个根本问题,"社会问题和民族问题研究清楚了,末了再来推论它们的解决的方法,以及世界社会的将来究竟是怎样的。照这样去研究社会,总可以获得社会的基础知识了。"②正是基于对"中国社会向何处去"这一中心问题的研究和解答,李达先后写作完成了《十月革命与知识分子》《现代社会学》《唯物史观解说》《社会之基础知识》《社会学大纲》等,从逻辑的严密性和结构的完整性上较为全面地把握、介绍和推进了马克思主义哲学中国化。由此可见,李达将"唯物史观与中国历史命运相结合"来回应和解答中国社会的实际问题,即"中国向何处去",为新时代马克思主义哲学中国化奠定了方法论基础。

---

① 《李达文集》第2卷,人民出版社1981年版,第305页。
② 《李达文集》第1卷,人民出版社1980年版,第496—497页。

　　艾思奇总是力求使哲学与中国革命实际、与群众现实生活及与群众斗争实践相结合,来解答人们所关心的社会问题,即"中国向何处去"。他指出:"理论的作用在于解决实际问题,一旦离开实际,就转化为死教条,成为主观的空调头。"①表明了马克思主义哲学与中国实际相结合,必须是依据其理论原则解决中国革命的实际问题,不能仅仅立足于用中国事例来阐释理论原则,否则就会成为"死教条""空调头"。在艾思奇看来,实践形态是马克思主义哲学的主要体现,它对实践的能动的指导,主要是具体化为"各种术的方法规则",用于指导解答各类中国实际问题。就如何贯彻、落实马克思主义哲学中国化,艾思奇指出,在中国应用马克思主义,就必须始终坚持马克思主义立场、观点和方法,这一点要毫不动摇,同时要立足于中国革命实际研究问题,制定出中国无产阶级在中国民族革命斗争中行之有效的"目标任务和战略政策",来回应和解答中国民众关心关注的社会实际问题,即"中国社会向何处去"。此后,艾思奇通过《大众哲学》的理论传播,把深奥的马克思主义哲学通俗化、大众化,同时也回应和破除人民群众关心关注的社会实际问题,即对哲学的神秘感,为党的理论宣传和研究,为提高人民大众新的哲学启蒙,为繁荣和发展哲学社会科学作出了不可磨灭的贡献。

二、坚持"古今中外法"②的研究方法

　　学习、研究和宣传马克思主义哲学的根本目的,就在于运用马克思主义哲学原理来回应和解答中国革命和建设实践中所遇到的实际问题。为此,我们必须坚持一个前提,即以"古今中外"为主要研究内容,换而言之,就是要通过研究,熟知中国历史、了解现状和期望未来,还要辨析和通晓中国与外国的联

---

　　①　《艾思奇全书》第 3 卷,人民出版社 2006 年版,第 312 页。
　　②　"就是弄清楚所研究的问题发生的一定的时间和一定的空间,把问题当作一定历史条件下的历史过程去研究。所谓'古今'就是历史的发展,所谓'中外'就是中国和外国,就是乙方和彼方。"《毛泽东文集》(第 2 卷),人民出版社 1993 年版,第 400 页。

系与差异。熟知"古今"便于总结经验,以史资政;通晓"中外"便于比较鉴别,吸收借鉴。具体来说,就是既要避免"言必称希腊",不了解中国历史、现状,不结合中国实际的教条主义;又要避免盲目排斥马克思主义和"以俄为师"的经验主义;还要勇于、善于同各种非马克思主义、反马克思主义错误思潮作斗争。毛泽东对此有着科学的理解和认识,他指出,学习和研究马克思主义的科学态度和方法,就是不要割断历史。"不单是懂得希腊就行了,还要懂得中国;不但要懂得外国革命史,还要懂得中国革命史;不但要懂得中国的今天,还要懂得中国的昨天和前天。"①简而言之就是"古今中外法"。李达、艾思奇推进马克思主义哲学中国化的一个突出特点就是始终坚持"古今中外法"。

李达指出,中国社会有其与众不同的"特殊的形相和固有的特征",决不能简单地将"一般原理之单纯的例证"②运用于中国实际,中国的革命"不必专受理论上的拘束",要"按照目前中国国情""定出一个政策"。③ 在此,李达对党内一些教条主义者进行了批评,指出他们由于缺乏对中国"古今"——即历史和现实国情的正确认识,甚至于一知半解、一无所知,致使其在对待"中外"问题时像留声机一样"言必称苏俄经验""言必称共产国际决议",丝毫不懂得、不知道在对中国历史、现实的把握中学习、研究和宣传马克思主义,只是一味地机械地生吞活剥地照抄照搬外国经验和别国模式,严重迟阻了马克思主义哲学中国化。

艾思奇认为,在对待"中外"方面,摆在理论工作者面前的重要任务是根据中国自己的现实材料,在中国自己的地盘上,来发展辩证法唯物论的世界观,"使它更能成为改造中国、争取中华民族独立解放的锐利的方法武器。"④

---

① 《毛泽东选集》第3卷,人民出版社1991年版,第801页。
② 《李达文集》第2卷,人民出版社1981年版,第5页。
③ 《李达文集》第1卷,人民出版社1980年版,第211页。
④ 《艾思奇全书》第3卷,人民出版社2006年版,第259页。

他指出："马克思主义在内容上实质上是国际主义的。"然而在具体的现实世界中,马克思主义"绝不会成为全世界一致的国际形式直接表现出来",它会因时因地依附于"这个民族的不同发展条件而采取着不同的表现形式的"。显然,实现马克思主义哲学的中国化并不是"把国际主义挤掉","相反地正是要使国际主义在现在的条件下,得到具体的表现"。① 强调要兼容并蓄地吸收和借鉴外国经验,尤其是苏俄经验和国际主义,并依据中国历史与现实的实际加以创造与发展,这是实现马克思主义哲学中国化的必然选择。艾思奇指出:"中国的马克思主义及其哲学的发展,受外来影响很大,但决不全靠输入的。"②要靠中国的理论工作者根据中国的历史与现实,实现中国形态的马克思主义哲学的"更大创新","这就必须要应用马克思主义的基本原理,来研究中国社会中国革命的一切发展规律,就必须使我们的理论当中,包含着丰富的中国社会环境和中国历史的规律知识,而不只是一些仅仅与外国社会有关的结论和原理的把握"。③ "仅仅依据书本原理的主观臆测的言论,是应该停止的"。④ 当然,"就中国来说,就是要把中国的特殊性,依据中国的特点使马克思主义在中国民族的特殊形式之下表现出来,然而并不因此就丢开马克思主义"。⑤强调了突出"民族性"不以丢开马克思主义"本本"为前提,马克思主义是"根本",丧失了"根本",就会沦为无本之木、无源之水;没有了"根本",也就没有了所谓的"中国化"。

在对待"古今"的问题上,艾思奇认为加强马克思主义哲学和中国优秀哲学的对话交流,是推进马克思主义哲学中国化的必由之路。为此,艾思奇重视将马克思主义哲学与中国优秀传统文化,特别是中国优秀哲学思想相结合。在《五四文化运动在今日的意义》一文中,艾思奇指出,马克思主义的种子早

---

① 《艾思奇全书》第 2 卷,人民出版社 2006 年版,第 779 页。
② 《艾思奇全书》第 2 卷,人民出版社 2006 年版,第 547 页。
③ 《艾思奇全书》第 3 卷,人民出版社 2006 年版,第 288 页。
④ 《艾思奇全书》第 3 卷,人民出版社 2006 年版,第 289 页。
⑤ 《艾思奇全书》第 2 卷,人民出版社 2006 年版,第 779 页。

就孕育于中华民族和它的优秀传统之中。① 马克思主义哲学与中国优秀哲学思想在内容上是相融相通的,二者相互交融、相互影响、相互吸收。艾思奇认为:实现马克思主义哲学中国化,既要"能控制中国传统的哲学思想、熟悉其表现方式"②,这是基本前提;又要"对于中国自己的过去哲学史上的唯物论和辩证法的因素的发扬,以及对于中国的形而上学和唯物论思想的批判"③,这是科学方法,二者缺一不可。在这里,艾思奇强调指出了对待中国哲学遗产要分清精华与糟粕,要清楚该肯定和继承什么,该否定和抛弃什么,既要坚决反对从马列主义一般原理中教条地、抽象地演绎出中国哲学史,又要坚决反对过分拔高中国哲学而忘掉马列主义一般原理。艾思奇认为,要真正推进马克思主义哲学中国化,坚持具体问题具体分析的科学态度和方法是必不可少的,坚持运用马克思主义哲学的基本立场、观点及方法来研究中华优秀传统文化,包括中国哲学,并促使其实现现代化的改造也是必不可少的,只有这样才能真正做到"古为今用"。

总之,李达和艾思奇始终坚持以马克思主义哲学为指导,紧密结合中国社会历史与现实发展的时代任务,与时俱进地推进马克思主义哲学中国化,在批判、继承、弘扬中华优秀传统文化,借鉴、吸收国外成功经验及先进思想的基础上,全面把握中国社会发展的具体规律,形成了具有中国民族风格和民族特性的马克思主义哲学,进而产生具有时代特性的中国化的马克思主义哲学新形态。李达、艾思奇所采用的"古今中外法",为新时代马克思主义哲学中国化提供了范例,也为新时代马克思主义理论工作者开展理论研究提供了方法论指导。

---

① 罗少剑:《艾思奇关于马克思主义哲学中国化的"系统构想"》,《北京大学学报(哲学社会科学版)》2010 年第 4 期。

② 《艾思奇文集》第 1 卷,人民出版社 1981 年版,第 420 页。

③ 《艾思奇文集》第 1 卷,人民出版社 1981 年版,第 556 页。

三、坚持发扬党内民主和开展批评与自我批评

推进马克思主义哲学中国化既是中国共产党人一项实践探索,更是一项与时俱进的理论求索。然而"马克思主义的中国化,是一个发展过程,辩证法唯物论与中国的实际革命运动的结合,不是一开始就能完全合拍"①,这就需要中国共产党人在革命和建设实践中,不断学习、摸索马克思主义与中国实际相结合的有效路径,并在修正错误的过程中使其"日益发展、日益达到更完善的境地的"。② 显然,推进马克思主义哲学中国化无疑是一项庞大复杂的系统性工程,要不断结合中国具体实际,适时适境地运用马克思主义哲学基本原理来回答和解决不同时期中国所面临的具体问题。

在推进马克思主义哲学中国化的历史进程中,我们党曾经犯过两种严重的错误:一种是保守以至僵化的教条主义,他们信而好古,崇洋媚外,"言必称希腊",开口闭口"拿本本来",割裂了理论与实践、主观与客观的联系,否认实践是检验真理的标准,把马克思主义哲学当作包治百病的救世良方,生搬硬套,拒绝依据中国实际加以改造。教条主义贻害无穷,曾给革命和建设带来严重危害。③ 另一种是自由化以至无用论,他们背离甚至否定马克思主义哲学对中国革命、建设的指导,否定其在中国存在之必要。这两种错误,说到底属于思想认识上的错误。"左"和右都会葬送社会主义,"中国要警惕右,但主要是防止'左'。"④教条主义在党内长期存在,而且容易导致一些领导干部家长制作风严重,会议一言堂,遇事一言蔽之。为此,从主观与内在要求来看,充分发扬党内民主、深入开展批评与自我批评,是巩固党的团结统一,加强党内监督,纠正教条主义,保持党的肌体健康的有力武器。这一点已被中国共产党波

---

① 《艾思奇全书》第 3 卷,人民出版社 2006 年版,第 249 页。
② 《艾思奇全书》第 7 卷,人民出版社 2006 年版,第 450 页。
③ 中国共产党在 20 世纪 30 年代初期和 60 年代中后期所受的教条主义的伤害,可谓典型例证。
④ 《邓小平文选》第 3 卷,人民出版社 1993 年版,第 375 页。

澜曲折的历史所证明,也被李达、艾思奇为推进马克思主义哲学中国化进程的实践所证明。

发扬党内民主、开展批评与自我批评,实际上就是中国共产党所倡导的"惩前毖后,治病救人",也就是要以科学的态度分析、揭发和批判以往的错误,警示、救治后来的工作者少犯或者不犯错误。如毛泽东所言,犯错误是一种社会现象,不是个人的偶然表现,我们对于犯错误的同志,要充分发挥党内民主,要从团结的愿望出发,开展扎实的批评与自我批评,在弄清思想认识的基础上达到新的团结,使全党进步。李达、艾思奇在推进马克思主义哲学中国化的进程中,一贯坚持了发扬党内民主,走群众路线,实行批评与自我批评相结合的方法。

1. 二人都强调党必须打开"窗户",充分发挥党内民主

党历来重视发扬党内民主,主张要打开"窗户",允许党员广开言路、积极主动地揭发和坦白在马克思主义哲学中国化上所犯的错误,要"不怕人家批评""要给人家讲话的机会",要"以灵魂与人相见",要敢于和善于开展"自我批评",认真反思自身的弱点,这丝毫不会损坏自己的形象和地位,相反会使自己更加"适合党和革命的需要"。二人的这一主张及其所坚持的这一原则,为新时代开展好党内民主生活会提供了很好的范例。

2. 二人都批评了党内少数同志把马克思主义哲学教条化

针对党内少数同志把马克思主义哲学当作亘古不变的教条和包治百病的灵丹妙药的错误,李达、艾思奇给予严厉批评。早在 1923 年,李达就提出"假使当前中国能够应用马克思主义学说改造社会,中国无产阶级应该怎样准备?怎样实行"①的论断。他进一步指出,如何运用马克思主义学说改造中国社会,"这一点马克思在《共产党宣言》上并未为中国共产党筹划。"②这需要我们党的同志自己去摸索,但不幸的是"当时党内的人多注重实行,不注意研

---

① 《李达全集》第 3 卷,人民出版社 2016 年版,第 108 页。
② 《李达全集》第 3 卷,人民出版社 2016 年版,第 115 页。

究,并有'要求马克思那样的实行家,不要马克思那样的理论家'的警句,同时我也被加上了研究系(指研究社会学说讲的)的头衔"①。事实上,中国共产党人可以依据当时中国"产业的情况和文化的程度""也可以定出一个政策来"②。在此,李达批评了党内一些同志照抄照搬马克思主义理论的错误,指出马克思主义哲学应依据中国现实情况与时俱进地形成中国化的理论形态与实践形态,而不应该是"言必称希腊"。

艾思奇最早提出"马克思主义哲学中国化"的概念。他指出:"现在需要来一个哲学研究的中国化、现实化的运动。"③我们不能老是空洞地、脱离中国实际地"空谈"马克思主义哲学,当然"中国化、现实化的运动"并不采取绝对否定其他的哲学的态度,相反会以"极大的包容性吸取一切哲学的精华",取长补短、为己所用。对于"中国化、现实化的运动"的论争,艾思奇也给予极大的宽容,他指出:"论争是不是容许呢? 自然是容许的,而且也是不可避免的,然而在存精去芜的立场上,论争是有善意的、互相发展的作用,而不是绝对的互相排斥。"④在这里,艾思奇强调了发挥党内民主,开展党内论争的必要性。对于如何实现马克思主义哲学的"中国化、现实化的运动",艾思奇指出,一方面,在研究中国社会和革命的一切发展规律时,要依据并运用马克思主义基本原理;另一方面,"必须使我们的理论当中,包含着丰富的中国社会环境和中国历史的规律知识,而不只是一些仅仅与外国社会有关的结论和原理的把握"⑤。在此,艾思奇批评了教条主义"言必苏俄""言必共产国际"的错误,指出了依据中国革命和建设的实际,与时俱进地推进马克思主义哲学中国化的必要性。

---

① 《李达全集》第4卷,人民出版社2016年版,第269页。
② 《李达文集》第1卷,人民出版社1980年版,第211页。
③ 《艾思奇全书》第2卷,人民出版社2006年版,第491页。
④ 《艾思奇全书》第2卷,人民出版社2006年版,第491—492页。
⑤ 《艾思奇全书》第3卷,人民出版社2006年版,第287页。

3.二人都批评了党内少数同志对待马克思主义的自由化态度

针对党内少数同志以自由化的态度对待马克思主义哲学的错误,李达、艾思奇进行了严厉批评。受张东荪、梁启超、江亢虎、区声白、叶青①等影响,党内少数同志对马克思主义哲学中国化有一定程度的错误认识,甚至有人背离进而否定马克思主义哲学对中国革命的指导性,李达、艾思奇对此进行了严厉的批评。1923年,李达提出“中国可以应用马克思学说改造社会”②的论断,旗帜鲜明地批判了“马克思主义的社会主义不适合中国国情的胡说”③,开宗明义地指出马克思主义哲学是“吾党哲学的根据”。对于李达宣传和研究马克思主义的战斗批判精神,毛泽东给予高度的评价和赞扬,他对李达说,你是黑旋风李逵,李逵只有两板斧,你比他还要厉害,你有三板斧,而且有大义、大勇和大智,你是理论界的“黑旋风”,从五四运动到全国解放,“胡适、梁启超、张东荪、江亢虎这些‘大人物’没有一个没挨过你的‘板斧’的!”④

艾思奇在《论中国的特殊性》一文中指出,我们要正确对待马克思主义中国化,坚决反对“自由化思想”,为此,我们“尤其要坚持马克思主义的基本原则和基本方法”“尤其要站稳马克思主义的立场”,只有这样才能真正做到将马克思主义具体地应用到“中国的现实的特殊条件上来”⑤,实现马克思主义中国化“决不是丢开马克思主义的立场的意思”⑥。在这里,艾思奇批判了党

---

①　张东荪认为,“恩格尔思(即恩格斯——引者注)以及俄国马克思派则硬把辩证法当作纯粹哲学来讲,同时把‘唯物论’一层当作认识论来讲,于是便真成了一种新的纯粹哲学。其实那里会有这样的哲学,只是一场胡扯乱闹而已!”意在强调哲学本体论的意义,使哲学玄学化。叶青认为,“说哲学消灭并不是说它消灭,乃是说它变成了科学”,“由哲学的哲学而科学的哲学,便是哲学底消灭”(叶青:《论哲学底消灭(续完)》,《新中华》1936年第22期),意在反对哲学本体论,使哲学实证化、科学化。

②　《李达全集》第3卷,人民出版社2016年版,第108页。

③　在《张东荪现原形》《讨论社会主义并质梁任公》等文章中,李达指出“社会主义的根本原则”不能因为“中国现时社会实况与欧美略有不同”而改变,马克思主义同样适合中国的国情。

④　参见唐春元:《毛泽东与李达》,中央文献出版社2003年版,第260页。

⑤　《艾思奇全书》第2卷,人民出版社2006年版,第773页。

⑥　《艾思奇全书》第2卷,人民出版社2006年版,第774—775页。

内一些同志的错误思潮,他们以中国的特殊性为借口,放弃了马克思主义基本的原则和方法,从而否定了马克思主义中国化。

革命民众对马克思主义哲学中国化这一系统性工程的认识,有一个漫长的过程,"在这个过程中间,暂时的摸索、部分的偏差、个别问题上的盲目性和错误常常是难免的",这就需要中国共产党人在反复实践和认识的过程中"逐步发现、逐步克服这些缺点和错误",并最终找到"克服这些缺点和错误"的方式与方法,才能给予革命群众"有计划的自觉的指导"。① 在此,艾思奇明确指出了推进马克思主义哲学中国化,犯"盲目性和错误"难以避免,关键问题在于要"不断地实践和反复认识",这就需要充分发扬党内民主,努力营造"知无不言、言无不尽,言者无罪、闻者足戒,有则改之、无则加勉"的民主氛围,坚持"团结—批评—团结"的方法,深入开展批评与自我批评,以达到对客观事实的正确认识,进而"给予有计划的自觉的指导"。显然,充分发扬党内民主,深入开展批评与自我批评,既是推进马克思主义哲学中国化行之有效的方法,也是李达、艾思奇取得巨大成功的经验所在,对于新时代理论工作者推进马克思主义哲学中国化具有现实的指导意义。

第三节 李达、艾思奇马克思主义
哲学中国化的基本经验

哲学如同"黄昏迟到的猫头鹰",是在不断地反思长期积累起来的经验的基础上逐渐形成的;哲学又如"黎明报晓的雄鸡"是在不断反思的基础上通过思辨产生的。哲学的发展需要有哲学思维和哲学思辨的伟大哲学家和重要人物。时势造英雄,处于复杂的革命斗争和建设环境下的中国,根据客观现实推进马克思主义哲学中国化,迫切需要有一批精通马克思主义哲学的理论家,迫

---

① 《艾思奇全书》第 8 卷,人民出版社 2006 年版,第 161 页。

切需要有一批为推进马克思主义哲学中国化而努力奋斗的先行者。正如恩格斯所指出的一样,重要人物和先驱者会因时而至、因势而生,即使没有,时势也会造出这样的人物来。中国革命和建设的特定时势造就了李达与艾思奇历史的成为同时代人们中推进马克思主义哲学中国化的先驱性人物。当然,二人成为拥有时代特色的哲学家不是历史的偶然,而是中国所面临的革命与建设实际、及人民大众对马克思主义理论武装的现实呼唤。仔细梳理和研究二人推进马克思主义哲学中国化的历史进程及所取得的伟大成就,不难发现李达、艾思奇推进马克思主义哲学中国化的经验,富有启迪、意义深远。

一、坚定的马克思主义信仰是基本保证

信仰是人们尊崇、信服某种理论、学说、主义,并把它作为自己的活动指南和行为准则,它反映和体现了人们对某种世界观、人生观和价值观的选择与执着追求。所谓马克思主义信仰,从思想和学理层面来看,是指人们信服和尊崇马克思主义,并视其为行为准则和行动指南;从理想信念的层面来看,是指人们信守和坚持马克思主义;从实践层面看,是指人们对于实践马克思主义的态度,即以正确的态度对待马克思主义理论,自觉以马克思主义理论来武装自己,成为自己认识和改造世界的有力武器。为此,所谓马克思主义信仰,既包含着对马克思主义理论即其思想体系的信服和尊崇,又包含着对马克思主义理想信念的信守和坚持,还包含着在实践层面的马克思主义理论武装,它是真理性、价值性、实践性的辩证统一。作为我国杰出的马克思主义理论家,李达、艾思奇有着坚定的马克思主义信仰,这是其推进马克思主义哲学中国化的前提保证。

(一) 李达的马克思主义信仰与马克思主义哲学中国化的推进

中国革命发展的实践证明,推进马克思主义哲学中国化,首要的条件是必须有坚定的马克思主义信仰。李达对马克思主义哲学中国化的持续推进,与

其对近现代中国,尤其是 20 世纪中前期中国革命和建设实践的反复探索和理论创新分不开的。

1.对十月革命与苏俄道路的向往

近代中国诸多思想和学说在探索"救亡图存"过程中的屡次失败,十月革命的伟大胜利,促使李达初步树立起马克思主义的信仰。近代中国的贫困与落后,客观上造就了诸多社会精英对中国前途和命运的探索,地主阶级开明绅士、农民阶级、地主阶级洋务派、资产阶级维新派、资产阶级革命派纷纷登上历史舞台,用其倡导的思想主张来探索中国革命的前途与未来。从魏源的"师夷长技以制夷",林则徐的"睁眼看世界"的探索,到洪秀全的"无处不均匀、无处不饱暖"的大同社会,再到以"求强"和"求富"为目标的洋务运动,再到主张君主立宪的戊戌变法和倡导民主共和的辛亥革命,都无一例外地失败了,中国社会仍旧处在帝国主义和北洋军阀的黑暗统治中。在这样的背景下,李达留学日本,亲身感受到中国受尽日本等帝国主义的欺凌与侮辱,痛恨国内反动政府的无能,深切担忧并努力探寻着中国革命的未来与出路。就在李达苦闷与无奈之际,十月革命一声炮响,给他带来希望的曙光,随着马克思主义在中国的进一步传播,客观上促使李达"初步树立了对马克思主义的信心和苏俄的向往"①。于是,学习马克思列宁主义、走俄国革命道路,推翻反革命政府,实现救国救民的目的,便成为李达革命的不二选择,也促使李达初步树立起了坚定的马克思主义信仰。

2.同各种错误思潮展开了论战与批判

1920 年 8 月,针对梁启超和张东荪等资产阶级改良派倡导的实业救国改良之路,李达回到上海,发表了《讨论社会主义并质梁任公》《张东荪现原形》等文章,系统地批判了实业救国的错误,并旗帜鲜明地指出改良主义是伪社会主义,其本质上是反社会主义的。李达的批判起到了正本清源的作用,进一步

---

① 《李达文集》第 1 卷,人民出版社 1980 年版,第 733 页。

拓展了马克思主义在中国的传播。此后,李达又在《社会革命底商榷》《什么叫社会主义》《无政府主义的解剖》等文中,详细地解剖和分析了无政府主义,批判了它反马克思主义的本质。李达认为:"越是反马克思主义的邪说谬论喧嚣一时,我们越是要坚定不移地站在马克思主义的基本原理阵地上进行战斗。"①李达大无畏的批判精神获得毛泽东的高度肯定,他把李达比作有大义、大勇、大智的"三板斧"李逵。毛泽东的高度评价充分体现了李达是马克思主义的坚定信仰者,这是李达所以能够成为推进马克思主义哲学中国化先驱者的根本保证。

3. 持之以恒的马克思主义研究与宣传

李达在 1923 年至 1949 年脱离党组织,但他始终高举马克思主义理论的伟大旗帜,始终关心、关注党的建设与发展,始终坚守马克思主义崇高信仰。用李达自己的话来说,"从那个时候起,我就致力于马克思主义的研究,抱着至死不变的决心,不离开马克思主义。"②事实上,李达在此期间出版了一系列有关马克思主义的著作,如在传播马克思主义理论方面独具一格、自成体系的《现代社会学》;系统介绍和阐述马克思主义哲学原理的《社会学大纲》《经济学大纲》《社会进化史》等。其中,《社会学大纲》被毛泽东称之为"中国人自己写的第一部马克思主义哲学教科书"③。由于李达有着坚定的马克思主义信仰,不遗余力、持之以恒地推进马克思主义哲学中国化,且富有成效,使得李达被进步学生和报刊亲切誉为"红色教授"。

4. 不变地信守和践行马克思主义信仰

新中国成立后,以"老兵"自命的李达在《人民日报》等报刊上陆续发表了《毛泽东思想的伟大胜利》《历史唯物主义讲座》《读〈怎样分析农村阶级〉》《怎样学习毛泽东思想》《怎样学习〈实践论〉》《怎样学习〈矛盾论〉》等文章;

---

① 李达:《唯物辩证法大纲》,人民出版社 1978 年版,第 499 页。
② 《纪念李达诞辰一百周年》,湖南出版社 1991 年版,第 93 页。
③ 宋镜明:《李达》,河北人民出版社 1997 年版,第 175 页。

主编了《社会发展史》,撰写了《〈实践论〉解说》《唯物辩证法大纲》《〈矛盾论〉解说》等,从历史唯物论的角度对毛泽东的著作进行了通俗和详尽的解读,对毛泽东思想的基本内容进行了系统概括,宣传和教育人民群众学习马列主义著作,学习毛泽东思想,极大地加强了人民群众的理论武装。

新中国成立后,李达对党内存在的"左"的错误进行了批判,用行动再次捍卫了自己所坚守的马克思主义信仰。20 世纪 50 年代末,针对陈伯达抛出的取消商品生产和商品交换的错误理论,以及社会上掀起的批判商品生产的歪风,李达进行了针锋相对的批驳。他明确指出,目前的中国不仅不能取消商品生产和商品交换,而且还应大力发展商品生产和商品交换。针对大跃进和人民公社运动中的"浮夸风""共产风"和"瞎指挥风"等"左"倾错误,李达指出,"如果不顾客观规律,共产主义就会搞成'破产主义','大跃进'就会变成'大后退','人民公社'就会变成'人民空社'"。[①] 其后,李达发表了《共产主义社会的两个阶段》《关于我国由社会主义过渡到共产主义的问题》等文章,提出要保持清醒的头脑,不能把社会主义和共产主义混为一谈。针对"教育革命"的错误,李达认为损害了知识分子的自尊心,先生和学生参加劳动是一种浪费,会降低教学质量。

纵观李达对马克思主义的研究与宣传,字里行间体现了其坚定的马克思主义信仰,这是李达在推进马克思主义哲学中国化过程中之所以能够取得常人难以取得的丰硕成果的前提保障,也是李达之所以能够成为马克思主义哲学中国化典范的根本保障。

(二) 艾思奇的马克思主义信仰与马克思主义哲学中国化的推进

1. 马克思主义宇宙观和世界观的树立

早在 20 岁左右,艾思奇就先后两次赴日留学,机缘使他参加了中共东京

---

① 中共中央党史研究室第一研究部、中共湖南省委党史研究室、中共湖南省永州市委编:《李达与中国共产党的创建和马克思主义在中国的传播》,人民出版社 2013 年版,第 580 页。

支部的"社会主义学习小组",接触到了一些马克思、恩格斯和列宁的原著,开始对马克思主义产生了浓厚的兴趣,他通过学习阅读原著文献初步掌握了马克思主义的世界观、人生观和价值观,并逐步确立了马克思主义的崇高信仰。正如他所言:"我总想从哲学中找出一种对宇宙和人生的科学真理,但都觉得说不清楚,很玄妙。最后,读到马克思、恩格斯的著作,才感到豁然开朗,对整个的宇宙和世界的发生发展有了一个比较明确的认识和合理的解释。"①显然,在学习、研读马克思主义经典著作中,艾思奇找到了自己人生为之努力和奋斗的目标与方向,即以坚定的马克思主义理想信念,坚持不懈地以推进马克思主义哲学中国化为己任,努力实现马克思主义哲学与中国具体实际相结合便成为艾思奇革命理想的不二选择。

2. 批判了歪曲和攻击马克思主义的错误思潮

第一,对传入中国的现代资产阶级哲学流派进行批判。艾思奇在同传入中国的现代资产阶级哲学流派进行批判的过程中树立坚定的马克思主义信仰。20世纪30年代末到40年代初,生命哲学、新康德主义和唯意志论等现代资产阶级哲学流派传入中国,其所提出的"回到康德那里去""生命是世界的真正基础和唯一实在""科学主义""人文主义"等观点,具有巨大的迷惑性,一定程度上使得一些青年出现模糊认识,甚至混淆是非。对此,艾思奇进行了辛辣的批判,他指出了生命哲学等现代资产阶级哲学流派的实质是与马克思主义哲学相违背的。生命哲学,以封建意识为复归,是与马克思主义哲学根本对立的;唯意志论,其实质是主观唯心主义和唯我论。

第二,对国民党反动政治领袖的唯心主义哲学思想进行批判。艾思奇在同国民党反动政治领袖所尊崇的唯心主义哲学思想批判的过程中树立坚定的马克思主义信仰。在《抗战以来的几种重要哲学思想评述》一文中,艾思奇对蒋介石的力行哲学、陈立夫的唯生论和阎锡山的"中"的哲学进行了批判。他

---

① 《艾思奇全书》第8卷,人民出版社2006年版,第933页。

认为蒋介石的力行哲学其实质是反共、反人民、反革命的、封建买办性的法西斯主义,是要求人民盲从的极端有害的唯心主义哲学;陈立夫的唯生论哲学是与辩证法唯物论相对抗的错误思想之一,代表着当权的大资产阶级大地主的世界观;阎锡山的"中"的哲学是地方政权当局者的哲学,并与辩证法唯物论相对抗。通过批判捍卫了马克思主义的真理性。

第三,清算和批判国民党御用文人的唯心主义哲学思想。艾思奇在清算和批判国民党御用文人的唯心主义哲学思想的斗争中进一步坚定了马克思主义信仰。艾思奇在《论黑格尔哲学的颠倒》《生产力与生产关系的相互作用》《关于内因与外因论》《哲学讲话》等文章中对叶青等人的唯心主义反动哲学思想进行了清算和批判。叶青认为,马克思主义"它必须变更其形式,有如一个新东西,中国的东西,与原来的东西不同"①,这才叫作中国化。很显然,叶青的主张是以假借中国的特殊性而要取消和否定马克思主义,是改变马克思主义本质以非马克思主义取代之,要将马克思主义这一强大的理论武器从人民手中夺走。对此,艾思奇指出,叶青是"披着辩证唯物论外装的另一种唯心论"。是对唯物辩证法的歪曲,马克思主义中国化并不是要更改马克思主义基本原则、立场和观点等,而是对马克思主义的继承和发展,二者一脉相承。对于胡适的实用主义,艾思奇认为,"谁也知道是一种错误的思想方法,它能一变而成唯心论哲学。"②这种唯心论的哲学既曲解了人类生活,也歪曲了生物进化学说,是与马克思主义的辩证唯物论和历史唯物论根本对立的。对于梁漱溟的哲学思想,艾思奇一针见血地指出,是西方资产阶级唯心论学派中的"生命派哲学"论与中国孔孟哲学唯心论的混合物,犹如东西方多种唯心论的一锅大杂烩。

艾思奇认为,相比较于中国传统哲学中的道德哲学、西方输入的实证哲学和生命哲学,马克思主义哲学更具优越性的品质,是可信和可爱一致的哲学,

---

① 《艾思奇全书》第2卷,人民出版社2006年版,第771页。
② 《艾思奇全书》第1卷,人民出版社2006年版,第115页。

是解救中国的哲学。所有这些封建哲学和外来输入型哲学,虽然流行一时,但已是强弩之末,已是"挣扎的梦呓",解决不了中国社会未来的命运。而马克思主义由于其科学的理论,又和创造未来的先进阶级——工人阶级的命运联系在一起,使得其虽然还很弱小,但却有着旺盛的生命力,因而是解决中国前途和命运的必然选择,舍此别无他方。由上可知,艾思奇坚定的马克思主义信仰,是在批判当时各种哲学思潮之后树立起来的。

总之,李达、艾思奇推进马克思主义哲学中国化,并取得了巨大的成就,主要源于二人有坚定的马克思主义信仰,也正是由于二人对马克思主义理论、马克思主义理想信念的尊崇、信服、信守和坚持,以及在实践中强化马克思主义理论武装,才使得李达、艾思奇在推进马克思主义哲学中国化的进程中卓有成效。

二、加强马克思主义文本研究、翻译和传播是理论基石

就词源而言,文本(text)表示的是编织的东西。《说文解字叙》称:"仓颉初作书,盖依类象形,故曰文。""文者,物象之本。"物象通常都有纹路色彩,因以"文"来指称。今天所说的文本,是作品的可见可感的表层结构,是语言的实际运用形态。所谓马克思文本,是指马克思个人的文本,包括马克思经典著作、生平、笔记、随笔、文稿等。所谓马克思主义文本,是指马克思及其后继者的文本,既包括马克思自己的文本,也包括恩格斯、列宁、斯大林、毛泽东、邓小平等马克思主义者的经典著作和文献。[①] 李达、艾思奇都十分看重对马克思主义文本的研究、翻译和传播,这是他们二人推进马克思主义中国化的理论基石。

(一) 李达对马克思主义文本的研究、翻译和传播

李达被誉为"伟大的马克思主义启蒙大师",其一生致力于马克思主义文

---

① 参见作者所著、本项目阶段性成果之一:冯飞龙:《近年来国内马克思主义哲学中国化研究述评》,《山西师大学报》2013 年第 6 期。

本的翻译、研究和传播,对马克思主义的传播和发展有独特的理论建树。

1. 建党前后,李达对马克思主义文本的研究、翻译和传播

1917 年,李达师从日本学者河上肇,学习和研究了《共产党宣言》《资本论》《政治经济学批判》等马克思主义文本,并在学习和研究的基础上,写作发表了《什么叫社会主义》《社会主义的目的》等文章,对马克思科学社会主义基本理论进行了充分地阐述。1920 年 8 月,李达回到祖国担任中华书局编辑,翻译了包括《唯物史观解说》《社会问题总览》《马克思经济学说》等关于马克思唯物史观的一些书籍,把唯物史观的基本思想传递给了广大劳动者,为马克思主义在中国的传播奠定了理论基础和群众基础。1921 年,李达主持《共产党》月刊,大量刊载马克思主义文章。之后,李达创办了人民出版社,成为刊印、出版马克思主义著作的主阵地,先后刊印出版了《列宁传》《共产党宣言》《第三国际决议案及宣传》等数十本经典理论著作。这些翻译和研究为在中国传播马克思主义奠定了坚实基础。

2. 脱党后的李达依然坚持对马克思主义文本的研究和传播

李达脱党后,依然热爱着中国共产党,研究、传播和著述马克思主义文本依然是其日常的主要工作。中共二大期间,受张国焘的批驳,李达认为自己不适合政治运动,便愤而脱党并致力于马克思主义研究。用李达的话来说,"从那个时候起,我就致力于马克思主义的研究,抱着至死不变的决心,不离开马克思主义。"[①]1922 年 11 月,李达就任湖南自修大学学长,编写了《马克思主义名词解释》,为学生讲授唯物史观和马克思主义的科学社会主义。1923 年 4 月,李达担任《新时代》主编,初步探索了马克思主义与中国革命实际相结合的问题,先后发表了《何谓帝国主义》《马克思学说与中国》等文。随后,李达又发表了《社会主义与江亢虎》,批判了江亢虎掩盖资本主义对人民群众剥削的事实,是地地道道的假社会主义。大革命失败后,共产党的刊物被禁止,出

---

① 《纪念李达诞辰一百周年》,湖南出版社 1991 年版,第 93 页。

版社遭破坏,李达先后发表了《民生史观和唯物史观》《现代中国社会之解剖》等文章,始终坚守马克思主义阵地,坚持对马克思主义的研究和宣传。1926年,李达出版了《现代社会学》这本关于研究唯物史观和科学社会主义的论著,哺育了一大批共产党人和革命青年。1928年,李达创建了昆仑书店,继续刊印、介绍马克思主义著作。1932年8月,回到北平的李达担任几所大学的教授,并在此期间先后出版了《社会学大纲》《经济学大纲》《社会进化史》《货币学概论》四部专著,对马克思主义进行了系统的介绍和阐释,被进步学生和进步报刊亲切地称之为"红色教授"。

3. 新中国成立后李达继续从事马克思主义文本研究和传播

新中国成立后,作为党的优秀理论工作者,李达继续从事马克思主义文本研究和传播,为奠定马克思主义哲学中国化的理论基石继续贡献力量。新中国成立后,李达回到北京,翻译了苏联西洛可夫、爱森堡等人的《辩证法唯物论教程》,主编了《社会发展史》,这些工作为毛泽东撰写《实践论》《矛盾论》提供了重要资料,进一步拓宽了马克思主义文本研究的范畴。在担任武汉大学校长期间,李达以马克思主义哲学中国化为范式,积极而又深入地开展了马克思主义哲学研究,开创了中国化的马克思主义哲学研究的学术传统。

总之,李达一生以其精深的外语水平和深厚的古文功底,以中国人的语言风格和思维方式深入而系统地翻译、研究和传播马克思主义,充分表明"他是中国马克思主义史上百科全书式的学者和卓越的理论家"①,是推进马克思主义哲学中国化的表率。

(二) 艾思奇对马克思主义文本的研究、翻译和传播

与李达一样,艾思奇也积极开展对马克思主义文本的研究、翻译和传播,二人有着异曲同工之处,主要体现在艾思奇在不同的历史阶段,对马克思主义

---

① 《纪念李达诞辰一百周年》,湖南出版社1991年版,第29页。

文本的研究和传播有着不同的内容和方式。

1. 留日期间对马克思主义文本的学习和传播

留日期间,艾思奇就着手开始马克思主义文本的学习、研究和传播,为马克思主义哲学中国化奠定了基础。青年时期的艾思奇接受了父亲民主革命思想的熏陶,形成了"天下兴亡、匹夫有责"的忧国忧民意识。同时,艾思奇从哥哥李生庄那里了解并接收到许多哲学方面的知识,思想上也逐渐倾向于马克思主义。中学期间,艾思奇参加了"青年读书努力会",阅读了《共产主义》《共产党宣言》等进步书籍。1927 年,迫于军阀孙传芳的反共淫威,艾思奇带着父亲工业救国图存的期望和寄托留学日本,加入中共东京支部"社会主义学习小组",有目的、有系统地阅读、钻研德语版本和俄语版本的马克思主义文本,致力于探求马克思主义的"本源"和本真内涵,为日后开展马克思主义文本研究和传播奠定了扎实的基础。1930 年,再次赴日的艾思奇,参加了由中共东京支部组织的每周一次的集体学习,认真研读了部分马列主义经典著作,如《共产党宣言》《反杜林论》《关于费尔巴哈的提纲》《唯物主义和经验批判主义》等,进一步丰富了马克思主义相关理论知识,完善了知识结构,为研究、宣传中国化的马克思主义哲学奠定了坚实基础。

2. 上海时期开启了马克思主义哲学大众化形态

在上海时期,艾思奇《大众哲学》的出版,开启了马克思主义哲学普及的大众化形态,为马克思主义哲学中国化的发展作出了独特的贡献。毛泽东指出,任何英雄豪杰的思想,"其原材料或半成品只能来自人民群众",其"头脑只能作为一个加工厂而起制成完成品的作用"。[①] 突出强调了"人民性"和大众化是马克思主义哲学的本质要求,是马克思主义文本研究和传播的方向。在泉漳中学任教期间,艾思奇参加了"上海反帝大同盟",并在教学中使用深入浅出、通俗易懂的教学方法,初步探索了理论的大众化和通俗化问题。1933

---

① 《毛泽东文集》第 7 卷,人民出版社 1999 年版,第 358 页。

年,艾思奇参加了"中国社会科学联盟",受"联盟"委托,艾思奇前往《申报》开展马克思主义文本的研究与宣传,他在"读书问答"栏目,推荐进步读物、介绍科学知识,答疑解惑,将自己 24 篇讲话稿编辑成《哲学讲话》,后更名为《大众哲学》,解放前共印发了 32 版,成为"真正通俗而有价值"的书,极大地推进了马克思主义文本的研究与解读。

3.延安时期开启了马克思主义哲学政治化形态

1937 年,震惊中外的七七事变爆发,日本帝国主义开始全面侵华战争,面对严峻的抗战形势,党中央决定抽调一批理论界的专家学者到延安,开展理论武装和斗争,艾思奇服从党组织的安排离开上海,经武汉、西安到达延安。延安期间,艾思奇深受毛泽东的影响,他对马克思主义文本的研究不再仅仅只是着眼于通俗化和大众化,而是转向了中国化和现实化研究,开始思考并探索将中国革命政治任务与马克思主义立场、观点和方法相结合,用马克思主义的相关理论来回应和解答中国革命面临的矛盾和问题。这一时期,艾思奇参加了哲学学习小组,还为朱德等人担任学习指导教员,同时编写了系列书籍,如《哲学研究提纲》《这选辑》《科学历史观教程》《马恩列斯思想方法》等,作为干部学习和教育的读本。此后,在整风运动中,艾思奇通过系列政治理论研究和宣讲,深入推进马克思主义中国化,凸显了其政治上的成熟,也促使其蜕变成为一名思想上坚定,政治上自觉的马克思主义理论工作者。总之,延安时期,艾思奇开启了马克思主义哲学政治化形态,丰富和发展了中国化的马克思主义哲学形态。

4.北京时期形成了马克思主义哲学学术化形态

在北京,艾思奇担任马列学院教员,教学工作的主要任务是主讲马克思主义哲学和社会发展史。期间,艾思奇写作、发表和出版了《辩证唯物主义讲课提纲》《辩证唯物主义和历史唯物主义》《关于〈实践论〉和学习方法的一些问题》《〈实践论〉与哲学史的研究》《人民民主政权的重要职能是组织社会主义经济》《露骨的主观唯心主义》《破迷信,立科学,无往而不胜》《无限和有限的辩证法》《生产发展的规律性》《认识客观规律,鼓足革命干劲》《曲折前进是宇宙发展的普遍规律》等讲稿、文章和书籍,构建起具有中国特色的马克思主义哲学教科书体系,极大地促成了马克思主义哲学研究的学术化形态的形成,进一步深化了马克思主义文本的研究和传播。总之,北京时期,艾思奇形成了马克思主义哲学学术化形态,确保了马克思主义哲学中国化走向深入。

综上所述,作为中国哲学界"泰山北斗"的李达和"马克思主义大众化第一人"的艾思奇,二人在马克思主义文本的研究、翻译和传播方面,始终是不遗余力、一以贯之,且二人理论成果丰硕,内容丰富,为马克思主义哲学中国化奠定了理论基石。

三、对中国国情及社会民众需求的准确把握是现实基础

正确认识和准确把握国情问题事关革命事业的成败。中国共产党成立初期,无论是党的总书记陈独秀还是其他党的领导人对中国国情的认识尚不够准确,从陈独秀、瞿秋白和毛泽东的早期论著,及党的早期文献、决议中可见一斑。早期党的文献曾多次提到"中国是一个许多帝国主义国家互相争夺的半殖民地"①。这一国情的定位,显然与其后关于近代中国是"半殖民地半封建社会"的判断有一定偏差。国情判断不准确,与此相对应的革命方针、政策就不科学,革命行动就会受挫。相反,国情判断准确,则革命活动就会取得成功,这是近代以来被中国革命运动所证明的客观规律。李达和艾思奇作为马克思主义哲学中国化的先驱,其研究成果之丰硕,是因为二人对中国国情及中国社会民众需求的准确把握。

近代以来,积贫积弱的旧中国内忧外患。为挽救民族危亡和实现国家的独立、富强,不甘做亡国奴的中国人民进行了艰苦的探索,但均以失败而告终。在诸多思想和救国主张失败后,时代迫切需要产生新的思想理论来指导革命

---

① 《毛泽东选集》第1卷,人民出版社1968年版,第94—95页。

实践。俄国十月革命的胜利,犹如黑暗天空中的响雷和闪电,炸开了阴云的笼罩,使我们看到了希望的曙光,"以俄为师"便成为人民探索革命道路的必然选择。为此,中国革命和民众迫切需要学习、了解和掌握来自遥远欧洲的马克思主义,需要能够解决中国"半殖民地半封建社会"的具有民族形式和中国作风的中国化的马克思主义。李达和艾思奇准确把握了中国民众的这一客观需求,开始致力于马克思主义哲学中国化的研究和传播。

(一) 李达对中国国情及社会民众需求的准确把握

1. 较早得出"中国革命是世界的一部分"论断

准确阐释了中国社会"半殖民地半封建社会"的社会性质,较早得出"中国革命是世界的一部分"的正确论断,帮助社会民众确立了从世界的视野着手解决中国革命的现实问题。面对千疮百孔的旧中国,李达深刻认识到国际帝国主义和国内军阀的反动统治是中国两大敌人,其中"国际帝国主义"的侵略,使得"中国革命是世界的一部分",提出要想完成反帝反封建的任务,就必须放眼世界,寻求新的救国救民真理,进而得出"就中国现状而论,……,最好莫如采用社会主义"①的论断,强调这是中国的唯一出路,舍此别无他途。深受湘湖文化经世致用思想影响的李达,从一开始选择马克思主义,就把它作为挽救民族危亡的策略和手段,而不是作为个人的学术偏好,他站在救国救民的高度深刻阐释了马克思主义的科学性与真理性。李达对近代中国国情的深刻理解和正确认识,将马克思主义作为救国真理的正确选择,进一步夯实了马克思主义哲学中国化的现实基础。

2. 始终站在社会前沿来探索中国社会现实需要

日本、俄国和法国是马克思主义传入中国的三条渠道,因此,研究马克思主义精通日文、俄文和法语至关重要。而事实上,李达通过刻苦学习,熟练地

---

① 《李达全集》第 1 卷,人民出版社 2016 年版,第 383 页。

掌握了日文、俄语、英语和法语四国语言,始终站在社会前沿来探索中国社会现实需要,再加上李达有着丰富的社会经验,有着极为深厚的经济、文化和法理知识,使得李达能够直接研读和吸纳国外马克思主义哲学研究的最新成果,较早地站在社会前沿,总能从中国社会最根本的问题入手,来解决中国社会的现实需要。1923年,他在《马克思学说与中国》一文中,提出了"欲研究目前的中国能否应用马克思学说改造社会,首先要晓得马克思所说的社会革命究竟是什么? 究竟怎样实现的? 究竟在什么时机实现?"①的论断,蕴含了应"考虑中国社会问题的特殊性",按照中国国情来应用和发展马克思主义的思想。②李达的这一认识,回应了同时代人们对中国革命"路在何方""如何实现"的焦虑,体现了他总是把马克思主义研究与中国社会改造的特殊性相结合的思想。

3. 传播了唯物史观探索事关中国革命系列问题

李达从中国社会现实出发,系统地传播了唯物史观,探索了事关中国革命的系列问题。1926年,在《现代社会学》一文中,李达较早地指出了中国社会是"帝国主义国家的半殖民地",是一个"半封建社会",并结合中国社会实际对中国革命的任务、对象、领导权和前途等问题进行了比较系统的论述,启发和影响了一代进步青年。正如李达的学生、中国当代史学家吕振羽所言,"从系统地传播唯物史观视角来看,李达老师是我国第一人,我听他课的讲义,即后来出版的《现代社会学》,被认为是我国第一部由中国人自己写的系统论述唯物史观的专著"。1929年,李达在《社会之基础知识》中,以历史唯物主义为指导,明确指出:"只有民众起来打倒帝国主义,铲除封建遗物,树立民众政权,建设国家资本,解决土地问题,以求实现真正自由平等的新社会。"③1936年,李达在《社会学大纲》一文中,把自然观与历史观、认识论与价值论统一起

---

① 《李达文集》第1卷,人民出版社1980年版,第203页。
② 刘友红:《"李达与马克思主义哲学中国化"专题研讨综述》,《武汉大学学报》2004年第9期。
③ 《李达文集》第1卷,人民出版社1980年版,第558—559页。

来,从整体性视角论述了马克思主义哲学理论,针对中国革命的实际需要,强调了实践在马克思主义哲学中的核心地位,突显了唯物辩证法在马克思主义哲学体系中的不可替代性。总之,就目的性而言,李达研究马克思主义哲学,其根本目的是,回应和解答中国社会现实问题,即探索中国的出路,回答中国向何处去。也正是由于李达对中国国情及社会需求的准确把握,使其在推进马克思主义中国化方面取得了常人难以企及的成就。

(二) 艾思奇对中国国情及社会民众需求的准确把握

1.回应民众对马克思主义大众化要求

实践呼唤理论,理论引领实践。针对民主革命时期中国共产党内存在的把马克思主义教条化倾向,及中国哲学界存在的滥用哲学公式生搬硬套和理论脱离实际的错误倾向。1938 年 4 月,在《哲学的现状和任务》中,艾思奇指出:"现在需要来一个哲学研究的中国化、现实化的运动。"①第一次提出马克思主义哲学中国化命题。而在如何实现马克思主义哲学中国化问题上,艾思奇结合中国国情及革命实践的需要提出两个基本原则,"第一要能控制中国传统的哲学思想,熟悉其表现方式;第二要消化今天的抗战实践的经验与教训。"②实际上指出了推进马克思主义哲学中国化,一方面,要对中国传统哲学思想取其精华去其糟粕,在融入中国传统哲学思想的基础上,实现马克思主义哲学中国化;另一方面,又要通过对中国革命丰富的实践经验进行总结、概括与升华,进而形成独具民族特色和中国气派的中国化的马克思主义哲学。这些论述体现并反映了艾思奇对中国革命具体实践的科学把握,回应和解答了革命民众对中国化的马克思主义哲学诞生的热切期盼。

2.最早使理性主义哲学实现了大众化

针对革命民众由于文化水平和哲学素养较低而难以正确理解和准确把握

---

① 《艾思奇文集》第 1 卷,人民出版社 1981 年版,第 387 页。
② 《艾思奇文集》第 1 卷,人民出版社 1981 年版,第 420 页。

深奥的马克思主义哲学的现实,艾思奇站在理论的角度首次提出把解决中国命运和哲学联系起来,实现马克思主义哲学中国化,进而达到大众化、通俗化,让哲学深入人心。在具体的实践中艾思奇首开先河,站在为"负有创造将来的使命的阶层"的立场上,以生动活泼的形式,以群众耳熟能详的语言把高深的哲学以通俗易懂的语句加以解释,把哲学从腾云驾雾的神秘中解放出来,这是我们党历史上破天荒的第一次,开了被称之为"最高限度的马克思主义=(Umschlag)最高限度的通俗化"①之先河,创作出脍炙人口的《大众哲学》,为人民群众提供了一部较为完整的哲学教科书,使哲学和人们的日常生活无限接近,回答和解决了无数青年普遍关心和关注的社会问题,帮助他们扫除了弥漫在心中的时代苦闷,成为广大青年思想的火炬,极大地推进了马克思主义哲学中国化。

3.批判了诋毁马克思主义哲学中国化的言行

20世纪40年代,正值中国抗战时期,各阶级各党派的思想交锋非常激烈。对于马克思主义哲学中国化,叶青给予否定。同时,蒋介石"力行论"、陈立夫"唯心论"等各种唯心主义学派也对马克思主义哲学中国化进行干扰、非议乃至狂轰滥炸。他们要么诋毁马克思主义的科学性,要么以中国国情的特殊性为由,否定马克思主义哲学中国化,更为严重的是否定马克思主义对中国的指导。针对上述诋毁甚至污蔑马克思主义哲学中国化的错误言论,艾思奇进行了严肃的批判,他指出马克思主义哲学中国化,就是要中国在"特殊条件"②下创造马克思主义,就是要在"具体环境"下实践马克思主义,就是"辩证法唯物论与中国的实际革命运动的结合"③。在这里,艾思奇强调要在正确把握中国社会特殊性的基础上,运用科学的方法深入研究中国社会具体的实际情况,要坚决避免将马克思主义公式化、空洞化的错误,从而推进马克思主

---

① 《列宁全集》第36卷,人民出版社1959年版,第468页。
② 《艾思奇文集》第1卷,人民出版社1981年版,第481页。
③ 《艾思奇文集》第1卷,人民出版社1981年版,第552页。

义哲学中国化。

总之,作为"普罗米修斯式的播火者",中国最早传播马克思主义的先驱者之一的李达,和作为"马克思主义大众化第一人"的艾思奇,他们二人在推进马克思主义哲学中国化的过程中,都尤为重视对中国特殊的国情及社会民众的实际需求的准确把握,并在实际的革命活动中始终身体力行地回答和解决中国社会面临的一系列问题,这是李达、艾思奇马克思主义哲学中国化的现实基础。

四、多样化的宣传及普及方式是有效推手

李达与艾思奇既是我们党历史上著名的马克思主义理论家,又是著名的哲学家、教育家、翻译家,使得他们二人在推进马克思主义哲学中国化的方式方法上存在着许多共性的东西,尤其是二人都采用了多样化的普及手段,即著书立说、理论阐释、撰写教材、教育教学、经典著作翻译等形式和手段,有力地推动了马克思主义哲学中国化。

(一) 作为理论家都著书立说,深化了马克思主义哲学中国化

1. 二人都撰写了系列文章阐释宣传和介绍马克思主义

革命理论是革命运动的先声。毛泽东指出:"指导一个伟大的革命运动的政党,如果没有革命理论,没有历史知识,没有对于实际运动的深刻的了解,要取得胜利是不可能的。"[1]中国革命斗争的实际是革命理论的形成与革命政党的建立几乎是同时进行的,这种近乎"边学边干"的做法,使得共产党一建立就面临着马克思主义理论准备不足的问题,"没有大量的真正精通马克思列宁主义革命理论的干部,要完成无产阶级革命是不可能的。"[2]时势迫切需要产生专门从事革命理论研究和推进的大师。李达和艾思奇就是在这种背景

---

[1]　《毛泽东选集》第2卷,人民出版社1991年版,第533页。
[2]　延安整风运动编写组:《延安整风运动纪事》,求实出版社1982年版,第29页。

下成长、成熟起来的党的马克思主义理论工作者。他们二人都具有较高的马克思主义理论素养,也都在日本留过学,都阅读了大量的马克思列宁主义原著,撰写了系列文章,宣传和介绍了科学社会主义和欧洲工人运动。从日本回国后,依据中国革命斗争的需要,他们二人都著书立说,研究和推进了中国化的马克思主义哲学。

2. 李达著述等身,多部著作开中国马克思主义之先河

李达一生著述等身,前后共撰写了数百万字的文章、专著和译著,在中国马克思主义发展史上占有重要地位。[①] 李达的代表作主要有:被国民党称之为宣传赤化的《现代社会学》(1926 年),系统论述了唯物史观和科学社会主义;《中国产业革命概论》(1929 年),这是中国人用马克思主义观点系统分析和阐述中国近现代经济的第一本著作;《民族问题》(1929 年),这是中国第一部阐述马克思主义民族理论的著作;《社会学大纲》(1935 年),系统阐述了辩证唯物主义和历史唯物主义;《社会进化史》(1935 年),这是中国第一部以马克思主义为指导写作的世界通史;《法理学大纲》(1948 年湖南大学讲授法理学所印行的讲义),这是中国第一部马克思主义法学著作;《唯物辩证法大纲》(20 世纪五六十年代),精辟地阐述了毛泽东哲学思想对马克思主义哲学的重要贡献。此外,李达还撰写了系列文章,《〈实践论〉解说》《〈矛盾论〉解说》等。李达可以说是中国最早重视对马克思主义理论从整体性角度进行研究并实现其综合理论创新的思想家,他一生所撰写的 46 部著作(专著、主编 26 部,译著 20 部)和数百篇论文,在哲学、经济学、政治学、史学、法学、社会学、教育学、文化思想史研究等众多领域都取得了开创性的成就[②],对于推进马克思主义哲学中国化产生了重要影响。

3. 艾思奇著述颇丰,开创马克思主义哲学大众化道路

艾思奇是党的理论战线上的忠诚战士,他一生都在研究、宣传马克思主

---

① 丁晓强、李立志:《李达学术思想评传》,北京图书馆出版社 1999 年版,第 48 页。
② 汪信砚:《李达哲学探索的独特理论个性》,《哲学研究》2011 年第 12 期。

义,著述颇丰,总字数达 560 余万字。① 宏大的著述表明,他将自己的一生都献给了伟大的马克思主义事业。艾思奇著书立说的主要代表作是《大众哲学》,该书一经面世就得到广大青年和人民的青睐,解放前就曾出了 32 版之多。1935 年李公朴认为:“这一本通俗的哲学著作,我敢说是可以普遍地作我们全国大众读者们的指南针,拿它去认识世界和改造世界。”②毛泽东也饱含深情地称赞《大众哲学》是“通俗而有价值的著作”。1937 年 4 月,《哲学与生活》出版,毛泽东称其为艾思奇“著作中更深刻的书,我读了得益很多”。③ 1938 年,艾思奇出版了《哲学的现状和任务》,在其中,他明确主张马克思主义哲学中国化,开创了马克思主义哲学发展的新道路。1961 年,艾思奇出版了《辩证唯物主义与历史唯物主义》,这是一本富有开拓性的书籍,是一部具有中华民族特色、系统介绍马克思主义哲学的丛书。此外,艾思奇还撰写了《进化论与真凭实据》《怎样研究自然科学》《哲学研究大纲》《思想方法论》等作品,进一步深化了对马克思主义的研究,极大地推进了马克思主义哲学中国化的发展。

(二) 作为哲学家都注重从哲学视角推进马克思主义哲学的普及

素有“智慧之学”“明白之学”的哲学,是关于世界观的学说,时刻关注于对普遍而基本问题的研究,对基本原则的质疑、反思及重建。作为马克思主义三大组成部分之一的马克思主义哲学,是科学的世界观和方法论,是人们正确认识和改造世界的思想武器,它揭示了自然界、人类社会和思维的最一般的规

---

① 2006 年,经艾思奇全书编委会收集、整理、编辑出版了《艾思奇全书》(第 1—8 卷),基本上将艾思奇一生的著述都收录了进去,包括已经公开出版和发表的著作、文章、译文、杂文、短论、文艺作品、通俗读物、教材等,也包括没有面世的讲义、辅导报告、讲学提纲、文稿等,总字数约 560 多万。

② 《大众哲学》,人民出版社 2011 年版,第 1—3 页。

③ 《毛泽东文集》第 2 卷,人民出版社 1993 年版,第 31 页。

律。近代中国处在纷繁复杂的社会矛盾与变革之中,也迫切需要出现一批具有共产主义觉悟和信念的哲学家,能善于用马克思主义哲学的基本立场、基本观点和方法来指导人民正确认识并改造中国社会。李达与艾思奇正是在这一时代背景下走上中国革命道路且取得卓越成就和丰硕成果的哲学家。

1.马克思主义哲学中国化的不懈探索是李达研究的基点

李达认为:"马克思主义哲学是讲世界观、方法论的,应当是各门科学中的首席科学,对一切科学和各项工作都有指导作用。"①为此,李达把马克思主义哲学运用于人文社会科学研究,取得了开创性成果,推动了马克思主义哲学中国化的发展。在《现代社会学》(1926年)一书中,李达系统地阐释了唯物史观,并对中国革命亟待解决的一系列重大问题,如中国社会性质、革命的任务、动力、对象、领导者和前途等问题作了深入思考和探索,轰动了当时的思想界,至1933年即印行14版之多,在革命者中广为流传,引起国民党的恐慌,被斥为宣传赤化的哲学著作。② 在《社会之基础知识》(1929年)一书中,李达系统地阐述了历史唯物主义的社会构造和社会发展原理。在《社会学大纲》(1935年以讲义形式首次印行,1937年正式出版)一书中,李达提出了用科学的宇宙观和历史观把精神武装起来,努力完成民族解放大业。该书一经出版便广泛流传,毛泽东反复阅读了十遍,称赞李达为"真正的人",称赞该书为"中国人写的第一部马克思主义哲学教科书"。鉴于该书思想深刻、说理透彻、内容丰富,毛泽东将它推荐给延安哲学研究会和抗日军政大学,作为干部学习研究的必读书籍。新中国成立后,李达先后出版的《〈实践论〉解说》和《〈矛盾论〉解说》受到毛泽东的称赞,"关于辩证唯物论的通俗宣传,过去做得太少,而这是广大工作干部和青年学生的迫切需要,希望你多写些文章。"③20世纪60年代,李达主持编写了《马克思主义哲学大纲》,后经陶德麟教授修订

---

① 转引自《陶德麟文集》,武汉大学出版社2007年版,第717页。
② 汪信砚:《李达哲学探索的独特理论个性》,《哲学研究》2011年第12期。
③ 《毛泽东文集》第6卷,人民出版社1999年版,第154页。

于 1978 年由人民出版社以《唯物辩证法大纲》的书名出版,成为中国马克思主义哲学史上的又一名著。①

2.马克思主义哲学通俗化、大众化是艾思奇的毕生追求

艾思奇长期致力于马克思主义哲学研究和宣传,作为马克思主义的大众哲学家,他毕生都为马克思主义哲学通俗化、大众化进行研究,被人们亲切称为"人民的哲学家"。艾思奇多次同各种唯心主义哲学作斗争,他的哲学学术生涯和革命生涯紧密结合在一起,使得"学理性"与"斗争性"成为艾思奇马克思主义哲学通俗化、大众化的两个基本特征。

第一,最早使用并推动了马克思主义哲学大众化。1936 年 1 月,艾思奇的《大众哲学》(原名《哲学讲话》)出版,第一次把哲学从哲学家的课堂和书本中解放出来,极大地推动了马克思主义哲学在中国的传播。新中国成立后,他十分关心和支持工人和农民学哲学。1958—1959 年,他先后发表和出版了《哲学要为实际工作服务》《工人和哲学》《破除迷信大家学哲学》《学习哲学的群众运动》等,系统总结了工农学哲学的经验,积极开展了对工农学哲学活动的指导。

第二,撰写系列文章,推动马克思主义哲学中国化的发展。为进一步推进马克思主义哲学中国化,艾思奇先后撰写了《二十二年来之中国哲学思潮》(1933 年)、《哲学讲话》(1934 年)、《从新哲学所见的人生观》(1935 年)、《民族解放与哲学》(1936 年)、《思想方法论》(1936 年)、《大众哲学》(1936 年)、《哲学研究大纲》(1936 年)、《如何研究哲学》(1936 年)、《哲学与生活》(1937 年)、《哲学的现状和任务》(1938 年)、《哲学"研究提纲"》(1939 年)、《怎样研究辩证唯物论》(1939 年)等,从哲学的层面提出、宣传和论述了马克思主义哲学基本原理及其中国化、现实化问题。新中国成立后,受党中央书记处委托,艾思奇组织人员主持编撰了《辩证唯物主义与历史唯物主义》一书,成为全国各级党校和高等院校学习哲学普遍使用的教科书,对于教育广大知识青

---

① 汪信砚:《李达哲学探索的独特理论个性》,《哲学研究》2011 年第 12 期。

年,培育中国哲学理论工作者起到重要作用。

第三,捍卫和宣传了马克思主义哲学。艾思奇同各种非马克思主义哲学的唯心主义思潮作了坚决的斗争,旗帜鲜明地捍卫和宣传了马克思主义哲学。20世纪三四十年代,艾思奇同产生于欧洲现代资产阶级的生命哲学、唯意志论进行了坚决斗争;同代表大地主、大资产阶级的唯生论哲学(陈立夫)、力行哲学(蒋介石)、"中"的哲学(阎锡山)作了坚决斗争,明确指出他们是极端有害的愚民哲学,目的是维护其法西斯一党专政;批判了叶青、张东荪等人的唯心主义反动哲学及胡适的实用主义、梁漱溟哲学思想,帮助广大人民群众和党员干部树立起科学的马克思主义世界观,达到思想上的革命和解放,极大地促进了马克思主义哲学中国化的发展。

(三) 作为教育家都主编系列教材,推进马克思主义哲学中国化

作为马克思主义教育家的李达和艾思奇,二人都是教育教学的行家里手,二人通过编写系列马克思主义教材,深入课堂、社会开展教育和培训,教育进步青年,培养优秀干部,帮助广大人民群众和党员干部提高了马克思主义理论素养,推进马克思主义哲学中国化。

1. 都长期从事着各级学校马克思主义理论教育教学

各级各类学校是开展马克思主义教育的主阵地,事关"培养什么样的人"和"为谁培养人"。党在成立初期就高度重视学校学生的马克思主义理论教育。李达和艾思奇紧密结合中国革命、建设的时代任务,积极为在学校开展马克思主义教育,为马克思主义哲学通俗化、大众化及中国化的发展作出重大贡献。

李达非常注重青年学生的马克思主义理想信念教育。中共一大前后,李达认为:"社会革命的准备时期工作就是马克思所说的宣传本党的意见目的和趋向。"①即引导青年的政治方向,帮助青年树立马克思主义信仰。为此,早

---

① 《李达文集》第1卷,人民出版社1980年版,第232页。

在建党初期,李达就致力于马克思主义教育事业,通过举办妇女教育、平民教育,为党和革命培养了大量的积极分子和妇女干部。1922 年,李达担任湖南自修大学校长,极力推行"平民主义的大学",倡导并推行研究马列主义,探讨中国革命问题,使得湖南自修大学成为一所宣传马列、培训干部的新型学校,在当地产生较大的影响。1923 年 11 月,李达在湖南自修大学被地方军阀查封后①,先后辗转至湖南、上海、北平、广西等地院校任教,他的课堂成为宣传马列主义的阵地,被学生亲切誉为"红色教授"。新中国成立后,李达先后担任湖南大学校长、武汉大学校长,继续从事教育理论研究和教学管理工作,致力于贯彻其"进步思想、健全体魄、科学知识"三位一体的教育方针。熟读马列主义经典原著是李达的教育主张。认为要对马克思主义进行整体性的学习,才能学得完整彻底,才能准确领会马克思主义全貌和掌握其精神实质,从而防止断章取义,避免以偏概全。李达在其长达 40 多年的教育生涯中,忠于马克思主义真理,毕其一生都在致力于马克思主义教育事业,有力地推动了马克思主义哲学中国化。

艾思奇认为,中国革命民众的文化水平普遍较低,任何直接向他们"灌输"马克思主义哲学的抽象理论是行不通的,只有用通俗化的语言、生动活泼的形式来传递马克思主义哲学的核心才能真正达到教育民众的目的。为此,艾思奇将人生约 33 个春秋奉献在默默耕耘的教学岗位上,致力于马克思主义哲学中国化、通俗化、大众化的教育与宣传。在延安十年时间里,艾思奇先后在中国人民抗日军政大学、陕北公学、马列学院等学校担任哲学教员,为革命青年和干部讲授马克思主义哲学,并通过小品、诗歌、电影、话剧等多种方法使哲学深入人心。原政治局常委、组织部部长宋平同志后来回忆:在延安马列学

---

① 湖南自修大学成立于 1921 年 8 月,是中共湖南党组织负责人毛泽东、何叔衡、易礼容等利用船山学社的房屋及经费开办的,学校旨在培养革命干部。贺民范任校长,毛泽东任教务长,李达为第一任学长,李维汉、夏明翰等均在校任教。1922 年 9 月,学校附设了补习学校和初中班,吸收工农青年学习文化和革命理论。1923 年 11 月,湖南军阀赵恒惕借口"所倡学说不正,有关治安",将其查封。

院听过艾思奇的哲学课,得益很多。曾任解放军中将的莫文骅同志回忆,"真正使我对哲学感兴趣并有所收获还是在保安和延安时期,那时开始学习马克思主义哲学,又读了艾思奇同志的《大众哲学》,并结识了他。"①1948 年到1966 年,艾思奇在中央马列学院、中共中央党校当教员,主要为党员干部讲授马列主义哲学经典著作、辩证唯物主义与历史唯物主义原理、辩证逻辑、毛泽东哲学思想及西洋哲学史等课程。在干部培训教育之余,艾思奇还在北京大学、清华大学兼任哲学教授,给大学生讲授马克思主义哲学课,并经常和老教授们座谈,讨论一些哲学理论问题。总之,艾思奇用马克思主义哲学理论教育了大批理论工作者、新老知识分子、广大革命干部与众多大学生,极大地推进了马克思主义哲学中国化。

2. 都主编了系列马克思主义哲学教材、讲义、讲稿

普及与推广马克思主义哲学,需要一大批通俗易懂、大众化的马克思主义教材、讲义和讲稿等。李达和艾思奇依据不同阶段的革命实际需求,主编、撰写了大量的马克思主义哲学教材、讲义和讲稿,开展了形式多样的普及教育,有力地推动了马克思主义哲学中国化。

1922 年,李达编写了《马克思主义名词解释》,印发学员参考。1932 年,李达译著了《辩证法唯物论教程》,该书共 6 章,近 600 页,27 万字,它是我国30 年代苏联三部哲学名著的头一部,毛泽东仔细阅读并给予 12000 字左右的批注。② 1941 年 11 月,毛泽东批示,将《辩证法唯物论教程》的第六章作为各地高级学习组的"理论研究材料目录"的重点学习材料。1935 年,李达出版了《社会学大纲》,该书长达 47 万字,它是中国第一次以教科书形式,详尽而完整地阐发马克思主义哲学体系的开山之作。毛泽东称赞它是"中国人写的第一部马克思主义哲学教科书"。60 年代,李达主持编写了《马克思主义哲学大纲》,这是李达编写的最后一部哲学著作,也是中国马克思主义哲学史上的又

---

① 焦金波:《延安时期马克思主义大众化研究》,广西人民出版社 2014 年版,第 129 页。
② 丁晓强、李立志:《李达学术思想评传》,北京图书馆出版社 1999 年版,第 53—54 页。

一名著,①极大地推进了马克思主义哲学在中国的普及。

艾思奇在长期的马克思主义哲学教育教学过程中,也依据时局需要主编了大量的马克思主义哲学教材。1936 年 6 月,艾思奇出版了《哲学研究大纲》,指导革命群众和干部开展正确的哲学研究。1936 年 8 月,出版了《如何研究哲学》,为革命民众提出了哲学史和哲学概论的读法,指导民众怎样辨别正确的哲学、怎样建立自己的哲学、怎样研究社会科学。1938 年 9 月,编写了《哲学研究提纲》《科学历史观教程》《科学历史观课程》,编辑了《哲学选辑》,主编了《马恩列斯思想方法论》等,作为干部学哲学必读书。新中国成立后,艾思奇主编了《历史唯物论——社会发展史》一书,在中央人民广播电台播讲时听众达上百万人。1954—1956 年艾思奇的《在中国科学院讲哲学》出版,共七讲。1956 年,《辩证唯物主义广播稿》形成,全文共分三个专题,较为系统地阐释了哲学是什么? 哲学史的形成、辩证唯物主义的学习方法等内容。1957年,艾思奇的哲学讲稿《辩证唯物主义讲课提纲》问世,全文共九章,给学员们提供了一种观察、分析和解决问题的方法,深受民众喜爱。60 年代初,受中央书记处委托,艾思奇主持编写了《辩证唯物主义和历史唯物主义》,该书富有开创性和基础性,被称为中国第一本系统阐述马克思主义哲学原理的教科书,成为全国高校、党校普遍采用的哲学课程教科书,先后重印 15 次以上,发行远超 200 万册,成为全国编写同类教科书或教材的主要依据,先后被 400 多本教材和教科书“克隆”和演绎,成为向党员和群众普及马克思主义哲学的重要教材。②

（四）作为翻译家都翻译了系列书籍,促进了马克思主义哲学普及

毛泽东非常重视马克思主义理论的翻译工作,早在延安时期他就指出,我

---

① 汪信砚:《李达哲学探索的独特理论个性》,《哲学研究》2011 年第 12 期。
② 陈章亮:《走在马克思主义哲学中国化路上的艾思奇及其启示》,《学术探索》2008 年第3 期。

们需要大翻译家,不要认为翻译工作不好,"我们党内能直接看外国书的人很少,首先要翻译马、恩、列、斯的著作,翻译苏联先进的东西和各国马克思主义者的东西。"①作翻译工作的同志很重要,我们不要轻视搞翻译的同志,"没有搞翻译工作的我们就看不懂外国的书,他们翻译外国的书,很有功劳。"没有他们的翻译,"中国哪晓得什么是马列主义呢?"②毛泽东这些论述,强调了对马克思主义经典著作翻译的重要性,这是关乎马克思主义理论武装和革命成败的重要因素。在李达和艾思奇一生的革命生涯中,他们作为优秀的马克思主义理论工作者,都翻译了大量的马克思主义经典著作,且成果众多,彪炳史册。

李达坚信马克思主义是拯救中国时局的良方,他通晓英语、日语、俄语和法语,这是其从事并坚持对马克思主义原著翻译的基本保障。1918 — 1924年,李达翻译文章达 11 篇,主要包括:荷兰郭泰即格尔曼·果特的《唯物史观解说》,该书 1921 年出版,先后共出版 14 次之多;苏联考茨基的《马克思经济学说》,该书 1921 年出版,先后共出版 4 次;日本高畠素之的《社会问题总览》,该书 1921 年出版,先后共出版 11 次。这三部译著基本上涵盖了马克思主义的三大组成部分,这在当时学者中是十分难能可贵的,对于中国人民最初接受马克思主义起到了启蒙作用,成为学习马克思主义的入门书。三部译著被李大钊发起的马克思主义研究会列为阅读文献。与此同时,李达还翻译了安部矶雄的《产儿制限论》(1922 年)、马克思的《德国劳动党纲领栏外批评》(即《哥达纲领批判》)(1923 年)、高抑松一郎的《中国关税制度史》(1924 年)等。其中,李达的《哥达纲领批判》译本,是这本马克思名著最早的两个中文译本之一。大革命失败后,李达在艰难困苦的环境中,凭着坚定的马克思主义信仰,在 1928 —1932 年短短的五年时间里,翻译了 12 部国外马克思主义著作,其中哲学著作 3 部,包括德国塔尔海玛的《现代世界观》(1929 年)、苏联卢波尔的《理论与实践的社会科学根本问题》(1930 年)、苏联西洛可夫等的

---

① 毛泽东:《毛泽东在七大的报告和讲话集》,中央文献出版社 1995 年版,第 147 页。
② 毛泽东:《毛泽东在七大的报告和讲话集》,中央文献出版社 1995 年版,第 227 页。

《辩证法唯物论教程》(1932 年);经济学著作 6 部,包括马克思的《政治经济学批判》(1930 年)、河西太一郎的《农业问题之理论》(1930 年)、河上肇的《马克思主义经济学基础理论》(1930 年)、河田嗣郎的《土地经济论》(1930 年)、米哈列夫斯基的《经济学入门》(1930 年)、拉比托斯的《政治经济学教程》(1932 年);此外,李达还翻译了穗积重远的《法理学大纲》(1928 年)、山川菊荣的《妇女问题与妇女运动》(1929 年)、杉山荣的《社会科学概论》(1929 年)等。① 这些译著在当时国内思想界都产生了巨大的影响力。经宋镜明搜集、整理,李达著译达 58 种②,丁晓强、李立志也通过对李达著译进行系统的归纳整理,排列出了 240 种著译。③ 综上可见,李达译著众多,内涵丰富,涉及范围广,有力推动了马克思主义的普及和发展。民国时期重要思想家郭湛波(郭海清)在其所著《近五十年中国思想史》(1935 年)一书中指出:"今日辩证唯物论之所以澎湃于中国社会,固因时代潮流之所趋,非人力所能左右,然李达先生一番介绍翻译的工作,在近五十年思想史之功绩不可忘记。"④这可以看作学界对李达译著功绩的最好阐释。

艾思奇精通英语、德语和日语,这为他翻译外文文献提供了很大的便利。1936 年,他和郑易里合作翻译了苏联学者米丁和拉里察维基等人的著作《辩证唯物论》,并将其更名为《新哲学大纲》,解放后由三联书店数次出版,在 20 世纪 30—50 年代,该书被认为是阐述马克思主义哲学的权威著作,产生了较大的影响,中国当时的进步青年和知识分子通过阅读这部著作,为他们了解马克思主义哲学的一些基本知识奠定了基础。在完成《新哲学大纲》翻译后,艾思奇认真总结并得出翻译的首要原则,就是要尊重和符合原著作者的意思,从中可以看出艾思奇严谨的学术态度。1937 年,艾思奇发表了《谈翻译》一文,

---

① 丁晓强、李立志:《李达学术思想评传》,北京图书馆出版社 1999 年版,第 48—51 页。
② 宋镜明:《李达主要著译书目》,《图书情报知识》1985 年第 4 期。
③ 丁晓强、李立志:《李达学术思想评传》,北京图书馆出版社 1999 年版,第 231—259 页。
④ 张允熠:《中国文化与马克思主义》,人民出版社 2015 年版,第 189 页。

以哲学家的头脑从方法论的角度阐述了翻译应遵循"信达雅"的关系,"信"是第一义,"达、雅"是第二义,二者不是并列的。1938 年 5 月 5 日,党中央在延安成立了马列主义经典著作编译部,张闻天担任院长并兼任编译部主任,艾思奇参与了马列著作的翻译工作,标志着我国马克思主义经典著作编译事业进入了新阶段。从 1938—1951 年,艾思奇翻译了《马克思恩格斯关于历史唯物主义的信》。1931—1945 年,艾思奇根据莫斯科苏联外国工人出版社出版的《海涅选集》,译出海涅的诗作《德国——一个冬天的童话》,该书经重庆读书生活出版社出版,引起巨大反响。[1] 1942 年,艾思奇主编(筛选、编排、拟题、校阅)并部分从马列原著中翻译而形成的哲学书《马恩列斯思想方法论》,经毛泽东审核批准,由延安解放社出版,成为当时十二本干部必读书之一,至 1963 年,该书共印了 6 版,计 50 多万册。毛泽东说过,我学哲学,读《马恩列斯思想方法论》是受益最深的。显然,该书的形成对于提高广大干部的哲学理论水平,掌握马克思主义的思想方法,加深理解毛泽东所倡导的实事求是精神,起了十分积极的作用。[2] 1939 年 6 月,艾思奇和柯柏年、景林合译了《马克思恩格斯通信选集》,1949 年出版发行,内容包括《为无产阶级政党而斗争的书信》《马克思恩格斯关于唯物史观的书信》《论爱尔兰问题》3 部分,并附录:恩格斯致考茨基论殖民地的信;马恩论俄国。总之,艾思奇所译著的这一系列作品,对马克思主义理论内容的丰富和发展作出了突出贡献,对人们正确理解马克思主义立场、观点和方法有极大的促进作用,极大地推动了马克思主义哲学中国化的发展。

---

[1] 《艾思奇全书》第 3 卷,人民出版社 2006 年版,第 816 页。
[2] 《艾思奇全书》第 3 卷,人民出版社 2006 年版,第 553 页。

第六章　李达、艾思奇马克思主义哲学中国化的现实启示

新时代,马克思主义哲学中国化的研究逐渐呈现出全新的格局。在学术研究层面,理论创新可谓百花齐放、成果丰硕,但同时又面临着种种问题与挑战。在指导思想层面,以习近平同志为核心的党中央高瞻远瞩,秉前人之志、察时代之势,系统建构出"习近平新时代中国特色社会主义思想"这一马克思主义中国化最新成果,成为新时代实现中华民族伟大复兴的强大思想武器和理论指南,也为新时代马克思主义哲学中国化的推进及其现时代形态的建构提供了新的遵循。

推进马克思主义哲学中国化不仅是一个理论问题,更是一个实践问题。实践证明,中国化的马克思主义哲学每一个重大理论进步,都离不开党对历史经验的科学总结。中国共产党的一大特点和优势就在于高度重视和善于总结历史经验,这是党能够在长期的革命和建设过程中从一个胜利走向另一个胜利的重要保证。总结李达、艾思奇推进马克思主义哲学中国化的基本经验,从中可以发现,二人始终坚守马克思主义信仰,并在长期的革命、建设实践中始终立足于中国国情,持续推进马克思主义哲学中国化,回应和解答了中国革命和民众的心理诉求和理论诉求,这是二人成功推进马克思主义哲学中国化的关键所在,也内在地突显了他们二人对中国特色新民主主义革命道路和社会

主义建设道路的自信；对马列主义理论，尤其是对中国化的马克思主义理论的自信；对中国特色社会主义制度及中国新民主主义革命文化和社会主义文化的自信，这与新时代"四个自信"不谋而合。

"四个自信"很早就蕴含于中国革命、建设和改革的社会实践，但明确提出并上升到治国理政的高度则是 21 世纪以来。在党的十八大报告中胡锦涛就提出了"三个自信"①，习近平则在建党 95 周年大会上将"文化自信"与"三个自信"并列，形成了"四个自信"。"四个自信"既是当代中华民族自信心最集中的反映，也是对中国革命、建设和改革开放成功经验的科学总结，更是新时代推进马克思主义哲学中国化的必然结果。李达、艾思奇对马克思主义哲学中国化的探索与推进，自始至终都突显了创新意识与自信精神。理论创新使得二人不断开拓出马克思主义哲学中国化的新内容、新领域、新境界，而自信精神则为二人不断推进马克思主义哲学中国化新的理论形态提供了不竭的内在动力与思想资源。为此，研究和总结李达、艾思奇推进马克思主义哲学中国化的经验，并以此为依据和借鉴，探究新时代推进马克思主义哲学中国化的思路与对策，对于进一步发展和完善中国特色社会主义理论体系具有重大的理论和现实意义。

第一节　当代中国马克思主义哲学中国化取得的成效及面临的挑战

新时代，由于世情、国情、党情出现了巨大变化，马克思主义哲学中国化也因时、因地、因境地面临着与时俱进的发展，这既是马克思主义的理论品质，也是我党以巨大的政治勇气和理论勇气推进马克思主义理论创新的时代要求。随着改革开放的进一步深入和中国特色社会主义建设的快速发展，马克思主

---

　① 三个自信：即党的十八大报告提出，坚定中国特色社会主义道路自信，坚定中国特色社会主义理论体系自信，坚定中国特色社会主义制度自信，简称为道路自信、理论自信和制度自信。

义哲学中国化的研究也迈入了新的历史阶段,其研究领域不断得到扩大、研究方法不断得到创新、研究问题逐渐深入、研究成果日益丰富,取得了令人喜悦的成果。与此同时,马克思主义哲学中国化也暴露出一些问题,面临一系列挑战。

一、当代中国马克思主义哲学中国化研究取得的成效①

近年来,国内学者围绕着"马克思主义哲学中国化"展开了论证与探讨,取得了丰硕的成果,极大地促进了当代中国马克思主义哲学中国化的发展。

(一) 马克思主义哲学中国化的"化与被化"论

对于马克思主义哲学中国化,学者们展开了仁者见仁、智者见智的论战和探讨。王烨认为,"化"字是马克思主义哲学中国化的核心字眼,表现为"为(被)……所化",即马克思主义哲学传入中国,依据中国革命和建设实践之需要,被中国传统哲学和具体实践所化。马克思主义哲学作为"洋媳妇",只有被最终"化"为中国哲学大家庭中的一员,才能解决客观上存在的"代际"关系,才能有其安身之所。② 杨森、苏富强认为,马克思主义哲学基本原理在与中国实际、与中华优秀传统文化间的双向互动中实现了马克思主义哲学中国化的"化"与"被化"。③ 马俊峰认为,马克思主义哲学传入中国后,在具体的革命实践中在"化中国"的同时"被中国化"。④ 孙伟平、张羽佳认为,马克思主义哲学中国化是马克思主义哲学本真内涵的中国化,是用中国传统文化和哲学思想"化"马克思主义哲学,而不是中国哲学的马克思主义"化"。⑤ 袁吉

---

① 该部分参考作者本人国家社科基金项目 13BZX011 阶段性成果:冯飞龙:《近年来国内马克思主义哲学中国化研究述评》,《山西师大学报》2013 年第 11 期。

② 王烨:《对马克思主义哲学中国化的几点思考》,《青海社会科学》2004 年第 5 期。

③ 参见杨森、苏富强:《近年来马克思主义哲学中国化研究述评》,《盐城师范学院学报(社会科学版)》2007 年第 8 期。

④ 马俊峰:《马克思主义哲学中国化的几个问题》,《学术研究》2006 年第 3 期。

⑤ 孙伟平、张羽佳:《马克思主义中国化:问题与进路》;马列哲学宗教编:《马克思主义研究论丛》下,社会科学文献出版社 2007 年版,第 763 页。

富认为,马克思主义哲学"化"中国与中国"化"马克思主义哲学辩证统一。①
学者们的分析与论证厘清了马克思主义哲学中国化的内涵,明确了"是与非"
上的争论,揭示了马克思主义哲学只有与中华优秀传统文化、中国朴素哲学思
想在双向互动中才能实现民族化,才能突显"中国作风"和"中国气派",才能
成为真正的救国良方。

(二) 马克思主义哲学中国化的"结合论"

对于"结合论"的表述,学者们见解颇多,有"一结合、二结合、三结合"之
说。其中,"一结合"是指马克思主义哲学或与中国实际、或与中华优秀传统
文化、或与中国哲学相结合进而实现中国化。代表观点有:雍涛认为,马克思
主义哲学中国化,就是要把马克思主义哲学和中国具体实际"完美地"结合起
来,创造出中国特色的哲学形态;②汪信砚认为,就是把马克思主义哲学与中
国传统文化相结合,实现中国传统哲学的创造性转换。③ "二结合"是指马克
思主义哲学在与中国实际,在与中国优秀传统文化(中国哲学)相结合中实现
中国化。代表观点有:郭建宁认为,马克思主义哲学中国化,就是指马克思主
义哲学与中国社会现时代特征和实际相结合的过程,就是指与中国新鲜实践
经验和优秀传统文化相结合的过程;④李佑新认为,马克思主义哲学中国化包
括两个维度的结合:第一个维度是马克思主义哲学与中国传统哲学相结合;第
二个维度是马克思主义哲学与中国实践相结合。⑤ "三结合"是指在实现中国
化的过程中,马克思主义哲学与中国实际、与中国优秀传统文化、与中国哲学

---

① 袁吉富:《艾思奇马克思主义哲学中国化观述评》,《中国特色社会主义研究》2008 年第
3 期。

② 雍涛:《李达与马克思主义哲学中国化——纪念李达诞辰 115 周年》,《武汉大学学报》
2006 年第 1 期。

③ 汪信砚:《当代中国马克思主义哲学的研究范式》,《中国社会科学》2008 年第 2 期。

④ 郭建宁:《马克思主义哲学中国化探要》,《学习论坛》2005 年第 12 期。

⑤ 李佑新:《现代性问题背景下马克思主义哲学中国化的趋势》,《马克思主义与现实》
2009 年第 1 期。

相结合。代表性观点有:杨耕认为,马克思主义哲学中国化,就是马克思主义哲学与中国具体实践、与中国优秀传统文化、与中国传统哲学相结合。① 纵观以上学者们的论述,从根本上揭示了一个规律,即马克思主义哲学只有立足于中国革命和建设的实践,融合于中国优秀传统文化,交流、对话和相互融入于中国哲学,才能在中国得到运用和发展,才能进一步弘扬和繁荣中华优秀传统文化,才能回应和解答中国革命和建设的时代课题。

(三) 马克思主义哲学中国化的"融(契)合论"

中国化的马克思主义哲学具有独特的个性与特色,体现在它突出强化了与多种哲学传统的实质性融合,这与其他国家马克思主义哲学有着许多不同,也是马克思主义哲学中国化的真正旨趣。高予远认为,马克思主义哲学正是由于很好地将自身与中国优秀传统文化相融合,才实现了中国化的马克思主义哲学的伟大飞跃。② 方克立认为,马克思主义哲学中国化最方便的思想桥梁是中国哲学中的"朴素的辩证唯物主义"体系与科学形态的马克思辩证唯物主义体系具有学理上的相融性、相通性。③ 李军林认为,正是由于马克思主义物质观、辩证法、认识论和唯物史观,具有与中国古代朴素唯物论、辩证法、中国传统哲学知行观、社会历史观较为一致的契合性,使得马克思主义哲学中国化才能够得以实现。④ 学者对"融(契)合"的论述深度证明,马克思主义哲学中国化绝不是对马克思主义哲学的简单堆积、叠加,也不是简单的复制与粘贴,而是探求二者之间的"融(契)合"点,用以创造出既源于马克思主义哲学,又具有中国民族特色,并最终为中国老百姓所理解和掌握的中国化的马克思主义哲学新形态。

---

① 杨耕:《当前马克思主义哲学研究中的三个重大议题》,《中国社会科学》2007 年第 5 期。
② 高予远:《马克思主义哲学与儒家哲学的融合——马克思主义哲学中国化的一个重要途径》,《吉首大学学报(社会科学版)》2006 年第 4 期。
③ 方克立:《中国哲学与辩证唯物主义》,高等教育出版社 1998 年版,第 7 页。
④ 李军林:《马克思主义哲学中国化的传统文化底蕴》,《云南社会科学》2007 年第 5 期。

（四）马克思主义哲学中国化的"批判继承、能动选择与扬弃提升论"

雍涛、杨耕、李瑞清等人持"批判继承论"。他们认为,只有立足于中国具体国情,运用马克思主义哲学的立场、观点和方法,继承和批判中国传统文化,并实现中国传统文化的现代性转换,使之融入马克思主义哲学的体系之中,才能实现马克思主义哲学中国化。① 张建玲、安启念等人坚持"能动选择论"。他们认为,中国的马克思主义者在不同的历史时期,出于回应和解答不同的实践需要,能动地选择和运用了马克思恩格斯的哲学思想,并结合自己的特殊国情和民族传统文化,生成具有中国作风和中国气派的中国化的马克思主义哲学。② 汪信砚持"扬弃提升论"。他认为,马克思主义哲学中国化,就是运用马克思主义哲学批判和提升中国传统哲学,具体来说,就是既要审视、反思和改造中国传统文化,又要回应和解答中国面临的实际哲学问题,进而发展马克思主义哲学。③ 学者们的研究表明,马克思主义哲学中国化的持续推进,核心在于用马克思主义哲学来审视、反思、批判和继承中国传统文化(包括中国传统哲学思想),就是能动选择、扬弃、改造和提升中国传统文化,并在实现二者之间双向良性"互动"之中,"生成"具有中国作风、中国气派的马克思主义哲学。

（五）马克思主义哲学中国化"哲学形态与新形态构建论"

"哲学形态与新形态构建"是近年来学术界关于马克思主义哲学中国化

---

① 雍涛:《李达与马克思主义哲学中国化——纪念李达诞辰115周年》,《武汉大学学报》2006年第1期;雍涛:《关于马克思主义哲学中国化的几个问题》,《重庆邮电学院学报》2004年第3期;杨耕:《当前马克思主义哲学研究中的三个重大议题》,《中国社会科学》2007年第5期;李瑞清:《论马克思主义哲学的中国化》,《前沿》1999年第3期。

② 张建玲:《当代马克思主义哲学中国化问题研究述评》,《天中学刊》2007年第2期;安启念:《马克思主义哲学中国化:规律和形态》,《中国人民大学学报》2005年第3期。

③ 汪信砚:《当代中国马克思主义哲学的研究范式》,《中国社会科学》2008年第2期;汪信砚:《马克思主义哲学中国化辨误》,《哲学研究》2008年第10期。

研究的热点之一。雍涛认为，马克思主义哲学中国化就是要把马克思主义哲学和中国具体实际结合起来，创造出中国特色的哲学形态。① 陈晏清、杨谦认为，"实践版本"和"理论版本"，"现实化形态"和"学术化形态"，是马克思主义哲学中国化两种不同的存在形态。② 王向清、杨竞业认为，毛泽东哲学思想中的"矛盾论"和"实践论"、冯契的"智慧说"③等是当代中国马克思主义哲学的新形态。④ 鉴传今、崔新建认为，马克思主义哲学中国化，从理论创新的视域来看，实际上就是构建马克思主义哲学的"中国形态"；从中国传统哲学与文化现代化的视角看，就是构建中国哲学与文化的"现代形态"；从马克思主义哲学自身发展的视角看，就是构建马克思主义哲学的"当代形态"。⑤ 郭建宁认为，马克思主义哲学由观念形态转为实践形态的过程，就是马克思主义哲学中国化的过程。⑥ 而在如何构建"哲学新形态"方面，孙伟平指出，必须予以提升马克思主义哲学与中国实践和中华优秀传统文化的结合力度、结合的层次，创建出具有民族风格、中国气派的中国化的马克思主义哲学新形态。⑦ 杨学功认为，马克思主义哲学中国化新形态的建构，既要认真研究马克思主义经典著作，把握其思想精髓与要义，又要对实践中出现的新情况、新问题、新

①　雍涛：《关于马克思主义哲学中国化的几个问题》，《重庆邮电学院学报》2004 年第 3 期。

②　陈晏清，杨谦：《马克思主义哲学中国化的实践版本和理论版本》，《哲学研究》2006 年第 2 期。

③　学者王向清认为冯契建构的"智慧说"以"一源三流结合"推进马克思主义哲学中国化。即马克思主义哲学中国化有实践路径、学术路径、实践和学术结合的路径三种。实践路径是指"一源"路径，即以马克思主义哲学为基础和源泉，将其基本原理同中国革命、建设、改革的具体实际相结合。学术路径主要体现为"三流归一"的路径，是以马克思主义哲学为主导，并将其与中国传统哲学、西方哲学、印度哲学等结合起来，形成一种综合创新的哲学理论。王向清：《创造性推进马克思主义哲学中国化——纪念哲学家冯契诞辰 100 周年》，《人民日报》2015 年 11 月 2 日。

④　杨竞业：《新范式·新路向·新未来——马克思主义哲学中国化研究的重要倾向》，《吉林大学社会科学学报》2009 年第 1 期。

⑤　鉴传今、崔新建等：《当代语境中的马克思主义哲学中国化》，《哲学研究》2006 年第 6 期。

⑥　郭建宁：《马克思主义哲学中国化探要》，《学习论坛》2005 年第 12 期。

⑦　孙伟平：《马克思主义哲学中国化的路径选择——从"结合论"走向"创建论"》，《哲学动态》2007 年第 4 期。

经验进行系统研究和理论概括;既要坚持马克思主义哲学的指导地位,消化和汲取中国传统哲学中的合理思想资源,又要对当代自然科学和人文社会科学成果进行哲学上升华及提炼。① 学者们的论述表明,"哲学形态与新形态构建论"具有反思、科学、实践、开放精神,是实现马克思主义哲学中国化的基本要求和内在动力,已成为现时代引领马克思主义哲学中国化研究的未来和方向。

综上所述,国内学者围绕马克思主义哲学中国化展开了系统的研究,因研究者在研究视角上的差异,以及在回应和解答现实问题的关注点上的不同,客观上促使了当代中国马克思主义哲学中国化的研究无论在深度上还是广度上都取得较为丰硕的成果,极大地促进了中国化的马克思主义理论的创新。当然,现有研究也暴露出一些问题,如研究存在"贵族化、经院化"倾向;研究存在明显的意识形态化倾向;研究成果民族化话语、民族化特色并不明显;研究回顾过去的多,关注现在的少,没有彰显出推进马克思主义哲学中国化的现当代意义。

二、当代中国马克思主义哲学中国化面临的挑战

改革开放 40 多年来,随着互联网及信息技术的飞速发展,西方社会的各种社会思潮大量在中国涌现,使得中国的社会文化出现了开放化的形式、多样化的形态。主要有精英文化与大众文化,先进文化与落后文化,西方文化与东方文化,现代文化与传统文化,社会主义文化与资本主义文化等并存发展。文化的多样性和共存性,一方面使得各种文化既相互联系、相互促进、和谐相处,共同催生了中国社会文化的繁荣和发展;另一方面,各种文化的相互激荡、互相冲突,致使中国社会在价值观上出现了混乱,严重地威胁到我国马克思主义主流意识形态,也导致当代中国马克思主义哲学中国化

---

① 杨学功:《建构马克思主义哲学当代新形态》,《吉林大学社会科学学报》2004 年第 5 期。

面临着诸多挑战。

（一）马克思主义哲学中国化的合理性与合法性遭受挑战

当今社会普遍存在着社会理想缺失现象,也使马克思主义哲学中国化面临着合理性和合法性困境。巴茨昂(德国马克思主义批判家)认为,马克思主义是现代世界上的强大因素,是对我们世界的命运发生决定性影响的政治力量。从现实情况来看,受现时代多样文化并存的冲击,很多人的社会理想出现缺失,致使一些人对"决定世界命运的政治力量"——马克思主义产生了一定的怀疑,马克思主义信念出现了一些动摇状况,对马克思主义哲学中国化的合理性和合法性提出了质疑。正如吴昕炜所言,一些学者误以为中国的马克思主义哲学只不过是苏联马克思主义哲学教科书的翻版,缺乏自己的理论,马克思主义哲学中国化都只写马克思主义哲学在中国的传播史,而不写在中国的再创造。① 汪信砚就学界对马克思主义哲学中国化的误读与曲解进行了归纳和总结。他指出,多年来,学界对马克思主义哲学中国化存在着诸多误读和曲解,主要观点有:马克思主义哲学中国化是一个虚假的命题,是一个反马克思主义的命题,是一个不科学或不准确的命题,是根本不可能的,是毫无必要的,是百年西学东渐史的一个组成部分,说到底仅仅关乎于中国马克思主义哲学研究,是在学术层面上定位于对中国传统文化的改造等。② 显然,诸如此类认识,否定了马克思主义哲学中国化的科学性和必要性,客观上既存在过于强调马克思主义哲学的世界历史性而轻视中国基础和中国特质的偏狭性,③又存在过于强调马克思主义哲学的学术(学理)性而轻视其理论指导的偏狭性,客观上致使一些人们对马克思主义哲学中国化的理解产生了扭曲变形,一定

---

① 吴昕炜:《新世纪马克思主义哲学中国化研究的新问题——读马克思主义哲学中国化的理论与历史研究》,《马克思主义研究》2011 年第 8 期。
② 汪信砚:《"马克思主义哲学中国化"辨误》,《哲学研究》2008 年第 10 期。
③ 庄友刚:《当代马克思主义哲学研究范式的转换与创新——第七届"马克思哲学论坛"综述》,《哲学研究》2008 年第 1 期。

程度上使得马克思主义的主导地位受到一定程度地挑战、马克思主义信仰者形象受损、马克思主义信仰普及难度加大,严重地影响当代中国马克思主义哲学中国化有序而又健康的发展。

(二) 马克思主义哲学中国化面临群众心理和理论诉求变化的挑战

党和人民群众的实践是实现马克思主义哲学中国化的根基。党和人民群众实践的发展变化,客观上要求马克思主义哲学中国化应当与时俱进,体现和反映人民群众不同时代的心理特征。新时代人民群众的时代心理特征出现了一些新变化,体现在:一是政治意识淡漠而"物质主义"意识空前膨胀。① 受市场经济的影响,人民群众逐渐淡漠了对政治、价值观和社会状况的关心和关注,改而重视对基本技能的学习以获取直接的现实的经济利益。"物质第一、精神第二"思想及追求利润最大化便成为部分群众的当然选择,进而淡化了马克思主义理想,这对马克思主义哲学中国化来说是一个巨大的挑战。二是科学态度缺乏而"闭门造书"风气日盛。实践性是马克思主义哲学中国化的生命所在。马克思指出:"哲学家们只是用不同的方式解释世界,而问题在于改变世界。"②然而,在马克思主义哲学中国化的进程中,实践的态度尤为缺乏,且由来已久。艾思奇指出:"我们有许多同志,对于书本的研究曾用了相当大的力量,然而在处理实际问题的时候,却表现出没有能力。"③由此可见,一些自闭于书斋之中所谓的"理论家",由于缺乏对实践问题的深入思考与研究,"生产"出各式各样脱离时代要求的理论,显然难以满足广大人民群众所期望的理论诉求,即理论与实践相结合,创造出新的符合时代要求的、能回答

---

① 马喜春、于伟峰:《新形势下"马克思主义中国化"面临的几个挑战》,《石家庄经济学院学报》2009 年第 12 期。

② 《马克思恩格斯选集》第 1 卷,人民出版社 1995 年版,第 57 页。

③ 《艾思奇文集》第 1 卷,人民出版社 1981 年版,第 587 页。

和解决人民群众关心和关注的现实问题的思想理论。这是当代马克思主义哲学中国化发展面临的另一个巨大的挑战。三是集体意识淡化而自我意识高涨。现时代，人民群众的自我意识、自我挑战和反叛意识在增强，他们在崇尚自由、个性、新奇和差异的同时，淡化、甚至挑战作为党和人民指导思想的马克思主义的权威。特别是随着自媒体的快速发展，一些青年在接受外来文化的同时，出现了"哈美""哈韩""哈日"现象，他们更愿意对非主流文化进行寻求、塑造、展示、表达，使得个人主义和自我意识高涨，而集体主义意识逐渐淡化。人民群众的这些时代心理特征的变化，一定程度上为马克思主义哲学中国化带来了新挑战，带来了新的难题。

（三）马克思主义哲学中国化面临话语形式转换的挑战①

语言风格的生动清新和通俗易懂是马克思主义哲学中国化的生命力所在。马克思主义哲学要想被中国人民群众所接受，要想得到进一步普及，就必须如艾思奇《大众哲学》一样，把哲学从高深的哲学家的课堂和晦涩难懂的语言中解放出来，将其转换为中国老百姓喜闻乐见的、通俗易懂的大众化语言。要实现这一话语形式的转换，客观上要求马克思主义哲学必须根植于中国优秀传统文化，语言风格的使用上要"努力接近读者"，语言表达上要"不怕幼稚，只求明白具体"，让哲学亲近大众，让大众掌握和应用哲学。②但现实情况是，受中国几千年形成的"官方"与"民间"两种语言系统的影响，今天的马克思主义哲学及中国化的马克思主义哲学，大多数依然带有较强的"官方"语言色彩，"民间"语言较为缺乏，充斥着干巴巴的说教，缺少亲和力，致使大众读者难以理解和接受。而事实上，马克思主义从来就不是书斋里的

---

① 马喜春、于伟峰：《新形势下"马克思主义中国化"面临的几个挑战》，《石家庄经济学院学报》2009 年第 12 期。

② 晁小荣、冯飞龙：《〈大众哲学〉在推进马克思主义大众化中的历史经验及当代启示》，《思想理论教育导刊》2014 年第 9 期。

学问,马克思主义如果只是一种官方化理论,就可能成为政治家涉及政治的一种遵循,①就可能成为理论家自己的饰品,对于人民大众而言,可能就失去它的指导与教化作用。

理论是精英思考的产物,实践则是大众的行为。新世纪以来,大量口耳相传、质朴无华和体现生活美的"民间"语言涌现出来,因其具有强烈的亲和力而产生广泛的社会影响。这就要求在推进马克思主义哲学中国化的过程中既要重视理论与学术研究,又要重视宣传与普及;既要重视学理化,又要学会运用"民间"语言灵活多样的形式、清新精致的画面、群众喜闻乐见的大众化语言,深入浅出的解读理论及"官方"话语,使之为人民群众所理解、所掌握,并转化为强大的物质力量。这既是新时代持续推进马克思主义哲学中国化面临的难题和挑战,同时也为新时代马克思主义哲学中国化的发展提供了新机遇。

总而言之,马克思主义哲学中国化进一步发展仍然面临着诸多挑战,任何沉倾于已取得成就而忽视现实挑战的做法都是不可取的,我们必须正视和面对这些挑战与困难,在全球化的进程中、在前现代、现代和后现代的历史与文化格局中、在继承与创新中华优秀传统文化的视域中、在回应群众时代心理特征和借鉴"民间"语言的阐释中考量、把握和推进马克思主义哲学中国化,②这既是历史赋予我们的使命,也是时代赋予我们的要求。

第二节　"四个自信"是李达、艾思奇马克思主义哲学中国化的时代创新

一、马克思主义哲学中国化蕴含的自信精神和创新意识

"欲信人者,必先自信",自信是中华民族腾飞的原动力。从秦汉气魄、到

---

① 马喜春、于伟峰:《新形势下"马克思主义中国化"面临的几个挑战》,《石家庄经济学院学报》2009 年第 12 期。

② 郭建宁:《关于马克思主义哲学中国化的几个问题》,《北京大学学报》2002 年第 11 期。

唐宋胸怀、到元朝霸业、再到明清盛景,都昭示了中华民族强大的自信。鸦片战争爆发后,在帝国主义的侵略和蹂躏下,特别是在日本帝国主义血腥、恐怖的侵略下,中华民族的自信心出现了弱化。汪伪政权投降日本,助纣为虐,一度时间亡国论在国内甚嚣其上。毛泽东曾指出:"全民族第一个任务,在于高度发扬民族自尊心与自信心,克服一部分人的悲观情绪,坚决拥护政府继续抗战的方针,反对任何投降妥协的企图,坚持抗战到底。这一任务,比过去任何时期为重要。"①在中华民族面临亡国灭种的历史关头,中国共产党登上历史舞台,领导革命民众在完成民族独立、人民解放、国家富强、人民富裕的历史使命中,开创了新民主主义和社会主义的独具中国特色的革命和建设道路,重塑了中华民族的自信。

1. 自信源于不断创新,自信源于实践检验

改革开放40多年来,中国取得了前所未有的成就,综合国力和国际地位得到巨大提升,中国道路、中国理论、中国制度、中国文化获得世界称赞,中华民族自信心满满。习近平总书记曾指出,"当今世界,要说哪个政党、哪个国家、哪个民族能够自信的话,那中国共产党、中华人民共和国、中华民族是最有理由自信的。"②2012年11月,党的十八大胜利召开,提出"两个一百年"③的奋斗目标,胡锦涛在报告中提出了道路自信、理论自信、制度自信的"三个自信"④。2016年7月,在庆祝中国共产党成立95周年大会上,习近平总书记作了重要讲话,讲话将"文化自信"与"三个自信"并列,突显了"四个自信"的辩证统一。"四个自信"既是当代中华民族自信心最集中的反映和全党对中国

① 中共中央文献研究室:《毛泽东著作专题摘编》下,中央文献出版社2003年版,第1490页。

② 《习近平谈治国理政》第二卷,外文出版社2017年版,第36页。

③ "两个一百年",即"在中国共产党成立一百年时全面建成小康社会","在新中国成立一百年时建成富强民主文明和谐的社会主义现代化国家"。

④ "三个自信":即党的十八大报告提出坚定中国特色社会主义道路自信,坚定中国特色社会主义理论体系自信,坚定中国特色社会主义制度自信,简称为道路自信、理论自信和制度自信。

国情的深刻把握,也是对中国特色社会主义建设经验的深度凝练。

2. 创新是理论发展的内在要求和实践发展的必然结果

"四个自信"是马克思主义中国化在新时代的创新成果,这种创新基于对时代的体悟,对历史的认知,对世界的洞察,更有对马克思主义信仰的坚守。从马克思主义中国化发展之历史性视角来看,新时代所提出的"四个自信"与李达、艾思奇推进马克思主义哲学中国化的经验、精神有内在的一致性,自始至终贯穿了我们党的创新意识与自信精神。自信既是一种精神动力,也是一种思想资源。李达、艾思奇对马克思主义哲学中国化的研究和推进历程其实就是对"自信"的充分诠释。李达、艾思奇推进马克思主义哲学中国化的自信,来自对马克思主义服膺于心,来自对错误思想的理性批判,来自对中国国情的正确把握,来自对优秀传统文化的继承创新,来自于中国共产党的光辉伟大,可以说"自信"是李达与艾思奇一直坚守的信念。作为一种精神动力,"自信"是他们在艰苦环境中坚持不懈、奋斗不止的内在精神;作为一种思想资源,"自信"成为他们思想理论的重要品质。总之,李达、艾思奇推进马克思主义哲学中国化对"自信"的表达与党的十八大以来的"四个自信",内涵是一致的,理念有相通之处,这种相通是内在精神灵魂之间的呼应与延续。为此,"四个自信"的提出,表明"马克思主义新境界的开辟是一个永无止境的过程"①。既是我党对马克思主义的理性思考、对人民福祉的责任担当、对党执政规律的科学认知,又是对李达、艾思奇推进马克思主义哲学中国化成果经验的时代概括,更是新时代推进马克思主义哲学中国化的普遍共识和价值认同。

二、道路自信是新时代推进马克思主义哲学中国化的根本保证

道路问题关乎国家前途和民族命运。改革开放 40 多年的历史证明,中国特色社会主义道路是实现国家富强、民族繁荣的必然选择和根本保证。国内

---

① 王伟光:《论艾思奇对马克思主义哲学中国化的重要贡献》,《哲学研究》2008 年第 7 期。

外学者喜欢用"中国模式""中国奇迹""北京共识""中国现象""中国经验""中国制度"等来表述中国社会主义建设的成功道路。虽然在内涵和外延上有所不同，但实质上揭示了中国特色社会主义道路①的核心理念，即坚持中国共产党的领导、立足于基本国情、坚持党在社会主义初级阶段的基本路线、解放和发展社会生产力、努力建设成为富强民主文明和谐美丽的社会主义现代化强国。这与李达、艾思奇在推进马克思主义哲学中国化的过程中，充分发挥民族自信基因，立足于中国国情，坚持走中国特色新民主主义革命道路，坚持走中国特色社会主义革命和建设道路有着内在的一致性。为此，新时代马克思主义哲学中国化，必须始终坚持中国特色社会主义道路，回应和解答中国民众的理论诉求和心理需求，这既是从李达、艾思奇马克思主义哲学中国化过程中的经验启示，也是新时代推进马克思主义哲学中国化的必然选择。

1. 坚定道路自信，必须以国情为本，走自己的路

道路问题至关重要，它关乎国家的命运、关乎民族的希望。世界上没有放之四海而皆准的发展道路，鞋子合脚才能走得远，任何在发展道路选择上采取邯郸学步、东施效颦、照抄照搬的做法都是不切合实际的。中国特色社会主义道路是中国人民经过多年革命和建设探索出来的一条创新之路，是符合中国国情的道路。近代以来，在革命、建设的征途中，中国曾经探索过各式各样的道路，如欧美式的资产阶级革命道路，日本式的资产阶级革命道路，苏联式的社会主义革命和建设道路，但无一例外地都没有取得成功。中国革命和建设的实践昭示我们：唯有走中国特色新民主主义革命和社会主义革命道路，才能实现民族独立和人民解放；唯有坚定不移地走中国特色社会主义建设道路，团

---

① 即在中国共产党领导下，立足基本国情，以经济建设为中心，坚持四项基本原则，坚持改革开放，解放和发展社会生产力，建设社会主义市场经济、社会主义民主政治、社会主义先进文化、社会主义和谐社会、社会主义生态文明，促进人的全面发展，逐步实现全体人民共同富裕，建设富强民主文明和谐的社会主义现代化国家。见胡锦涛：《坚定不移沿着中国特色社会主义道路前进　为全面建成小康社会而奋斗——在中国共产党第十八次全国代表大会上的报告》，人民出版社 2012 年版，第 12 页。

结一致、齐心协力,才能实现中华民族的伟大复兴。

新时代马克思主义哲学中国化的理论创新,源于对中国特色革命和建设道路的坚守和自信,源于对中国国情的正确把握和民众的广泛支持,源于马克思主义科学理论的支撑和与时俱进的发展,源于党领导人民群众在中国革命和建设过程中所取得的辉煌成就的经验总结。中国共产党领导人民群众在长期的艰苦奋斗中,选择了具有中国特色的革命和建设道路,"不可逆转地结束了近代以后中国内忧外患、积贫积弱的悲惨命运,不可逆转地开启了中华民族不断发展壮大、走向伟大复兴的历史进军,使具有五千多年文明历史的中华民族以崭新的姿态屹立于世界民族之林。"①为新时代中国特色社会主义的进一步发展奠定了基础。2013年12月26日,在纪念毛泽东同志诞辰120周年座谈会上,习近平总书记在讲话中指出:"站立在960万平方公里的广袤土地上,吸吮着中华民族漫长奋斗积累的文化养分,拥有13亿中国人民聚合的磅礴之力,我们走自己的路,具有无比广阔的舞台,具有无比深厚的历史底蕴,具有无比强大的前进定力。中国人民应该有这个信心,每一个中国人都应该有这个信心。"②三个"无比"的表述突显了新时期坚持中国特色社会主义道路的巨大自信。

作为中国特色道路的坚守者,李达和艾思奇对马克思主义哲学中国化的探索表明,坚持中国特色社会主义道路自信,必须立足于中国国情,充分发挥民族自信基因,走自己的路。一是必须立足于我国现在处于并将长期处于社会主义初级阶段的国情,这是我国坚持走特色社会主义道路的立足点。中国革命和建设的历史已经证明,并将继续证明任何忽视对中国国情的正确把握,任何脱离中国社会主义初级阶段基本国情的做法都毫无例外的失败了。二是必须走出一条具有无限广阔前景的中国自己的道路。民主革命时期,中国共

① 《胡锦涛文选》第三卷,人民出版社2016年版,第658页。
② 《习近平谈治国理政》第二卷,外文出版社2017年版,第339页;舒刚:《"三个自信"要刻骨铭心》,《新华日报》2014年4月11日。

产党坚定地推进马克思主义哲学中国化,走了一条既不同于欧美式、也不同于苏联式的中国自己的革命道路,开创了社会主义建设的美好前景。社会主义建设时期,正是由于党领导人民始终坚持走"始于毛、成于邓"①,并发展成此后其他领导集体的中国特色社会主义建设道路,从而确保中国迈上了实现中华民族复兴的伟大征程。三是必须充分挖掘、吸收并发挥中华民族文化自信基因。五千多年的中华文明,蕴含着深厚的人文精神、哲学思想、道德理念、教化育人等民族文化自信基因,这笔宝贵的精神财富虽历经劫难而浴火重生,激励着中华民族薪火相传、自强不息,成为中华民族坚持道路自信,为建设社会主义现代化强国提供强大的精神支撑。

2.坚定道路自信,回应民众关心、关注的心理需求和理论诉求

回应和解答人民群众的心理需求和理论诉求,是马克思主义哲学的历史使命,也是李达、艾思奇在长期革命、建设实践中不断推进马克思主义哲学中国化的基本经验,更是中国人民在新时代坚定不移地走中国特色社会主义道路的必然选择。在党的十七大报告中,胡锦涛指出:"坚持立党为公、执政为民,不能停留在口号和一般要求上,必须围绕人民群众最现实、最关心、最直接的利益来落实。"②突出回应和解答了人民群众利益诉求的重要性。党的十八大提出"着力解决人民群众反映的突出问题"③,实际上指出了在坚持中国特色社会主义道路的征途中,党和政府及马克思主义理论工作者要着力解决人民群众的现实诉求,即在带领人民群众加强物质文明建设的同时,"努力对当前亟须进行理论引导或说明的突出问题,作出科学的、有说服力的、符合实际

---

① "始于毛,成于邓",主要是指探索适合中国实际的社会主义建设道路开始于毛泽东,基本上完成于邓小平。这是对毛泽东和邓小平分别为核心的党的第一、第二代领导集体,对中国特色社会主义建设道路探索的一种比较形象的概括。

② 张骥等:《马克思主义意识形态引领多样化社会思潮若干问题研究》,人民出版社2013年版,第97页。

③ 《中国共产党第十八次全国代表大会文件选编》,人民出版社2012年版,第47页。

的解释和说明"①。以回应和解答人民群众因为深受多样外来文化的冲击而产生的对纯粹的"物质主义""自由主义""个人主义"等思潮的追随。

新时代,针对人民群众多样化的心理需求和理论诉求,在推进当代中国马克思主义哲学中国化的进程中,必须坚定道路自信,必须采取切实有效的措施,着力回应和解答人民群众最关心、最直接、最现实的心理需求,着力回应和解答人民群众对理论指导的方向性、客观性、实践性及可行性的理论诉求,力戒理论指导的盲目性、滞后性及脱离客观实际的"高大上"现象。具体来说:一是要加强"四个意识"②的培育,克服"物质主义"影响。"万山磅礴必有主峰,龙衮九章但挈一领。"办好中国的事情,关键在党,关键在有党领导下的具有坚定的马克思主义信仰的人民群众。现时代,由于受市场经济的影响,各种社会思潮③风起云涌,物质主义甚嚣其上,个别人把物质追求视为人生的第一追求和中心要义,整日沉迷于物质利益和欲望之中,一定程度上迷乱和制约了马克思主义哲学中国化及中国特色社会主义事业的发展。为此,加强对全党乃至人民群众"四个意识"的培育,有利于凝聚全党和全国人民的智慧,有利于维护党的团结和统一,有利于提高人民群众干事创业的精气神,有利于克服对"物质主义"的崇拜。二是回应和解答人民群众的理论诉求,推进马克思主义哲学中国化。"但是理论一经掌握群众,也会变成物质力量。理论只要说服人,就能掌握群众;而理论只要彻底,就能说服人。"④历史发展证明,理论要"变成物质力量",要"掌握群众"和"能说服人",就必须与实践相结合,总结实践经验和智慧,推进马克思主义哲学中国化,回应和解答人民群众面临的理论诉求,即实现理论的通俗化和大众化,用以有效指导人民群众的实践活动。

---

① 《江泽民文选》第3卷,人民出版社2006年版,第87页。
② "四个意识"即政治意识、大局意识、核心意识、看齐意识。
③ 新权威主义思潮、老左派思潮、新左派思潮、自由主义思潮、民粹主义思潮、民族主义思潮、新儒学思潮、物质主义思潮、后物质主义思潮、泛物质化思潮等。
④ 《马克思恩格斯选集》第1卷,人民出版社1995年版,第9—10页。

随着全面深化改革的进一步推进,社会矛盾问题日益突显,致使部分民众在一些问题上产生了认识上的困惑。诸如奉献与索取、法治与自由、民主与集中、集体与个人、物质与精神等,这些问题的存在与发展已经超越了人民群众原有的理解和认识,迫切需要马克思主义理论与时俱进地给予回答和解决。这就要求我们的理论工作者要充分认识到"越是大变革时期,越是需要理论指导"①的重要内涵,坚持中国特色社会主义道路,采取切实有效的措施,把千百万劳动群众这个理论创新的群体组织起来,推进当代中国马克思主义哲学中国化,使人民"群众知道了真理,有了共同的目的,就会齐心来做"②。中国特色社会主义伟大事业就会指日可待。

三、理论自信是新时代推进马克思主义哲学中国化的引领基石

理论是实践之先导,思想是实践之指南。理论问题事关党的性质、宗旨,理论问题的核心内容是理论自信,它事关党以什么样的思想为指导、用什么样的思想来武装以及达到什么样的精神状态。所谓理论自信,在我国主要是指对马克思主义理论的自信,即无论发生什么样的变化,马克思主义的指导地位及其为无产阶级服务的阶级性都不能变,它依然是我们党的指导思想,依然是维护无产阶级利益和我国人民实现自身解放的精神力量。新时期的理论自信主要集中体现于对中国特色社会主义理论体系的自信。李达、艾思奇正是由于始终坚持对马克思主义理论自信,才在马克思主义哲学中国化方面取得了巨大成就。因此,一个国家、民族和人民尤其是执政党必须要有坚定的理论自信。

1.理论自信源自理论自觉,推动理论创新

伟大的理论产生于伟大的实践。中国革命和建设的伟大实践呼唤适合中国国情、能指导中国人民从胜利走向新的胜利的伟大理论产生。作为揭示人

---

① 《江泽民文选》第 1 卷,人民出版社 2006 年版,第 43 页。
② 《毛泽东选集》第 4 卷,人民出版社 1991 年版,第 1318 页。

类社会发展一般规律的马克思主义,为世界劳苦大众翻身解放指明了奋斗方向。饱受灾难的近代中国,在诸多选择和探索失败后,先进的中国共产党人,始终坚持把马克思主义的普遍原理与中国革命、建设和改革的实践结合起来,实现了马克思主义中国化的两次飞越,创立了毛泽东思想和中国特色社会主义理论体系,指导中国人民从胜利走向新的胜利、从辉煌走向更高的辉煌,突显了科学理论指导的重要性,印证了坚持理论自信的必然。

理论自信源自理论自觉,推进理论创新。所谓理论自觉,主要指一个政党在理论上的觉醒和自觉的行动,既包括对理论价值认知的自觉性,又包括对理论发展规律把握的深刻性,还包括对发展理论历史责任担当的主动性。[1] 所谓理论创新,就是指中国共产党人,依据马克思主义基本原理对中国革命、建设和改革开放中出现的新情况、新问题,进行新的理论分析和理论解答,进而形成中国化的马克思主义——毛泽东思想和中国特色社会主义理论体系。由此可见,理论自觉、理论自信和理论创新相辅相成,相互促进。理论自觉是理论自信的基础,是推进理论创新的必然前提,理论自信和理论创新是理论自觉的深化和必然结果。中国共产党是一个具有高度理论自觉和理论自信的政党,善于依据新的时代任务和要求来推进马克思主义理论创新,这可以从李达、艾思奇推进马克思主义哲学中国化中得以体现。在长期的革命和建设过程中,李达、艾思奇始终坚信马克思主义理想信念,始终以敏锐的理论自觉和巨大的理论勇气深化马克思主义文本研究,推进马克思主义与中国实践相结合,有力地促进了毛泽东哲学思想的产生、丰富和发展。李达、艾思奇的探索与贡献启示我们,新时代,推进马克思主义哲学中国化,必须坚持理论自信、理论自觉,并依据新的时代特征深化理论创新;必须深入推进马克思主义文本的研究与传播;必须加强对人民群众的马克思主义理论武装。

---

[1] 张远新:《理论自觉、理论自信与理论创新、理论坚定——十六大以来党对中国特色社会主义理论体系的坚持和创新》,《北京行政学院学报》2013 年第 1 期。

2.理论自觉、理论自信和理论创新,是马克思主义与时俱进的品格

中国共产党是由马克思主义科学理论武装的政党。在长期的革命、建设和改革开放的实践中,始终代表人民利益的中国共产党,坚持高度的理论自觉和理论自信,矢志不渝的结合中国时代发展变化推进马克思主义理论创新,这是中国共产党区别于其他任何政党的鲜明特征和根本优势。在马克思主义理论指导下诞生的中国共产党,始终把马克思主义作为自己的行动指南。新民主主义革命和社会主义革命、建设时期,以毛泽东同志为核心的第一代领导集体依靠高度的理论自觉和理论自信,推进了马克思主义理论创新,形成了中国化的马克思主义哲学——毛泽东哲学思想,在贫穷落后的中国确立了社会主义制度,开创了中国社会主义建设的新征程。党的十一届三中全会以来,邓小平、江泽民和胡锦涛领导全党、全国人民,以高度的理论自觉和理论自信,领导中国人民在改革开放的实践中,锲而不舍地推进马克思主义理论创新,形成了邓小平理论、"三个代表"重要思想和科学发展观,把马克思主义哲学中国化推进到新的阶段。党的十八大以来,以习近平同志为核心的党中央在实现"两个一百年"奋斗目标的征途中继续坚持理论自觉和理论自信,并将马克思主义理论根植于中国大地,熔铸于中华民族凝聚力和创造力,提出了"四个全面"、新发展理念等一系列新思想、新观点、新概括,形成了中国化的马克思主义——习近平新时代中国特色社会主义思想,有力推动了马克思主义哲学中国化的发展。

马克思主义理论优秀品格和内在活力在于与时俱进、不断创新。近百年的发展历程表明,中国共产党是一个具有高度理论自觉和理论自信的政党,是一个善于结合时代特征推进马克思主义理论创新的政党。正是由于中国共产党对实现共产主义远大理想的执着追求,对马克思主义理论指导地位的始终坚守,和对马克思主义理论创新的责任担当,使得党在领导全国人民奋力实践中国特色社会主义建设的征途中,不断地推进了马克思主义中国化、时代化、大众化。一部中国共产党的发展史,就是一部始终坚持马克思主义理论自觉和理论自信的历史,就是一部领导中国人民把马克思主义基本原理与中国实际相结合,不断推进理论创新,进一步丰富、完善中国特色社会主义理论体系的历史。

3. 坚持理论自信,加强文本研究,用中国话语体系讲好中国故事

李达、艾思奇坚持马克思主义理论自信的表现之一就是深入开展马克思文本研究,用具有中国作风和中国气派的理论话语体系阐述中国故事。李达、艾思奇在其一生中,翻译了大量的马克思主义著作,如《辩证法唯物论教程》《唯物史观解说》《马克思经济学说》《社会问题总览》等;编写了大量的马克思主义教材,如《社会发展史》《马克思主义名词解释》《哲学研究提纲》《科学历史观教程》《马恩列斯思想方法》等;发表了大量的马克思主义研究论文,如《民生史观和唯物史观》《现代中国社会之解剖》《何谓帝国主义》《马克思学说与中国》《社会主义与江亢虎》等;撰写了大量的马克思主义著作,如《社会学大纲》《经济学大纲》《社会进化史》《现代社会学》《大众哲学》《辩证唯物主义讲课提纲》《辩证唯物主义和历史唯物主义》《关于〈实践论〉和学习方法的一些问题》《〈实践论〉与哲学史的研究》等。为此,李达被称之为"中国马克思主义史上百科全书式的学者和卓越的理论家。"①艾思奇则被称为"马克思主义大众化第一人"。

近年来,深入开展马克思文本研究,②构建具有中国作风和中国气派的理论话语体系,成为推进马克思主义中国化逐渐成为马克思主义理论自信的独特路向。马克思文本研究的兴起,一是由于《马克思恩格斯全集》历史考证版的出版及中文第二版的陆续发行,为进一步深化马克思文本研究开启了前提。③ 二是近年来的研究因缺乏原始文本依据,一定程度上曲解、误读、误用

---

① 《纪念李达诞辰一百周年》,湖南出版社 1991 年版,第 29 页。
② 参照阶段性成果。冯飞龙:《近年来国内马克思主义文本研究的回顾与思考》,《理论导刊》2013 年第 8 期。
③ 杨学功:《当代中国马克思主义哲学研究新趋向》,《河北学刊》2005 年第 7 期。

马克思主义经典作家的本意,有损文本研究的严肃性和科学性①。为此,"重读马克思""走近马克思""还原马克思",力求真实再现马克思文本的"本真内涵"和"原初状态",澄清后来者对马克思文本附加的不相适宜的"误读"和"曲解",便成为国内马克思主义工作者致力于研究的根本所在。

国内马克思文本研究,主要集中在方法论、视野、目的、路径等方面,学者们"仁者见仁、智者见智",提出了一系列新思想、新观点和新方法,一定程度上纠正了之前对马克思研究的偏差、误读、误解和误用,取得良好的研究态势,但也存在一些问题:一是"回到马克思""对话马克思"的期待难以实现。历史发展的客观性使得今人无法"回到"马克思时代,更谈不上与马克思"对话"。科学的研究态度应该是力求无限接近或者近似还原马克思"本真内涵"。二是研究成果大多数仍处于微观视域,尚未从宏观性、整体性和系统性上解决民众面临的困惑,难以得到大众较为"一致"的认可,部分学者甚至认为文本研究脱离实际,是纯粹的书院式研究,毫无意义。三是大多数研究一定程度上存在"闭门造书",缺乏"国际化"交流的机会和平台。四是现有研究比较分散,尚未形成较为统一的学术共同体,而且过度的政治化倾向,使得研究成果的学术性、学理性存在一定程度的欠缺。②

新时代,立足于当代中国时代主题和民众诉求,开展马克思主义文本研究,用中国理论话语体系讲好中国故事,有利于当代中国马克思主义哲学中国化的发展。具体来说:一是要彰显马克思文本研究的现当代价值。采取切实措施,吸纳各学科各领域专家学者,努力扩大马克思主义文本研究的参与度,形成国内研究的"大气候",引导研究者树立求真务实的学风,澄清对马克思主义文本研究的种种误解,彰显其现当代价值。二是构建马克思文本研究"学术共同体"。马克思文本研究,需要开展跨学科研究,吸纳、组建多学科

① 聂锦芳:《改革开放以来马克思著作文本研究述评》,《人民日报》2008 年 12 月 23 日。
② 参照阶段性成果。冯飞龙:《近年来国内马克思主义文本研究的回顾与思考》,《理论导刊》2013 年第 8 期。

"学术共同体",形成研究"合力",力求无限还原马克思的"本真"精神。三是提高马克思文本研究认同度。充分发挥国内马克思文本研究"大家"的作用,从宏观上统领目前颇丰的"微观"研究成果,并进行系统性、抽象性的总结和概括,形成能使大多数学者普遍认同和接受的研究成果。四是坚持"平行法则",实现马克思文本研究与现实问题研究的统一。马克思文本研究,既要立足于当代中国的具体实际,又要秉承马克思"本真"精神,坚持文本研究与现实问题研究相结合,在文本研究中探寻解决现实问题的方式方法,在对现实问题的解答中深化文本研究,从而彰显马克思主义文本研究服从于和服务于社会现实的时代价值,彰显了马克思主义文本研究回答和解决现实问题的时代诉求。五是提高马克思文本研究的"国际化"影响力。搭建马克思文本研究国际化平台,坚持"引进来"和"走出去"相结合的原则,充分开展对外交流与合作,以"全新"的方式解读马克思文本,用具有中国作风和中国气派的理论话语体系,讲好中国马克思文本研究的故事,提升我国马克思研究的"国际化"影响力,推动当代中国马克思主义哲学中国化的发展。①

4. 坚持理论自信,加强理论武装,培育坚定的马克思主义信仰者

中国共产党是马克思主义理论武装的先进政党,只有以马克思主义为行动指南,才能充分发挥其引领社会发展的先锋模范作用。马克思指出:"理论一经掌握群众,也会变成物质力量。理论只要说服人,就能掌握群众;而理论只要彻底,就能说服人。"②列宁指出:"没有革命的理论,就不会有革命的运动","只有以先进理论为指南的党,才能实现先进战士的作用"③,"没有理论,党就会失去生存的权利,而且不可避免地迟早注定要在政治上遭到破产"。④ 经典作家的论述表明,加强马克思主义理论武装,事关党的生死存亡,

---

① 参考作者论著、阶段性成果之一:冯飞龙:《近年来国内马克思主义文本研究的回顾与思考》,《理论导刊》2013 年第 8 期。
② 《马克思恩格斯选集》第 1 卷,人民出版社 1995 年版,第 9 页。
③ 《列宁选集》第 1 卷,人民出版社 1995 年版,第 342 页。
④ 《列宁选集》第 6 卷,人民出版社 1986 年版,第 367 页。

事关革命运动的成败，事关人们在改造主客观世界中能否正确认识规律、把握规律、运用规律。

加强马克思主义理论武装，说到底是坚定理论自信，坚定理想信念，筑牢精神支柱的工作。中国共产党历来重视马克思主义理论武装。1938 年 10月，毛泽东在六届六中全会上指出，领导几万万民众开展伟大革命斗争的中国共产党必须普遍而又深入地学习、研究马克思主义理论，这是一个亟待解决的重大问题，全党要开展学习竞赛。1940 年 6 月，毛泽东在延安新哲学会第一届年会上的讲话中指出："理论这件事是很重要的，中国革命有了许多年，但理论活动仍很落后，这是大缺憾。要知道革命如不提高理论，革命胜利是不可能的。过去我们注意的太不够，今后应加紧理论研究。"①1942 年 2 月，在《整顿党的作风》的报告中，毛泽东进一步指出，相对于丰富的中国革命实践而言，"我们的理论还不能够和革命实践相平行，更不去说理论应该跑到实践的前面去。"②突出强调了加强理论武装的必要性和紧迫性。经过延安整风，党的理论水平得到明显提高。1945 年 4 月在党的七大工作报告中毛泽东指出，中国共产党"就是一个以马克思列宁主义的理论为基础的党"，"因为这个主义是全世界无产阶级的最正确最革命的科学思想的结晶"。③ 进一步指出了马克思主义的阶级性和真理性，字里行间体现了对马克思主义的理论自信。

新的理论源于新的实践，新的实践需要新的理论指导。党的十一届三中全会以来，党的几代领导集体都高度重视理论武装，形成了具有中国特色的党建理论，发展了毛泽东关于加强党的理论武装的思想。邓小平在总结苏共亡党的惨痛教训时指出，放弃马克思主义理论武装，实际上是"共产党自己整自己""共产党搞自杀"。在如何对马列主义、毛泽东思想问题上，邓小平指出"老祖宗"不能丢，丢了就"丧失根本"，但要说出老祖宗没有说过的"新话"，

---

① 　江湘：《延安新哲学会举行第一届年会》，《新中华报》1940 年 6 月 28 日。
② 　《毛泽东选集》第 3 卷，人民出版社 1991 年版，第 813 页。
③ 　《毛泽东选集》第 3 卷，人民出版社 1991 年版，第 1093 页。

要完整、准确地运用毛泽东思想的科学体系指导中国特色社会主义建设的实践。江泽民依据世情、国情、党情的巨大变化,与时俱进地提出"三个代表"重要思想,成为加强党的先进性、推进党的建设新的伟大工程的强大理论武器。他指出:"无论对党还是对党的干部来说,理论上成熟都是政治成熟的基础。"①胡锦涛在纪念党成立90周年大会上指出:"理论上的成熟是政治上坚定的基础,理论上的与时俱进是行动上锐意进取的前提,思想上的统一是全党步调一致的重要保证。"②此后,胡锦涛依据我国社会发展的阶段性特征,准确把握世界及国内发展趋势,创立了科学发展观,明确提出理论上的先进性是政治上先进性的集中表现。习近平指出,马克思主义理论是领导干部的基本功和看家本领,是我们的必修课,学习马克思主义理论,就必须认真研读马克思主义原著,尤其是要认真研读马克思主义中国化最新成果,"在研读当代中国马克思主义理论著作的同时,要追根溯源,认真学习马克思列宁主义经典作家的著作,认真学习毛泽东同志的著作。"③要学懂学通马克思主义基本原理,深入理解马克思主义的精神实质及思想精髓。习近平总书记关于理论武装的重要论述,对于新时代加强党的建设具有重要的指导意义。

理论上的成熟是政治上成熟的基础,是党领导的正确性、科学性的保证。中国共产党在长期的革命和建设的过程中,始终坚定马克思主义理论自信,深入开展马克思文本研究和党的理论武装,培育和造就了大量坚定的马克思主义者,极大地增强了全党的战略定力,确保了党在革命、建设、改革的征途中都能始终坚持沿着共产主义方向前进。新时期,坚持理论自信,加强马克思主义理论武装,一是要开展中国特色社会主义理论体系的宣传普及活动。要原原本本、认认真真学习和宣传中国特色社会主义理论体系,联系实际学,带着问题学,带着感情学,用以武装全党,统一认识、凝聚共识。二是要推进当代中国

---

① 江泽民:《论党的建设》,中央文献出版社2001年版,第222页。
② 胡锦涛:《在庆祝中国共产党成立90周年大会上的讲话》,《人民日报》2001年7月2日。
③ 《习近平总书记系列讲话精神学习读本》,中共中央党校出版社2013年版,第114页。

马克思主义哲学中国化。马克思主义哲学从来都不是书斋里的学问,与时俱进是其固有的理论品格和本质要求。马克思主义哲学只有依据现时代特征和民众的理论诉求,从哲学家的书本和课堂中解放出来,转化为富有中国民族风格和气派的形式,才能真正转化为催生人民群众积极投身于建设和改革的内在动力,①才能从根本上培育出中国特色社会主义合格建设者和可靠接班人。

四、制度自信是新时代推进马克思主义哲学中国化的动力之源

制度带有全局性、根本性和稳定性,是一个国家发展进步的动力之源。中国在长期的革命和建设的实践中逐步建立和完善了中国特色社会主义制度,它既符合社会主义建设规律,又契合中国实际发展需要,更体现了广大人民群众的根本利益。所谓制度自信,实际上指中国人民对坚持中国特色社会主义根本政治制度,基本政治制度,基本经济制度,各项具体制度及中国特色社会主义法律体系的自信,说到底就是对坚持中国特色社会主义不动摇。② 李达、艾思奇在推进马克思主义哲学中国化过程中,始终坚持制度自信,始终把中国特色社会主义制度视为取得革命和建设胜利的法宝,视为推进马克思主义理论创新的制度保障。同时,二人推进马克思主义哲学中国化的不懈努力,也为中国特色社会主义制度的完善提供了理论支撑。

1. 制度自信来源于中国特色社会主义制度的优越性

"人无自信,无以自进;国无自信,无以自强"。中国共产党是一个对社会主义制度的优越性充满自信的马克思主义政党。毛泽东指出:"我们的人民民主专政的制度,较之资本主义国家的政治制度具有极大的优越性。"③"社会

---

① 雷云:《漫谈"理论武装"——兼论"着力用马克思主义中国化最新成果武装全党"》,《中共杭州市委党校学报》2008 年第 2 期。

② 赵世豪:《青年干部中国特色社会主义制度自信问题研究》,福建师范大学硕士学位论文,2015 年,第 11 页。

③ 《建国以来毛泽东文稿》第 2 册,中央文献出版社 1988 年版,第 483 页。

主义和资本主义比较,有许多优越性"①,"我们的社会主义制度优胜于资本主义制度,我们的无产阶级政党——共产党的领导优胜于资产阶级政党的领导。"②"任何资本主义国家的人民群众,都没有也不可能有我国人民这样广泛的个人自由。"③邓小平认为"社会主义制度是个好制度,必须坚持"。④ 社会主义制度"比弱肉强食、损人利己的资本主义制度好得多"。⑤ "只有社会主义制度才能从根本上解决摆脱贫穷的问题"⑥。毛泽东、邓小平的这些论述充分体现了党对社会主义制度的自信。江泽民指出:"从本质上说,社会主义制度是比资本主义制度优越的社会制度。"⑦它不仅能够创造出高度的物质文明,而且也可以为人民群众创造出高度的精神文明,有利于消除资本主义和其他剥削制度所固有的贪婪和腐败现象。2011 年 7 月,胡锦涛首次对中国特色社会主义制度做了明确的界定,并对社会主义制度的优越性做了"五个有利于"⑧和"六个能够最大限度"⑨的概括,充分彰显了中国特色社会主义制度的优越性和先进性。党的十八大以来,习近平总书记对中国特色社会主义的

---

① 《建国以来毛泽东文稿》第 10 册,中央文献出版社 1996 年版,第 31 页。
② 《建国以来毛泽东文稿》第 10 册,中央文献出版社 1996 年版,第 63 页。
③ 《建国以来毛泽东文稿》第 4 册,中央文献出版社 1990 年版,第 549 页。
④ 《邓小平文选》第 3 卷,人民出版社 1993 年版,第 116 页。
⑤ 《邓小平文选》第 2 卷,人民出版社 1994 年版,第 337 页。
⑥ 《邓小平文选》第 3 卷,人民出版社 1993 年版,第 195—196 页。
⑦ 《江泽民文选》第 3 卷,人民出版社,2006 年版,第 217 页。
⑧ 这一制度"符合我国国情,顺应时代潮流,有利于保持党和国家活力、调动广大人民群众和社会各方面的积极性、主动性、创造性,有利于解放和发展社会生产力、推动经济社会全面发展,有利于维护和促进社会公平正义、实现全体人民共同富裕,有利于集中力量办大事、有效应对前进道路上的各种风险挑战,有利于维护民族团结、社会稳定、国家统一"。(参见肖贵清等:《中国特色社会主义制度基本问题研究》,人民出版社 2013 年版,第 102 页。)
⑨ 即能够最大限度地保持党和国家活力,充分调动社会各方面资源;能够最大限度地维护和促进社会公平正义,加快了中国政治文明建设进程;能够最大限度地促进社会生产力的解放,推动经济社会持续快速发展;能够最大限度地激发先进文化的蓬勃发展,推动社会主义精神文明建设;能够最大限度地促进民族团结、社会稳定,推动社会主义和谐社会建设;能够最大限度地推进科学发展,加快中国生态文明建设;能够最大限度地凝聚社会共识、形成共同理想、构建中华民族共有精神家园的思想优势。

优越性给予了多次肯定,他认为:"中国特色社会主义制度符合我国国情,集中体现了中国特色社会主义的特点和优势,是中国发展进步的根本制度保障。"①由上可见,中国共产党历来坚信经过浴血奋战和艰苦探索而获得的社会主义制度以及社会主义制度的优越性,是党和人民坚持制度自信的前提。

2. 制度自信来源于中国特色社会主义制度的自我完善和发展

"知屋漏者在宇下,知政失者在草野"。制度是否具有强大的生命力,关键要看制度的价值遵循是什么。中国特色社会主义制度始终以完善和发展社会主义,进而实现共产主义为总目标和总遵循,这就要求中国特色社会主义制度必须具有自我完善能力,必须与时俱进,全面深化改革。早在社会主义建设时期,毛泽东就指出:"我国的社会主义制度还刚刚建立,还没有完全建成,还不完全巩固。"②"一定的社会制度,在一定的时期内需要巩固它,但是这种巩固必须有一定的限度,不能永远地巩固下去。认识不到这一点,反映这种制度的意识形态就僵化起来"③,突出强调社会主义制度有一个逐步深化、完善的过程。邓小平指出:"我们的制度将一天天完善起来,它将吸收我们可以从世界各国吸收的进步因素,成为世界上最好的制度。"④强调指出了社会主义制度有一个以我为主、博采众长、为我所用的完善和发展过程。对于西方国家推崇的"普世化"资本主义制度,江泽民指出:"世界是丰富多彩的,没有也不可能有一种放之四海而皆准的政治制度模式。"⑤相对于资本主义制度而言,社会主义制度"是一个新生的制度,还不成熟、不完善",⑥必须通过深化改革,

① 《习近平总书记系列重要讲话精神学习读本》,中国方正出版社 2014 年版,第 113 页。
② 《建国以来毛泽东文稿》第 6 册,中央文献出版社 1992 年版,第 327 页。
③ 《毛泽东读社会主义政治经济学批注和谈话》下,中华人民共和国国史学会 1998 年版,第 332 页。
④ 《邓小平文选》第 2 卷,人民出版社 1994 年版,第 337 页。
⑤ 《江泽民文选》第 3 卷,人民出版社 2006 年版,第 114 页。
⑥ 《江泽民文选》第 1 卷,人民出版社 2006 年版,第 151 页。

"才能逐步走向健全、走向完善、走向成熟"①。胡锦涛指出："继续推动我国社会主义制度自我完善和发展,坚决破除一切妨碍科学发展的思想观念和体制机制弊端,为推进中国特色社会主义事业注入强大动力。"②

党的十八大以来,习近平总书记多次明确指出,要不断完善和发展我国社会主义制度,全党要凝心聚力地"全面深化改革的总目标是完善和发展中国特色社会主义制度,推进国家治理体系和治理能力现代化"③。为新时代推进中国特色社会主义制度的完善与创新指明了路径,即坚持制度自信不能固步自封,不能自视清高、自我满足,而要依据中国社会发展实践,不断革除体制机制弊端,持续推进"国家治理体系和治理能力现代化",进而形成"最可靠最管用"的制度体系。具体来说,就是指在中国特色社会主义建设实践中,"坚持和完善现有制度,从实际出发,及时制定一些新的制度,构建系统完备、科学规范、运行有效的制度体系,使各方面制度更加成熟更加定型"④。

总之,制度决定道路,道路决定命运。中国特色社会主义制度的持续发展是我们坚持制度自信的保障,这就要求我们在推进马克思主义哲学中国化的实践中,要深刻认识和把握中国特色社会主义制度的本质特征,要始终坚持中国共产党的领导,充分认识中国特色社会主义建设取得的伟大成就,在理性比较中外制度和在了解历史规律中坚定制度自信,进一步坚持、完善和发展中国特色社会主义制度,倍加珍惜历经重重磨难而探索形成的具有中国特色、适合中国国情实际的制度原则。

3.坚定制度自信,不断推进国家治理体系和治理能力现代化

制度体系的科学性、执行力和社会认同度是制度自信的基础和前提。⑤

---

① 《江泽民文选》第1卷,人民出版社2006年版,第163页。
② 《胡锦涛文选》第3卷,人民出版社2016年版,第535页。
③ 《习近平总书记系列讲话精神学习问答》,中共中央党校出版社2013年版,第57页。
④ 《习近平总书记系列讲话精神学习读本》,中国方正出版社2013年版,第22页。
⑤ 张贤明:《制度自信的充分体现和可靠保证 不断自我完善和发展》,《人民日报》2015年5月8日。

因此,制度自信就是对整个中国特色社会主义制度体系的自信,就是社会对这一制度体系内涵的科学性和在实践中贯彻落实状况的认同与自信。进入新时代,习近平总书记提出:"完善和发展中国特色社会主义制度、推进国家治理体系和治理能力现代化。"①表明了二者之间的辩证关系,即"国家治理体系和治理能力是一个国家的制度和制度执行能力的集中体现,两者相辅相成。"②制度自信为持续推进国家治理体系和治理能力现代化奠定了基础;反之,国家治理体系与治理能力的现代化则为中国特色社会主义制度的进一步完善和发展指明了方向,任何怀疑甚至背离二者之间辩证关系的思想和做法都是极端错误的,都会影响到国家治理体系与治理能力现代化,也都会影响甚至动摇中国特色社会主义制度自信。

2014 年 2 月,习近平总书记指出,改革开放以来,经过中国共产党的不懈努力,国家治理体系和治理能力总体上适应我国国情,也总体上适应我国社会发展要求,但也暴露出一些亟待解决的问题,需要我们进一步改进和完善,"但怎么改、怎么完善,我们要有主张、有定力"。改革开放以来的实践证明,"没有坚定的制度自信就不可能有全面深化改革的勇气,同样,离开不断改革,制度自信也不可能彻底、不可能久远。"③习近平总书记的讲话表明,全面深化改革,持续推进国家治理体系与治理能力现代化,就必须坚持中国特色社会主义制度自信,即在坚持中国特色社会主义建设进程中,一是要坚持制度自信,大力弘扬、培育和践行社会主义核心价值观,深入推进马克思主义哲学中国化,努力构建具有中国作风和中国气派,并体现和反映时代特征的中国化的马克思主义哲学新形态,坚决批判西方学者鼓吹的"普世价值观"。二是要系统阐发中华优秀传统文化,促使其与马克思主义哲学进一步结合,在实现对中华优秀传统文化的现代化改造过程中,弘扬时代精神,面向世界积极推进先进

---

① 《习近平谈治国理政》,外文出版社 2014 年版,第 105 页。
② 《习近平谈治国理政》,外文出版社 2014 年版,第 105 页。
③ 《习近平谈治国理政》,外文出版社 2014 年版,第 105 页。

文化的传播,讲好中国故事、传播中国精神。① 三是批判继承包括资本主义所创造的一切人类文明成果,用当代中国的马克思主义赋予自由、民主、人权、公平、正义和法治以新的含义,熔铸并凝练出富有中国风格和中国特色的内涵与表达方式,并在社会主义建设实践中得以践行和弘扬,确保国家治理体系和治理能力现代化。四是利用社会主义制度优势,动员、集中党员、干部、人民群众和各单位、组织、社会团体的力量,加强马克思主义理论、科学技术和专业技能的学习教育,提高思想政治素质、科学文化素质、专业技能素质和服务于人民的本领,确保国家治理体系和治理能力的有效运转。

五、文化自信是新时代推进马克思主义哲学中国化的精神支撑

文化是民族的血脉,人民的精神家园,是一个民族独有的风貌和品格。中国共产党历来重视文化建设,历来坚持文化自信。从新民主主义“民族的科学的大众的文化”文化纲领,到改革开放以来的“中国先进文化”“精神文明建设”“有中国特色社会主义的文化”“文化软实力”“社会主义先进文化”等论断,再到“文化强国战略”“文化自觉”“文化自信”的提出,展现了中国共产党对文化建设的重视和理论创新,尤其是“建设社会主义文化强国”战略的提出标志着党对中国特色社会主义有了更加明确的文化建构。② 李达深受湖湘文化之影响,逐渐形成了独立不羁、不畏艰险的性格特质,心忧天下、舍我其谁的爱国情怀,经世致用,实事求是的务实作风。③ 在李达、艾思奇的著述中,频频引用中国传统文化中的典籍、学说和典故,表明二人熟谙传统典籍、精通古诗文,充分体现了李达、艾思奇对历经长期发展而积淀的具有民族与地域文化特

---

① 《习近平坚定制度自信不是要固步自封》,新华网,http://www.xinhuanet.com/politics/2014-02/17/c_119373758.htm。
② 冯鹏志:《从“三个自信”到“四个自信”——论习近平总书记对中国特色社会主义的文化建构》,《学习时报》2016 年 7 月 7 日。
③ 曲广娣:《论湖湘文化及其对李达的影响》,《湘湖论坛》2009 年第 2 期。

质的传统文化自信。

1. 坚持文化自觉,深化对中国特色社会主义文化自信的认同

"欲人勿疑,必先自信",欲要自信,必先自觉。文化自觉①与文化自信是辩证统一的,文化自觉是文化自信的前提,文化自信是文化自觉的结果,任何将二者分离的做法都是错误的,都会坠入文化虚无主义。与文化自信相对应的是 100 多年来,中国社会弥漫着对中华优秀传统文化的焦虑,以及在文化传承上的"去中国化",得了"信用缺失症",充分体现了一些人对中华优秀传统文化自信的缺失。事实上,文化自信的提出,是对中国特色社会主义的理性思考和现实反思,其背后支撑的是深刻的文化自觉。文化自信并不是部分人所认为的文化的张扬和外露,而是对中华优秀传统文化的自觉、信心、耐力和定力,即通过文化自身的魅力和能量,在自觉自愿、无声无形之中,以滴水穿石的耐力和定力,润物细无声地浸润渗透在人们的生活世界,从而达到感染人、感动人、感化人,也就是"人文化成",最终促使生活民众达到文化认同,坚定文化自信的目的。

关于文化自信,学者们有不同的见解。罗斯·特里尔认为,文化自信,说到底,一方面是我们对于源远流长的民族精神家园的自信,另一方面是对生生不息的文化创新的自信,而这两者又互为一体②,这与著名作家王蒙的认识,即文化自信的获得方式是"不忘本来,吸收外来,面向未来"较为相似。有学者认为,文化自信是指一个民族、国家、政党及其人民对自身文化价值的充分肯定和积极践行。③ 有学者认为,文化自信是指民族、国家或政党,对自己文

---

① 文化自觉是著名的社会学家、人类学家费孝通先生在 1997 年提出的,他认为文化自觉的意义在于"生活在一定文化中的人,对其文化要有自知之明,明白它的来历、形成过程、所具有的特色和它的发展趋向,自知之明是为了加强对文化转型的资助能力,取得适应新环境、新时代文化选择的资助地位"。

② 参见[美]罗斯·特里尔:《习近平复兴中国连载之文化自信的"大本大源"》,《学习时报》2016 年 11 月 7 日。

③ 国务院法制办公室:《文化自信——习近平提出的时代课题》,新华网,http://www.xin-huanet.com/politics/2016-08/05/c_1119330939.htm。

化价值和理念的认同和传承。① 上述观点集中表明,文化自信,至少包括这样几点内容:一是指一个民族对其自身原有文化价值及其维系该民族延绵不息的精神之魂的肯定与认同,民族性是其本质特征;二是指一个国家对于其固有的传统文化及其维系国家团结统一的价值和理念的传承与弘扬,阶级性是其根本特点;三是指一个政党对其革命文化和先进文化的坚持、继承和发展,与时俱进是其主要特点。具体到我国而言,中国文化自信,主要指中华民族、中国人民和中国共产党对中国 5000 年优秀传统文化的信守、传承与弘扬,对在中国革命文化和社会主义先进文化的坚持、继承和创新。民族性、阶级性、继承性和创新性是其根本特点。为此,进入新时代的中国,坚定文化自信,就必须坚持继承和弘扬中华优秀传统文化、革命文化和社会主义先进文化,并结合新的时代特征和要求,创新发展出富有民族形式的、指引中国人民迈向新的胜利的中国化的马克思主义哲学新形态。

2. 坚定文化自信,做中华优秀传统文化忠实传承者和弘扬者

众所周知,中华优秀传统文化,是汇聚和反映中华民族风貌和特质的民族文化,是中华民族共有的精神家园、精神之根、文化之魂和繁衍生息的血脉,"是中华民族生生不息、发展壮大的丰厚滋养"②和增进文化认同和价值认同的最大公约数。中国共产党历来对中华优秀传统文化充满了自信,这种自信既体现了对民族历史文化的自信,即礼敬、珍视中华优秀传统文化;又体现了对民族历史文化的现时代发展的自信,即与时俱进地对其进行现代化改造。③为此,作为中华民族优秀传统文化的忠实继承者和弘扬者的中国共产党,近百年来,始终致力于充分挖掘和汲取中华优秀传统文化,并结合中国社会发展实际,尤其是结合中国社会发展的时代主题,身体力行地推进中华优秀传统文化

---

① 云杉:《文化自觉文化自信文化自强——对繁荣发展中国特色社会主义文化的思考》中,《红旗文摘》2010 年第 15 期。

② 《习近平谈治国理政》,外文出版社 2014 年版,第 155 页。

③ 沈壮海:《中国文化何以自信》,《人民日报》2015 年 11 月 29 日。

的现代化改造。

　　中国共产党历来重视对内生文化价值观念的认同、重塑和重构。在长期的革命和建设过程中,党始终坚信优秀传统文化具有大智、大真、大善、大美等特质①,并在继承和弘扬中华优秀传统文化的过程中,致力于提升其内生文化价值,将"国家兴亡、匹夫有责"的爱国精神,"民为贵、君为轻"的民本思想,"仁者爱人、为政以德"的仁政文化,"先天下之忧而忧"的忧患意识,"出淤泥而不染"的高洁品质,"与时俱进、自强不息"的进取精神②,以及"孝亲"美德所蕴含的廉洁奉公,"忠恕"之道所蕴含的公义和公德,《四书》所强调的仁爱、民本、爱国、正义、信实、礼节、和合、孝敬、勤俭、守法等核心价值观念融入改革开放的伟大实践之中,形成具有鲜明时代特色的社会主义核心价值观③。新时代,中国共产党应进一步着力深挖"中华优秀传统文化讲仁爱、重民本、守诚信、崇正义、尚和合、求大同的时代价值"④,承继关学⑤始祖张载"为天地立心,为生民立命,为往圣继绝学,为万世开太平"⑥的使命担当,汲取"格物、致知、诚意、正心、修身、齐家、治国、平天下"⑦的德智修养,加强对党员干部和人民群众进行社会主义核心价值观教育,促使人们不但要成为"好人",而且要成

---

　　①　"优秀传统文化在思想上有大智,在科学上有大真,在伦理上有大善,在艺术上有大美。"参见高文兵:《从优秀传统文化中汲取实现中国梦的精神力量》,《人民日报》2013 年 7 月22 日。

　　②　高文兵:《从优秀传统文化中汲取实现中国梦的精神力量》,《人民日报》2013 年 7 月22 日。

　　③　富强、民主、文明、和谐,自由、平等、公正、法治,爱国、敬业、诚信、友善。

　　④　《习近平谈治国理政》,外文出版社 2014 年版,第 164 页。

　　⑤　所谓"关学"即关中(函谷关以西、大散关以东,古代称关中)之学,是从地域角度而言的。关学是萌芽于北宋庆历之际的儒家学者申颜、侯可,至张载而正式创立的一个理学学派。关学是儒学重要学派,因其实际创始人张载先生是关中人,故称"关学"。又因张载世称"横渠先生",因此又有"横渠之学"的说法。

　　⑥　见张载:《张子语录》。冯友兰将"为天地立心,为生民立命,为往圣继绝学,为万世开太平。"概括为"横渠四句"。

　　⑦　出自《礼记·大学》,相传为曾子所作,实为秦汉时期儒家作品。参见李宗桂:《中华文化自信的底气所在》,《人民日报》2015 年 11 月 29 日。

为"好公民",努力建树起公民德行,强化"公民身份、公民权责、公民资质"①的认同,进而培育社会民众的民族认同、文化认同、政治认同和国家认同。

"各美其美,美人之美,美美与共,天下大同。"具有5000多年文明史的中华民族,创造和积淀了丰厚的文化遗产,成为我们树立和增强文化自信的重要依据和源泉。近年来随着我国综合国力的稳步提升和改革开放的进一步深入,国内文化的交流与冲突日益加剧,文化领域内的斗争也日益凸显,对中国民众的文化争夺和影响,便成为党在新时代文化工作的重点。党也逐渐认识到,就目前我国文化领域对中华优秀传统文化资源的挖掘、利用和现代化改造,使其既具有浓郁的时代精神,又具有鲜明的民族特色,并与人类所创造的优秀文化成果相融互通,还存在很大的不足。对于外来文化的冲击和中华优秀传统文化资源的流逝,及有效建构优秀传统文化的传承体系和科学诠释和阐发濒临流失的优秀传统文化基因,非物质文化遗产的保护等方面,还面临着巨大的难题。这就意味着党在传承和弘扬中华优秀传统文化方面,还有很长的"路"要走。

欲自信,先自觉。近百年来,中国共产党人在优秀传统文化的传承与弘扬上,始终坚持文化自觉和文化自信,以巨大的政治勇气、开放的胸怀,博采古今、融汇国内外文化(文明)之精华,创造出中国化的马克思主义哲学新形态——毛泽东哲学思想和中国特色社会主义理论体系,中国的文化面貌焕然一新。正如毛泽东同志所说:"自从中国人学会了马克思列宁主义以后,中国人在精神上就由被动转入主动。从这时起,近代世界历史上那种看不起中国人,看不起中国文化的时代应当完结了。"②表明了马克思主义传入中国与在中国共产党内指导地位的确立复兴了中华文明和中国人民的文化,中国文化自信的时代已经到来。2016年7月,习近平总书记阐发要以科学的态度对待传统文化,一方面,要讲清楚其历史渊源、发展脉络和走向;另一方面,要讲清

---

① 郭齐勇:《儒家修身成德之教与当代社会的公德建设》,《光明日报》2011年7月26日。
② 《毛泽东选集》第4卷,人民出版社1991年版,第1516页。

楚其价值理念、鲜明特点和独特创造,指明了新时期传承和弘扬中华优秀传统文化的路径:一是要正面大力宣传中华民族优秀文化和光荣历史,"引导我国人民树立和坚持正确的历史观、民族观、国家观、文化观,增强做中国人的骨气和底气"①。突显加强优秀传统文化教育,对于做自豪、自信中国人的奠基性作用。二是要以人们喜闻乐见和广泛参与的方式将中华民族最基本的文化基因推广开来,"把继承传统优秀文化又弘扬时代精神、立足本国又面向世界的当代中国文化创新成果传播出去"②。突显了加强国内外文化的交流、融会与贯通,结合现时代特征和要求推进优秀传统文化的现代化改造的必要性。

3. 坚定文化自信,坚持和弘扬革命文化和社会主义先进文化

中国共产党历来重视革命文化及先进文化建设。自近代以来,一部中国革命和建设的历史,既是一部中国革命文化和先进文化的发展史,也是一部中国共产党人坚持、弘扬革命文化和推进社会主义先进文化建设的历史。从马克思主义理论在中国的传播,到中国共产党的创立;从新民主主义革命、社会主义革命,到改革开放,再到中国特色社会主义建设取得辉煌成就,无一例外的都是开展文化革命和推进革命文化运动的必然结果,都是靠"笔杆子"取得成功和胜利的。因此,重视、坚持和弘扬革命文化及先进文化建设,是中国共产党推进中国特色社会主义文化建设的历史经验。中国社会发展的历史事实也昭示,重视、坚持和弘扬革命文化及先进文化建设,使得中国革命和社会主义建设取得了举世瞩目的成就,而忽视、放松甚至放弃革命文化和先进文化建设,最终导致社会主义苏联的解体和东欧社会主义国家的演变,致使国际共产主义运动陷入低谷。以史为镜,可知兴替。正反两方面的实例都印证了传承和弘扬党和人民在伟大斗争中孕育的革命文化和社会主义先进文化至关重要。

中国革命文化是党独有的文化自信。目前,国内总有一些人戴着"近视眼镜""有色眼镜"看待党史军史和中国革命史,他们要么对革命文化很少提

---

① 《习近平谈治国理政》,外文出版社 2014 年版,第 162 页。
② 《习近平谈治国理政》,外文出版社 2014 年版,第 161 页。

及或视而不见,要么亵渎革命传统、颠覆英雄人物、消解红色经典,这显然是一种反文化行为。中国共产党所创造的中国革命文化是一种崭新文化形态,它是中华民族革命斗争史的文化凝聚,是中华文化独特魅力所在,它从中华民族优秀文化传统中汲取了丰厚的滋养,又将马克思主义理论与中国革命、建设和改革实践相结合,兼收并蓄古今中外优秀文化成果,在不同时期形成了具有中国文化基因的不同形态,如红船精神、井冈山精神、长征精神、延安精神、西柏坡精神、航天精神、抗洪抗震救灾精神等。"左"和右的错误倾向也曾多次影响到中国革命文化的健康形成和发展,但正是由于多数共产党人具有"彻底批判"的理论和行为品格,他们对革命文化充满了执着自信,使得中国革命文化在批判、超越"左"与右的斗争实践中逐渐走向成熟,并与时俱进地随着时代主题的变化而自我完善和创新。①

革命文化是理解马克思主义中国化的钥匙。关于革命文化,有学者认为,它是中华民族最为独特的精神标识,既传承了中华优秀传统文化,又引领和发展了社会主义先进文化。② 有学者认为,革命文化植根于中华传统文明,是马克思主义理论本土化的成功代表,其核心是大众文化。③ 也有学者认为,革命文化是马克思主义中国化的重大文化成果,是指在新民主主义革命中中国共产党人创造的特有的文化形态。④ 学者们论述,充分体现了中国共产党和广大人民群众对"上承"中华优秀传统文化,"下启"社会主义先进文化的革命文化的自信。了解过去,目的是启迪和指导未来。坚持和传承革命文化,目的是为了更好的传承中华民族特有的文化基因——历史印证和文明传承,进而激发共产党人的内生动力,正确认识任何背离马克思主义中国化都要付出惨痛代价的历史教训,积极推动中华优秀传统文化的现代化转型,最终形成中国化

---

① 杨少华:《中国共产党革命文化的"左"、右及其超越》,《广西社会科学》2015 年第 2 期。
② 秦洁:《革命文化:中华民族最为独特的精神标识》,《红旗文稿》2016 年第 17 期。
③ 参见吴四伍:《革命文化何以铸就文化自信》,《人民日报(海外版)》2016 年 8 月 25 日。
④ 李康平:《中国革命文化基本理论问题研究》,《马克思主义研究》2015 年第 7 期。

的马克思主义哲学新形态,这是当代中国马克思主义理论与时俱进的必然要求和历史使命,也是传承和弘扬社会主义先进文化的途径和方法。

文化因实践发展而进步,文化因时代主题而繁荣。作为无形力量的先进文化,始终对有形社会产生着重要影响,既壮大人民之心灵、武装人民之精神,也引领经济社会之发展,激发民族奋进之活力。先进文化是相对于腐朽、反动和落后文化而言的文化,是时代进步的产物和人类文明进步的结晶。中国先进文化是博采古今中外、广集世间百家的文化,尤其是善于从中国历史之中总结、汲取经验,并注入时代精神和时代内容的文化,客观反映了经济社会和政治发展的根本要求,代表着中国未来的发展方向。作为中国先进文化集中体现的中国特色社会主义文化,它源于对中华传统文化的批判继承,植根于中国特色社会主义实践,融入了现代科学民主精神,并对外来有益文化兼容并蓄,其内涵为"以马克思主义为指导、以培育有理想、有道德、有文化、有纪律的公民为目标,发展面向现代化、面向世界、面向未来的,民族的科学的大众的社会主义文化"[1]。在当代中国,中国共产党人肩负起了传承、弘扬和繁荣中国特色社会主义文化的历史重任,为中国社会进步注入了强大精神动力,提供巨大的智力支持,也重塑了中国人在世界上的文化形象。[2]

马克思主义哲学中国化是社会主义先进文化发展的必然选择。文明因交流而多彩,文明因互鉴而丰富。中国特色社会主义文化的发展和繁荣,需要良好的开放的文化心态,只有敢于和善于学习、吸收和借鉴世界各国人民创造的优秀文明成果,取长补短、择善而从,兼收并蓄,中华文化才能得以绵延不断、生生不息。马克思主义作为科学的世界观和方法论是指导中国人民从胜利走向更大胜利的强大武器。然而,产生于遥远欧洲的马克思主义,并没有为我们解决问题提供现成的答案,这就需要共产党人把马克思主义基本原理与中国

---

① 王伟光:《社会主义通史》第八卷,人民出版社 2011 年版,第 9 页。

② 启瑄:《提升文化自觉　增强文化自信　实现文化自强——学习党的十七届六中全会〈决定〉几点体会》,《红旗文稿》2012 年第 5 期。

革命、建设、改革以及中国优秀传统文化相结合,创造出与中国时代发展同进步的中国化的马克思主义,才能指导中国人民破解发展中所面临的难题。为此,依据中国社会发展实际的变化,与时俱进地推进马克思主义中国化,尤其是马克思主义哲学中国化,坚决批判亵渎革命传统、消除红色经典、颠覆英雄人物等各种反先进文化的行为,坚决批判那种借口坚守马克思主义而否定推进马克思主义哲学中国化的反马克思主义行径,这是进入新时代、面临新挑战,推进中国先进文化繁荣和发展的必然选择,也是推进国人文化意识的普遍觉醒、树立文化自信,进而实现文化自强的必然选择。

4. 坚定文化自信,创新马克思主义哲学中国化新形态

"不忘本来才能开辟未来,善于继承才能更好创新。"[1]英国历史学家汤因比曾说过,中国的文化体系具有令人惊叹的同化力、融合力、延续力和凝聚力,它是近 6000 年人类历史上出现的 26 个文明形态中,唯一一个长期延续发展而从未中断过的文明,根本原因在于中华文化具有从不止歇的创新精神。[2]汤因比的论述表明,中华民族文化绵绵不绝、生生不息的旺盛生命力,源于其既能"不忘本来、坚持继承",又能"承前启后、开拓创新",昭示了中华优秀传统文化超强的自我创新与自我发展能力。习近平指出:"中华文化既坚守本根又不断与时俱进,使中华民族保持了坚定的民族自信和强大的修复能力,培育了共同的情感和价值、共同的理想和精神。"[3]充分体现了中华民族是一个兼容并蓄的民族,是一个善于继承创新、吐故纳新的民族。对于如何推进中华优秀传统文化的创新发展,习近平强调,要"努力实现中华传统美德的创造性转化、创新性发展,把跨越时空、超越国度、富有永恒魅力、具有当代价值的文化精神弘扬起来,把继承优秀传统文化又弘扬时代精神、立足本国又面向世界

---

① 习近平:《习近平谈治国理政》,外文出版社 2014 年版,第 71 页。
② [美]罗斯·特里尔:《习近平复兴中国连载之文化自信的"大本大源"》,《学习时报》2016 年 11 月 7 日。
③ 习近平:《在文艺工作座谈会上的讲话》,人民出版社 2015 年版,第 5 页。

的当代中国文化创新成果传播出去"①。习近平总书记的这一论述表明,文化的大繁荣和大发展,一是要立足于中国优秀传统文化,并对其进行现代化改造,赋予其新的内涵,用以指导新的实践;二是要兼容并蓄的吸收、借鉴国内外一切具有时代价值和时代精神的文明成果,在讲好中国故事的同时,传递中国声音,弘扬中国精神。习近平总书记的这一论述也为新时代推进马克思主义哲学中国化,创新中国化的马克思主义哲学新形态指明了方向。

所谓哲学形态,"是指由哲学的主题、研究方法、核心内容、表述形式、涉指主体和运思方式所呈现出来的哲学形象。"②中国化的马克思主义哲学是中国特色社会主义先进文化的主要内容,是指引中国人民从胜利走向新的胜利的行动指南。进入新时代的中国,随着世情国情党情的发展变化,客观上要求马克思主义哲学中国化必将随着中国社会时代主题的转换而建构出新的形态,这是马克思主义理论的本质要求,也是中国社会实践发展的需要。从建党初期开始,党和人民就为推进马克思主义哲学中国化进行了不懈的探索,取得了系列成就,③也汇聚形成了马克思主义哲学中国化的新形态——毛泽东邓

---

① 《习近平谈治国理政》,外文出版社 2014 年版,第 106 页。

② 韩庆祥,张艳涛:《马克思哲学的三种形态及其历史命运》,《中国社会科学》2010 年第 4 期。

③ 研究涉及中国化马克思主义哲学形态的主要著作有:徐素华:《论中国化形态马克思主义哲学》,北京文化出版社 2006 年版;徐素华:《马克思主义哲学在中国——传播、应用、形态、前景》,北京出版社 2002 年版;吴元梁:《马克思主义哲学形态的演变》下卷,中国社会科学出版社 2010 年版;赵剑英、孙正聿:《中国化马克思主义哲学新形态》,社会科学文献出版社 2006 年版;等等。论文主要有:李培锋,刘先春:《当前中国化马克思主义哲学研究的新动向》,《江汉论坛》2010 年第 5 期;姜喜咏:《建构中国化马克思主义哲学新形态的几个问题》,《西北师范大学学报》2013 年第 1 期;赵剑英:《建构中国化马克思主义哲学新形态的再思考》,《南京大学学报》2005 年第 6 期;乔翔:《近年来关于建构马克思主义哲学新形态问题研究综述》,《天府新论》2007 年第 1 期;余满晖:《近年来中国化马克思主义哲学新形态当代建构问题研究综述》,《探索》2009 年第 4 期;李培锋:《中国化马克思主义哲学现代新形态建构问题研究综述》,《湘湖论坛》2010 年第 4 期;李培锋:《中国化马克思主义哲学新形态当代建构的探索性思考》,《求实》2010 年第 2 期;姜喜咏:《中国化马克思主义哲学新形态建构的学术意义——在研究对象与研究方法之间保持张力与平衡》,《社会科学研究》2011 年第 3 期;张传开:《中国化马克思主义哲学新形态探索的逻辑进程》,《安徽师范大学学报》2011 年第 4 期;等等。

小平哲学思想,同时也奠定了中国特色社会主义理论体系的哲学基础。

近年来,国内学者在坚持文化自信的同时,努力把马克思主义基本原理同中国特色社会主义文化相结合,对中华优秀传统文化,尤其是中国哲学思想进行现代化改造,对中国革命文化和社会主义先进文化进行与时俱进的创新和发展,并就建构马克思主义哲学中国化新形态提出多种构想。一是提出"回到马克思""走近马克思""重读马克思"等论断,开展中国哲学、西方哲学和马克思主义哲学的对话,把马克思置于现代场域,赋予现代话语,进而建构马克思主义哲学新形态。二是深入研究马克思主义中国化理论成果,从哲学视域提出了"中国经验、中国模式、北京共识、中国方案"等,探讨并建构了新时期马克思主义哲学中国化新形态,一定意义上为中国特色社会主义理论体系构建了新的哲学基础。三是将马克思主义哲学放在了全球化语境和世界视野中审视,提出"中国向度""世界向度",强调了中国化的马克思主义哲学既要以"当代中国哲学"的形态呈现,又要面向世界,回答和解决时代性问题。综上所述,学者们围绕马克思主义哲学中国化新形态建构这一主题进行了诸多探讨,虽提出了一些真知灼见和设想,但由于建构马克思主义哲学中国化新形态是一场艰苦的、漫长的、全新的理论创新运动,因而尚未形成较为一致的认识,更没有得出具体的答案。

以史为鉴,展望未来,创建马克思主义哲学中国化新形态,要认真总结和借鉴李达、艾思奇推进马克思主义哲学中国化的方法和经验,并结合新时代中国发展实际,深入推进马克思主义哲学中国化和大众化,这是时代赋予我们的历史使命,也是马克思主义理论工作者们的毕生追求。这就要求我们在加快中国特色社会主义建设的过程中:一是要认真、系统研读马克思主义哲学文本,科学掌握其本真内涵和核心要义;二是要"深入挖掘和阐发中华优秀传统文化讲仁爱、重民本、守诚信、崇正义、尚和合、求大同的时代价值"①,汲取其

---

① 《习近平谈治国理政》,外文出版社 2014 年版,第 164 页。

思想精华,致力于优秀传统文化的继承与创新,尤其是对中国哲学进行现代化改造和创造性转化;三是要深入研究新时期资本主义发生的重大变化和中国特色社会主义伟大实践的现时代特点,与时俱进地推进马克思主义哲学与中国当代社会实践、与中华优秀传统文化的对接,用以建构中国化的马克思主义哲学新形态。①

---

① 余满晖:《近年来中国化马克思主义哲学新形态当代建构问题研究综述》,《探索》2009年第4期。

参 考 文 献

一、经典著作与文献

[1]《马克思恩格斯全集》(第 1 卷),人民出版社 1995 年版。

[2]《马克思恩格斯选集》(第 1—4 卷),人民出版社 1995 年版。

[3]《马克思恩格斯文集》(第 1—10 卷),人民出版社 2009 年版。

[4]《列宁选集》(第 1—4 卷),人民出版社 1995 年版。

[5]《列宁全集》(第 30 卷),人民出版社 1985 年版。

[6]《毛泽东选集》(第 1—4 卷),人民出版社 1991 年版。

[7]《毛泽东文集》(第 1—8 卷),人民出版社 1997 年版。

[8]《毛泽东传(1893—1949)》,中央文献出版社 1996 年版。

[9]《毛泽东年谱(1893—1949)》(上、中、下卷),中央文献出版社 1993 年版。

[10]《毛泽东哲学批注集》,中央文献出版社 1988 年版。

[11]《毛泽东书信选集》,中央文献出版社 2003 年版。

[12]《建国以来毛泽东文稿》(第 2、4、6、10 册),中央文献出版社 1988、1990、1992、1996 年版。

[13]《刘少奇选集》(上、下卷),人民出版社 1981、1985 年版。

[14]《周恩来选集》(上、下卷),人民出版社 1980、1984 年版。

[15]《邓小平文选》(第 1—3 卷),人民出版社 1994 年版。

[16]《邓小平年谱:一九七五——一九九七》(下),中央文献出版社 2004 年版。

[17]《江泽民文选》(第 1—3 卷),人民出版社 2006 年版。

[18]《胡锦涛文选》(第1—3卷),人民出版社2016年版。

[19]《习近平谈治国理政》,外文出版社2014年版。

[20]《习近平谈治国理政》(第2卷),外文出版社2017年版。

[21]《习近平总书记系列重要讲话精神学习读本》,中国方正出版社2014年版。

[22]《习近平关于实现中华民族伟大复兴的中国梦论述摘编》,中央文献出版社2013年版。

[23]《习近平关于社会主义政治建设论述摘编》,中央文献出版社2017年版。

[24]《习近平关于社会主义文化建设论述摘编》,中央文献出版社2017年版。

[25]《习近平关于社会主义社会建设论述摘编》,中央文献出版社2017年版。

[26]《习近平总书记系列讲话精神学习读本》,中共中央党校出版社2013年版。

[27]《李大钊诗文集》,人民文学出版社1981年版。

[28]《李大钊文集》(第1—5卷),人民出版社1999年版。

[29]《李大钊全集》(第1—5卷),人民出版社2006年版。

[30]《李达文集》(第1、2、3、4卷),人民出版社1980、1981、1984、1988年版。

[31]《李达全集》(第1—20卷),人民出版社2016年版。

[32]《艾思奇文集》(第1卷),人民出版社1981年版。

[33]《艾思奇全书》(第1—8卷),人民出版社2006年版。

[34]《吴玉章文集》(下卷),重庆出版社1987年版。

[35]《六大以前:党的历史材料》,人民出版社1980年版。

[36]《延安整风运动纪事》,求实出版社1982年版。

[37]《中共中央文件选集》(第11册),中共中央党校出版社1991年版。

[38]《中共十三届四中全会以来历次全国代表大会中央全会重要文件选编》,中央文献出版2002年版。

[39]《湖南党史人物传记资料选编》,湖南人民出版社1987年版。

[40]毛泽东:《毛泽东自述》,人民出版社1996年版。

[41]陶德麟:《陶德麟文集》,武汉大学出版社2007年版。

[42]李维汉:《李维汉选集》,人民出版社1987年版。

[43]林代昭:《中国近代思想和文化史料集刊》(上册),北京清华大学出版社1983年版。

[44]孙武霞、许俊基:《共产国际与中国革命资料选辑(1925—1927)》,人民出版社1985年版。

[45]梁星亮、姚文琦:《中共中央在延安十三年史》(上、下卷),中央文献出版社

2016 年版。

二、著作类

[1]中国辩证唯物主义研究会:《马克思主义哲学论丛》(1—5 辑),社会科学文献出版社 2010 年版。

[2]马列哲学宗教编:《马克思主义研究论丛》(下),社会科学文献出版社 2007 年版。

[3]李其响、王炯华、张耀先:《马克思主义哲学在中国(从清末民初到中华人民共和国成立)》,上海人民出版社 1991 年版。

[4]徐素华:《马克思主义哲学在中国——传播、应用、形态、前景》,北京出版社 2002 年版。

[5]何萍、李维武:《马克思主义中国化新探》,人民出版社 2002 年版。

[6]汪青松:《马克思主义中国化与中国化的马克思主义》,中国社会科学出版社 2005 年版。

[7]徐素华:《论中国化形态马克思主义哲学》,北京文化出版社 2006 年版。

[8]赵剑英、孙正聿:《中国化马克思主义哲学新形态》,社会科学文献出版社 2006 年版。

[9]魏胤亭、杨东:《马克思主义中国化的内在逻辑》,人民出版社 2007 年版。

[10]成龙:《海外马克思主义中国化理论研究》,广东人民出版社 2009 年版。

[11]唐正芒等:《马克思主义中国化历程中湘籍无产阶级革命家思想研究》,人民出版社 2009 年版。

[12]龚育之、石仲泉:《马克思主义中国化研究——历史进程和基本经验》,人民出版社 2009 年版。

[13]张国宏:《马克思主义中国化十论》,浙江大学出版社 2010 年版。

[14]汪信砚:《全球化、现代化与马克思主义哲学中国化》,武汉大学出版社 2010 年版。

[15]吴元梁:《马克思主义哲学形态的演变》(下卷),中国社会科学出版社 2010 年版。

[16]郭强:《论马克思的研究方法》,中国社会科学出版社 2010 年版。

[17]文晓明、杨建新:《国外马克思主义中国化研究概述》,中央文献出版社 2010

年版。

[18]覃采萍:《张闻天与马克思主义中国化》,中国社会科学出版社 2011 年版。

[19]包心鉴:《马克思主义中国化的基本规律与当代走向》,人民出版社 2011 年版。

[20]张世飞:《五四时期马克思主义大众化经验研究》,中国社会科学出版社 2011 年版。

[21]张骥:《马克思主义意识形态引领多样化社会思潮若干问题研究》,人民出版社 2013 年版。

[22]李昆明:《马克思主义基本原理研究报告(2010—2012)》,人民出版社 2013 年版。

[23]焦金波:《延安时期马克思主义大众化研究》,广西人民出版社 2014 年版。

[24]谭虎娃:《延安时期马克思主义大众化研究》,人民出版社 2014 年版。

[25]汪信砚:《范式的追寻:作为范式的马克思主义哲学中国化研究》,人民出版社 2014 年版。

[26]路克利:《海外马克思主义中国化研究》,人民出版社 2016 年版。

[27]洪俊峰:《西方学者论毛泽东》,厦门大学出版社 1993 年版。

[28]蒋建农:《世纪伟人毛泽东》,红旗出版社 1996 年版。

[29]李捷:《东方巨人毛泽东》,解放军出版社 1997 年版。

[30]吴直雄:《毛泽东妙用典故精粹》(下),人民出版社 2009 年版。

[31]周连顺:《探索、出路与启示——毛泽东与马克思主义中国化》,人民出版社 2009 年版。

[32]李达编译:《劳农俄国研究》,商务印书馆 1921 年版。

[33]李达:《胡适反动思想批判》,湖北人民出版社 1955 年版。

[34]李达:《实用主义——帝国主义的御用哲学》,湖北人民出版社 1956 年版。

[35]李达:《唯物辩证法大纲》,人民出版社 1978 年版。

[36]李达:《〈实践论〉〈矛盾论〉解说》,三联书店 1979 年版。

[37][荷]郭泰、李达译:《唯物史观解说》,中华书局 1921 年版。

[38][德]塔尔海玛、李达译:《现代世界观》,昆仑书店 1932 年版。

[39][日]杉山荣著:《社会科学概论》,李达、钱铁如译,昆仑书店 1932 年版。

[40]武汉大学出版社编:《为真理而斗争的李达同志》,武汉大学出版社 1985 年版。

[41]宋镜明:《李达传记》,湖北人民出版社 1986 年版。

［42］宋镜明：《李达》，河北人民出版社 1997 年版。

［43］王炯华：《李达与马克思主义在中国的传播》，华中理工大学出版社 1988 年版。

［44］丁晓强、李立志：《李达学术思想评传》，北京图书馆出版社 1999 年版。

［45］唐春元：《毛泽东与李达》，中央文献出版社 2003 年版。

［46］苏志宏：《李达思想研究》，西南交通大学出版社 2004 年版。

［47］王炯华等：《李达评传》，人民出版社 2004 年版。

［48］罗海滢：《李达唯物史观思想研究》，暨南大学出版社 2008 年版。

［49］谢红星：《李达与毛泽东的哲学交往》，中国社会科学出版社 2010 年版。

［50］丁兆梅：《李达社会主义思想研究》，人民出版社 2014 年版。

［51］汪信砚：《李达论著和思想研究》，人民出版社 2017 年版。

［52］艾思奇：《胡适梁漱溟哲学思想批判》，人民出版社 1977 年版。

［53］艾思奇：《大众哲学》，三联书店 1979 年版。

［54］艾思奇：《哲学与生活》，云南人民出版社 1980 年版。

［55］艾思奇：《大众哲学》，人民出版社 2011 年版。

［56］［苏］米丁等著：《新哲学大纲》，艾思奇、郑译里译，读书出版社 1936 年版。

［57］艾思奇文稿整理小组编：《一个哲学家的道路：回忆艾思奇同志》，云南人民出版社 1981 年版。

［58］艾思奇同志纪念文集编辑组：《人民的哲学家——艾思奇纪念文集》，云南人民出版社 1997 年版。

［59］谢本书：《战士学者——艾思奇》，贵州人民出版社 2000 年版。

［60］杨苏：《艾思奇传》，云南教育出版社 2002 年版。

［61］马汉儒：《哲学大众化第一人——艾思奇哲学思想研究》，云南人民出版社 2002 年版。

［62］卢国英：《智慧之路——一代哲人艾思奇》，人民出版社 2006 年版。

［63］李金山：《大众哲学家——纪念艾思奇诞辰百年论集》，中共党史出版社 2011 年版。

［64］王红梅：《艾思奇与马克思主义大众化》，中国社会科学出版社 2017 年版。

［65］胡绳：《中国共产党的七十年》，中共党史出版社 1991 年版。

［66］中国哲学编辑部：《中国哲学（第一辑）》，三联书店 1979 年版。

［67］杨春贵：《中国哲学四十年》，中共中央党校出版社 1989 年版。

［68］朱德生：《西方哲学名著菁华》，中国青年出版社 1991 年版。

［69］许全兴等:《中国现代哲学史》,北京大学出版社 1992 年版。

［70］李振霞:《中国当代哲学 40 年》,华夏出版社 1997 年版。

［71］秦英君:《当代中国哲学思想史》,河南大学出版社 1999 年版。

［72］王炯华:《五十年中国哲学风云》,湖北人民出版社 2004 年版。

［73］郭湛波:《近五十年中国思想史》,上海古籍出版社 2010 年版。

［74］侯外庐:《韧的追求》,三联书店 1985 年版。

［75］李今山:《常青的〈大众哲学〉》,红旗出版社 2002 年版。

［76］郭建宁、张文儒:《中国现代哲学》,北京大学出版社 2001 年版。

［77］杨献珍:《我的哲学"罪案"》,人民出版社 1981 年版。

［78］李承贵:《20 世纪中国人文社会科学方法问题》,湖南教育出版社 2001 年版。

［79］吴鹏森、房列署:《人文社会科学基础》,上海人民出版社 2008 年版。

［80］温乐群、黄冬娅:《二三十年代中国社会性质和社会史论战》,百花洲文艺出版社 2004 年版。

［81］陶希圣:《中国社会之史的分析》,岳麓书社 2010 年版。

［82］陈峰:《民国史学的转折——中国社会史论战研究(1927—1937)》,山东大学出版社 2010 年版。

［83］王伟光:《社会主义通史》(第八卷),人民出版社 2011 年版。

［84］沈宗灵:《法学基础理论》,北京大学出版社 1994 年版。

［85］孙因华:《法理学教程》,中国人民大学出版社 1995 年版。

［86］冯飞龙:《马克思主义大众化与社会主义新农村文化建设研究》,陕西人民教育出版社 2014 年版。

［87］［美］斯图尔特·施拉姆著:《毛泽东的思想》,田松年、杨德等译,中共中央党校出版社 1992 年版。

［88］［美］比尔·盖茨:《未来之路》,北京大学出版社 1996 年版。

［89］［德］黑格尔:《哲学史讲演录》(第 1 卷),商务印书馆 1996 年版。

［90］［德］马丁·海德格尔:《尼采》(上卷),商务印书馆 2002 年版。

［91］［美］斯图尔特·R.施拉姆著:《毛泽东的思想》,田松年、杨德译,中国人民大学出版社 2005 年版。

三、期刊类

［1］韩庆祥、张艳涛:《马克思哲学的三种形态及其历史命运》,《中国社会科学》

2010 年第 4 期。

　　[2]罗少剑:《艾思奇关于马克思主义哲学中国化的"系统构想"》,《北京大学学报
(哲学社会科学版)》2010 年第 4 期。

　　[3]冯飞龙:《近年来国内马克思主义哲学中国化研究述评》,《山西师大学报》
2013 年第 6 期。

　　[4]刘友红:《"李达与马克思主义哲学中国化"专题研讨综述》,《武汉大学学报》
2004 年第 9 期。

　　[5]汪信砚:《李达哲学探索的独特理论个性》,《哲学研究》2011 年第 12 期。

　　[6]姜喜咏:《中国化马克思主义哲学新形态建构的学术意义——在研究对象与研
究方法之间保持张力与平衡》,《社会科学研究》2011 年第 3 期。

　　[7]陈章亮:《走在马克思主义哲学中国化路上的艾思奇及其启示》,《学术探索》
2008 年第 3 期。

　　[8]马俊峰:《马克思主义哲学中国化的几个问题》,《学术研究》2006 年第 3 期。

　　[9]袁吉富:《艾思奇马克思主义哲学中国化观述评》,《中国特色社会主义研究》
2008 年第 3 期。

　　[10]雍涛:《李达与马克思主义哲学中国化——纪念李达诞辰 115 周年》,《武汉
大学学报》2006 年第 1 期。

　　[11]李佑新:《现代性问题背景下马克思主义哲学中国化的趋势》,《马克思主义
与现实》2009 年第 1 期。

　　[12]杨耕:《当前马克思主义哲学研究中的三个重大议题》,《中国社会科学》2007
年第 5 期。

　　[13]高予远:《马克思主义哲学与儒家哲学的融合——马克思主义哲学中国化的
一个重要途径》,《吉首大学学报(社会科学版)》2006 年第 4 期。

　　[14]安启念:《马克思主义哲学中国化:规律和形态》,《中国人民大学学报》2005
年第 3 期。

　　[15]李军林:《马克思主义哲学中国化的传统文化底蕴》,《云南社会科学》2007 年
第 5 期。

　　[16]杨竞业:《新范式·新路向·新未来——马克思主义哲学中国化研究的重要
倾向》,《吉林大学社会科学学报》2009 年第 1 期。

　　[17]陈晏清、杨谦:《马克思主义哲学中国化的实践版本和理论版本》,《哲学研
究》2006 年第 2 期。

　　[18]郭建宁:《马克思主义哲学中国化探要》,《学习论坛》2005 年第 12 期。

［19］鉴传今、崔新建等:《当代语境中的马克思主义哲学中国化》,《哲学研究》2006 年第 6 期。

［20］孙伟平:《马克思主义哲学中国化的路径选择——从"结合论"走向"创建论"》,《哲学动态》2007 年第 4 期。

［21］杨学功:《建构马克思主义哲学当代新形态》,《吉林大学社会科学学报》2004 年第 5 期。

［22］吴昕炜:《新世纪马克思主义哲学中国化研究的新问题——读马克思主义哲学中国化的理论与历史研究》,《马克思主义研究》2011 年第 8 期。

［23］晁小荣、冯飞龙:《〈大众哲学〉在推进马克思主义大众化中的历史经验及当代启示》,《思想理论教育导刊》2014 年第 9 期。

［24］启瑄:《提升文化自觉　增强文化自信　实现文化自强——学习党的十七届六中全会〈决定〉几点体会》,《红旗文稿》2012 年第 5 期。

［25］韩庆祥、张艳涛:《马克思哲学的三种形态及其历史命运》,《中国社会科学》2010 年第 4 期。

［26］李培锋、刘先春:《当前中国化马克思主义哲学研究的新动向》,《江汉论坛》2010 年第 5 期。

［27］赵剑英:《建构中国化马克思主义哲学新形态的再思考》,《南京大学学报》2005 年第 6 期。

［28］李培锋:《中国化马克思主义哲学新形态当代建构的探索性思考》,《求实》2010 年第 2 期。

［29］张传开:《中国化马克思主义哲学新形态探索的逻辑进程》,《安徽师范大学学报》2011 年第 4 期。

［30］陶德麟:《杰出的马克思主义理论家李达》,《武汉大学学报(人文科学版)》2000 年第 6 期。

［31］雍涛:《李达与毛泽东哲学思想的形成与发展》,《武汉大学学报(人文科学版)》2000 年第 6 期。

［32］朱传棨:《论李达三部著作的历史地位》,《武汉大学学报(人文科学版)》2000 年第 6 期。

［33］皮家胜:《马克思主义中国化何以可能——兼论李达传播和研究马克思主义哲学的特点》,《武汉大学学报(人文科学版)》2005 年第 2 期。

［34］谢红星:《李达与毛泽东哲学交往探析——兼论李达对马克思主义哲学中国化的贡献》,《武汉大学学报(人文科学版)》2007 年第 2 期。

［35］银福禄:《著名的马克思主义哲学家——艾思奇》,《理论研究》2010年第5期。

［36］石仲泉:《中国应当有成千个艾思奇式的大大众哲学家》,《理论视野》2010年第3期。

［37］任敏:《"艾思奇同志哲学思想研讨会"记略》,《哲学动态》1996年第6期。

［38］谢雨佟:《"艾思奇哲学思想与马克思主义中国化最新理论成果研讨会"综述》,《云南社会科学》2008年第4期。

［39］李红专、郝立新:《"纪念艾思奇〈大众哲学〉发表70周年暨科学发展观理论讨论会"综述》,《哲学研究》2006年第10期。

［40］王先俊:《"新启蒙运动"期间艾思奇对"马克思主义中国化"的阐释》,《学术界》2010年第5期。

［41］马汉儒:《"哲学大众化第一人"——〈艾思奇哲学思想研究〉评介》,《求是》2003年第4期。

［42］胡为雄、赵文丹:《20世纪30—40年代马克思主义哲学的大众化——以艾思奇、胡绳、陈唯实为例》,《中共浙江省委党校学报》2010年第6期。

［43］李捷、艾思奇:《毕生推动马克思主义中国化和大众化的典范》,《新湘评论》2008年第7期。

［44］谢俊、陆浴晓:《艾思奇〈大众哲学〉历史意义和学术价值》,《湖北社会科学》2007年第7期。

［45］毕国明:《艾思奇的〈大众哲学〉与马克思主义哲学中国化》,《学术探索》2003年第1期。

［46］王寿林:《艾思奇与两次理论学习运动——纪念艾思奇诞辰100周年》,《党史研究与教学》2010年第2期。

［47］李青:《艾思奇与马克思主义哲学的中国化、时代化、大众化》,《东岳论丛》2010年第2期。

［48］王伟光:《艾思奇与马克思主义哲学中国化》,《学术探索》2009年第3期。

［49］龚先庆:《艾思奇与马克思主义哲学中国化》,《武汉大学学报(人文科学版)》2006年第3期。

［50］曹爱琴:《艾思奇与延安时期的马克思主义中国化运动——纪念艾思奇诞辰100周年》,《毛泽东思想研究》2010年第5期。

［51］程伟:《艾思奇与延安整风时期的理论教育》,《北华大学学报(社会科学版)》2007年第1期。

[52]梁涛:《艾思奇与杨献珍之间的几次哲学论战》,《重庆科技学院学报(社会科学版)》2010年第1期。

[53]刘静芳:《艾思奇与张岱年:马克思主义哲学中国化过程中的内部分歧》,《毛泽东邓小平理论研究》2008年第12期。

[54]柴毅龙:《艾思奇早期思想的三种生命姿态》,《云南社会科学》2009年第5期。

[55]叶佐英:《艾思奇主要著译年谱》,《学术研究》1983年第1期。

[56]郑淑芳、郁水苗:《从艾思奇生活历程探索其大众化民族化哲学思想的形成》,《西南民族学院学报(哲学社会科学版)》1987年第4期。

[57]卢国英:《从艾思奇著作中体会马克思主义中国化的基本经验》,《学术探索》2008年第3期。

[58]欧阳小松:《对艾思奇等人阐释马克思主义中国化问题的若干解读——以发表在〈中国文化〉上的相关文章为解读文本》,《党史研究与教学》2007年第6期。

[59]赵凤岐:《对一般与个别辩证法的深刻阐发——艾思奇对唯物辩证法的研究》,《现代哲学》1986年第4期。

[60]胡正鹏:《弘扬〈大众哲学〉精神,牢固树立科学发展观——纪念艾思奇〈大众哲学〉发表70周年》,《云南民族大学学报(哲学社会科学版)》2006年第5期。

[61]刘化军、郭佩惠:《纪念艾思奇〈大众哲学〉发表70周年暨科学发展观理论讨论会综述》,《高校理论战线》2006年第9期。

[62]云南省委宣传部理论处:《纪念艾思奇〈大众哲学〉发表70周年暨科学发展观理论研讨会综述》,《红旗文稿》2006年第17期。

[63]田福宁:《抗战时期艾思奇与叶青在马克思主义中国化问题上的论争、影响及启示》,《湖北社会科学》2010年第10期。

[64]黎永泰:《抗战时期艾思奇哲学活动的时代特征》,《四川大学学报(哲学社会科学版)》1991年第2期。

[65]康振海:《论艾思奇的马克思主义中国化现实化思想》,《河北学刊》1992年第1期。

[66]王伟光:《论艾思奇对马克思主义哲学中国化的重要贡献》,《哲学研究》2008年第7期。

[67]李以国:《论艾思奇实现哲学创新的缘由》,《云南师范大学学报(哲学社会科学版)》2006年第6期。

[68]郭建宁:《马克思主义的大众化、通俗化、现实化与中国化——纪念艾思奇诞

辰 100 周年》,《湘潭大学学报(哲学社会科学版)》2008 年第 4 期。

[69]秦廷国:《马克思主义哲学中国化的理论之镜与实践创新——"艾思奇与马克思主义哲学中国化"学术研讨会侧记》,《哲学动态》2008 年第 2 期。

[70]雍涛:《试论艾思奇对马克思主义哲学中国化的主要贡献》,《毛泽东思想研究》2008 年第 4 期。

[71]冯波、郭晶婧:《解放后艾思奇对马克思主义哲学中国化大众化的贡献及其启示》,《思想政治教育研究》2012 年第 3 期。

[72]余炳武:《推进马克思主义大众化——纪念艾思奇同志诞辰 100 周年》,《红旗文稿》2010 年第 19 期。

[73]李景源:《学习艾思奇,推进马克思主义哲学中国化》,《哲学动态》2010 年第 8 期。

[74]张宏辉、江涵:《延安时期艾思奇对马克思主义中国化的探索与贡献》,《中国延安干部学院学报》2008 年第 3 期。

[75]沙平:《延安时期的艾思奇与毛泽东》,《炎黄纵横》2010 年第 6 期。

[76]欧阳奇:《毛泽东与艾思奇的哲学互动》,《党的文献》2013 年第 1 期。

[77]文晓明、杨建新:《国外马克思主义中国化研究的特点及趋向》,《马克思主义与现实》2008 年第 6 期。

[78]梁怡:《国外马克思主义中国化的研究评析》,《中国特色社会主义研究》2012 年第 5 期。

[79]徐素华:《艾思奇研究在国外》,《中国哲学与哲学史》1996 年第 8 期。

[80][澳]尼克·奈特著:《艾思奇论新哲学:辩证唯物论的规律与逻辑》,陆寓丰译,《江海学刊》2016 年第 6 期。

[81][澳]尼克·奈特著:《艾思奇与毛泽东:哲学家在中国共产主义运动中的作用》,李静译,《毛泽东思想研究》2016 年第 3 期。

[82][澳]尼克·奈特著:《李达与中国马克思主义哲学》,张全友、姜锡润译,《马克思主义哲学研究》2014 年第 10 期。

[83][澳]尼克·奈特著:《中国共产主义运动中的哲学家——艾思奇、毛泽东和中国马克思主义哲学》,王桂花译,《现代哲学》2006 年第 3 期。

[84]石仲泉:《延安时期的艾思奇哲学与毛泽东哲学》,《理论视野》2008 年第 6 期。

[85]许全兴:《与〈延安时期的艾思奇哲学与手东哲学〉的商榷》,《理论视野》2008 年第 8 期。

[86]陈占安:《真理的问题是对于革命成败攸关的重要问题——学习艾思奇的真理观》,《学术论坛》2006 年第 6 期。

[87]宋镜明:《李达主要著译书目》,《图书情报知识》1985 年第 4 期。

[88]李达:《整风运动的辩证法》,《理论战线》1958 年第 3 期。

[89]赵士发、葛彬超:《李达对中国式现代化问题的创造性探索及其重要意义》,《武汉大学学报(人文科学版)》2012 年第 6 期。

[90]任向阳、李斯:《论建国后李达与马克思主义教育思想中国化》,《求索》2012 年第 10 期。

[91]李志:《李达的女性理论——规范意义及中国女性解放的视角》,《武汉大学学报(人文科学版)》2012 年第 6 期。

[92]任向阳:《论李达与马克思主义妇女思想中国化》,《甘肃社会科》2012 年第 6 期。

[93]刘学礼:《"李达与中国共产党的创建和马克思主义在中国的传播"学术研讨会要述》,《中共党史研究》2011 年第 1 期。

[94]汪信砚:《李达开创的学术传统及其意义》,《哲学研究》2010 年第 11 期。

[95]陈答才、方立江:《近三十年代李达研究述评》,《中共党史研究》2010 年第 8 期。

[96]李小萍、李炤曾:《五十年代中期后李达与毛泽东的思想分歧》,《华中理工大学学报(社会科学版)》1998 年第 3 期。

[97]杨胜群:《一代先驱、哲人李达——纪念李达诞辰 120 周年》,《党的文献》2011 年第 2 期。

[98]范迎春、李清聚:《李达的马克思主义哲学中国化道路探析》,《西北工业大学学报》2008 年第 4 期。

[99]胡艺华、彭继红:《建国初李达推进毛泽东哲学思想大众化主要方法初探》,《江汉论坛》2011 年第 2 期。

[100]王炯华:《1958 年的毛泽东与李达》,《社会科学论坛》2010 年第 6 期。

[101]刘友红:《"李达与马克思主义哲学中国化"专题研讨综述》,《武汉大学学报(人文科学版)》2004 年第 5 期。

[102]黄修卓:《李达唯物史观研究论析》,《武汉大学学报(人文科学版)》2010 年第 3 期。

[103]李维武:《李达对唯物史观的多向度开展》,《武汉大学学报(人文科学版)》2011 年第 1 期。

[104]冯晓蔚:《中共一大代表李达与毛泽东的君子之谊》,《党史纵览》2010 年第 9 期。

[105]唐洲雁、曾珺:《新中国成立后李达对毛泽东思想研究宣传工作中的重要贡献》,《湘潭大学学报(哲学社会科学)》2011 年第 3 期。

[106]王炯华:《毛泽东的矛盾辩证与李达》,《中共福建省委党校学报》2010 年第 2 期。

[107]宋镜明:《论李达在建党时期思想论争中的重要作用》,《中共党史研究》2011 年第 4 期。

[108]李蓉:《试论李达与毛泽东近半个世纪的交往》,《中国延安干部学院学报》2011 年第 3 期。

[109]武市红:《李达与毛泽东关系浅论》,《毛泽东思想研究》2011 年第 3 期。

[110]林默彪:《马克思主义中国化的关系过程和形态》,《党史研究与教学》2002 年第 5 期。

[111]许全兴:《全面准确地理解马克思主义中国化的内涵》,《毛泽东邓小平理论研究》2006 年第 4 期。

[112]赵明义:《"马克思主义中国化"与"使马克思主义在中国具体化"辨析》,《当代世界社会主义问题》2003 年第 2 期。

[113]郭德宏:《近十年来马克思主义中国化与中国化的马克思主义研究述评》,《党史研究与教学》2004 年第 4 期。

[114]程中原:《关于"马克思主义中国化"命题的第一次提出》,《党的文献》2005 年第 2 期。

[115]陈金龙:《马克思主义中国化的主体探析》,《马克思主义研究》2010 年第 5 期。

[116]高正礼:《从历史视阈看马克思主义中国化若干问题》,《中共党史研究》2011 年第 3 期。

[117]欧阳小松:《对艾思奇等人阐释马克思主义中国化问题的若干解读——以发表在〈中国文化〉上的相关文章为解读文本》,《党史研究与教学》2007 年第 6 期。

四、学位论文类

[1]杨全海:《毛泽东与马克思主义大众化研究》,河北师范大学,2011 年。

［2］刘春卉:《国外毛泽东马克思主义中国化思想研究评析》,河北师范大学,2008 年。

［3］郝文彦:《毛泽东马克思主义大众化思想研究》,保定河北大学,2011 年。

［4］樊静:《毛泽东马克思主义中国化实践特征与当代价值研究》,长安大学,2010 年。

［5］陈欣欣:《延安时期毛泽东马克思主义大众化思想研究》,吉林大学,2012 年。

［6］缪柏平:《艾思奇哲学道路研究》,中共中央党校,2004 年。

［7］姜洁晶:《当代中国马克思主义大众化研究》,中共中央党校,2011 年。

［8］赵世豪:《青年干部中国特色主义制度自信问题研究》,福建师范大学,2015 年。

五、报纸类

［1］毛泽东:《在延安新哲学会第一届年会上的讲话》,《新中华报》1946 年 6 月 28 日。

［2］胡锦涛:《在庆祝中国共产党成立 90 周年大会上的讲话》,《人民日报》2011 年 7 月 2 日。

［3］习近平:《在庆祝全国人民代表大会成立 60 周年大会上的讲话》,《人民日报》2014 年 9 月 6 日。

［4］李达:《贯彻党的教育方针　办好社会主义大学——庆祝武汉大学建校五十周年》,《湖北日报》1963 年 11 月 15 日。

［5］李达:《中国革命是十月革命的继续》,《湖北日报》1957 年 11 月 4 日。

［6］李达:《胡适的政治思想批判》,《人民日报》1954 年 12 月 31 日。

［7］李达:《努力学习　学以致用:谈学习毛泽东同志的著作》,《人民日报》1960 年 1 月 4 日。

［8］李达:《沿着毛泽东同志指示的道路前进——纪念"关于正确处理人民内部矛盾的问题"发表三周年》,《湖北日报》1960 年 6 月 19 日。

［9］李达:《哲学社会科学工作者努力的方向》,《人民日报》1959 年 5 月 9 日。

［10］李达:《掀起理论学习的高潮》,《人民日报》1959 年 7 月 10 日。

［11］李维武:《李达与马克思主义中国化——纪念李达同志诞辰 120 周年》,《中国社会科学报》2010 年 9 月 30 日。

［12］李维武:《李达对唯物辩证法的阐释》,《北京日报》2010 年 8 月 11 日。

［13］聂锦芳:《改革开放以来马克思著作文本研究述评》,《人民日报》2008 年 12 月 23 日。

［14］江湘：《延安新哲学会举行第一届年会》，《新中华报》1940 年 6 月 28 日。

［15］沈壮海：《中国文化何以自信》，《人民日报》2015 年 11 月 29 日。

［16］高文兵：《从优秀传统文化中汲取实现中国梦的精神力量》，《人民日报》2013 年 7 月 22 日。

［17］李宗桂：《中华文化自信的底气所在》，《人民日报》2015 年 11 月 29 日。

［18］郭齐勇：《儒家修身成德之教与当代社会的公德建设》，《光明日报》2011 年 7 月 26 日。

［19］李君如：《马克思主义和中华文明的伟大复兴》，《福建日报》2016 年 10 月 18 日。

［20］王东：《马克思主义中国化的历史轨迹》，《中国教育报》2007 年 9 月 25 日。

［21］陈力新：《毛泽东同志与李达同志的友谊》，《光明日报》1978 年 12 月 23 日。

［22］［美］罗斯·特里尔：《习近平复兴中国连载之文化自信的"大本大源"》，《学习时报》2016 年 11 月 7 日。

责任编辑:王怡石
封面设计:汪　莹
版式设计:胡欣欣

图书在版编目(CIP)数据

李达、艾思奇马克思主义哲学中国化比较研究/冯飞龙 著. —北京:
　人民出版社,2020.12
ISBN 978－7－01－022407－7

Ⅰ.①李…　Ⅱ.①冯…　Ⅲ.①李达(1890—1966)-哲学思想-研究②艾思奇
　(1910—1966)-哲学思想-研究③马克思主义哲学-发展-研究-中国
Ⅳ.①B261②B27

中国版本图书馆 CIP 数据核字(2020)第 148345 号

李达、艾思奇马克思主义哲学中国化比较研究
LIDA AISIQI MAKESIZHUYI ZHEXUE ZHONGGUO HUA BIJIAO YANJIU

冯飞龙　著

人民出版社 出版发行
(100706　北京市东城区隆福寺街99号)

中煤(北京)印务有限公司印刷　新华书店经销

2020 年 12 月第 1 版　2020 年 12 月北京第 1 次印刷
开本:710 毫米×1000 毫米 1/16　印张:19
字数:265 千字

ISBN 978－7－01－022407－7　定价:88.00 元

邮购地址 100706　北京市东城区隆福寺街 99 号
人民东方图书销售中心　电话 (010)65250042　65289539